AMERIKA

VERLAG KARL MÜLLER

INHALT

Text: Robert J. Moore, Jr.
Redaktion: Laura Accomazzo
Grafische Gestaltung: Luana Gobbo

8 *Einer der Art-deco-Türme der Golden Gate Bridge in San Francisco heißt Besucher und Bewohner von Nordkalifornien und der Westküste willkommen.*

8 unten *Die bedeutendsten Monumente und öffentlichen Gebäude der USA findet man auf der National Mall im Herzen von Washington D.C., der Hauptstadt der Nation.*

9 *Vom Weltall aus betrachtet, erscheint einem der nordamerikanische Kontinent wie eine ausgebreitete Landkarte. Im Norden gut zu erkennen: Die Hudson Bay, die zusammen mit den fünf großen Seen die Grenze zu Kanada markiert. Die zerklüftete Atlantikküste mit der Mündung des St.-Lorenz-Stroms im Osten zieht sich bis zur Spitze Floridas und den Karibischen Inseln. An der Pazifikküste dominieren die massiven Rocky Mountains und die Sierras, die zwischen Alaska im Norden und Mexiko im Süden auszumachen sind. Das flache Landesinnere wird von dem gewaltigen Flusssystem des Mississippi bewässert.*

Via C. Sassone 22/24 - Vercelli, Italia
www.whitestar.it

Herausgegeben in Deutschland von
Verlag Karl Müller GmbH
Venloer Str. 1271
D - 50829 Köln
Tel. 0221-13065-0
Fax 0221-13065-210

Übertragung aus dem Englischen: Karin Hofmann
Lektorat: Angelika Scheulen-Bläsius

ISBN 3-89893-038-6

Gedruckt in Italien

1 *Die niedrigen Wolken verbreiten eine geheimnisvolle Atmosphäre über dem New Yorker Hafen, dem Tor zur größten Stadt der Vereinigten Staaten. Die Freiheitsstatue im Vordergrund bildet seit 1886 für Bürger, Besucher und Einwanderer das erste „Empfangskomitee".*

2-3 *Die herrliche Schneelandschaft des Bryce Canyon National Park im südwestlichen Utah. Erosionen verleihen dem leuchtend roten Sandstein teilweise ganz bizarre Formen, wie man links unten gut erkennen kann.*

4-5 *Die klare Luft von Alaska bringt den schneebedeckten Gipfel des Mount McKinley, dem höchsten Punkt der westlichen Hemisphäre, zum Leuchten.*

6-7 *Der Pacific Coast Highway windet sich durch das Big-Sur-Gebiet von Kalifornien und überquert den Bixby Creek Canyon auf einer anmutigen Brücke. Mit den Bergen im Hintergrund und dem Pazifik an der Seite, zählt diese Autoroute zu den schönsten Strecken der USA.*

10-11 *Auf diesem Satellitenbild der gesamten Vereinigten Staaten sind die neun Regionen, die in diesem Buch vorgestellt werden, besonders gut zu erkennen. Natürlich könnte dieses Land auf vielerlei Arten unterteilt werden. Aber in unserem Fall bestimmten Topographie und Geschichte die Einteilung in folgende Zonen: die Nordatlantikstaaten, die mittleren Atlantikstaaten, der Sunbelt, der Mittlere Westen, die Rocky Mountains, die Wüstenregion, die Pazifikküste, Alaska und Hawaii.*

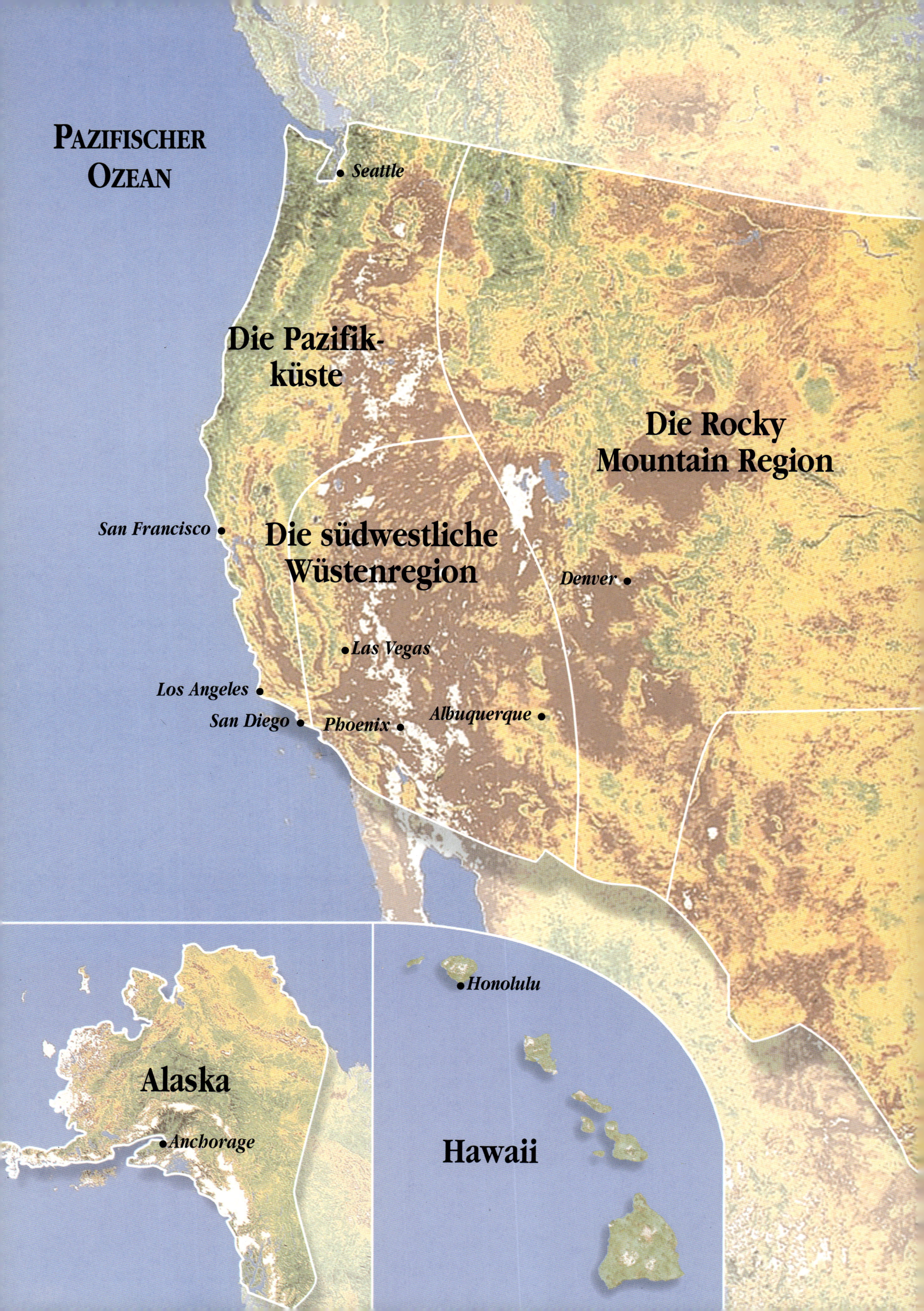
PAZIFISCHER OZEAN
Seattle
Die Pazifikküste
Die Rocky Mountain Region
San Francisco
Die südwestliche Wüstenregion
Denver
Las Vegas
Los Angeles
San Diego
Phoenix
Albuquerque
Honolulu
Alaska
Anchorage
Hawaii

Boston
Minneapolis
Der Nordosten
Der Mittlere Westen
Detroit
New York
Chicago
Philadelphia
Baltimore
Washington D.C.
Kansas City
St. Louis
Die mittleren Atlantikstaaten
Der Sunbelt
Atlanta
Atlantischer Ozean
Dallas
New Orleans
Orlando
Houston
Miami
Golf von Mexiko

Einführung

Die immens großen Vereinigten Staaten von Amerika bestehen aus fünfzig Einzelstaaten, von denen jeder seine ganz eigene Geographie, Geschichte und Kultur aufweist. Ihre Landschaften sind ein Mosaik aus Menschen, Städten und Natur. Dieses wunderschöne Land, das noch heute Siedler und Reisende aus aller Welt anlockt, ist nicht nur eine Herausforderung für jeden, der versucht, seine Gebirge, Flüsse und Canyons zu erobern, sondern auch für den, der seine bunt gemischte Völkerschar und deren Kulturen kennen lernen will. In kaum mehr als 200 Jahren hat sich diese aus vielen Völkern zusammengewürfelte Nation nicht nur eine gemeinsame Geschichte und viele Traditionen geschaffen, sondern auch eine besondere Haltung gegenüber Regierung, Gerechtigkeit und Religion eingenommen, die man nirgendwo sonst auf der Welt finden kann.

Wegen des konstanten Einwandererstroms seit den Tagen der Kolonialisierung ist der Charakter der Menschen in den Vereinigten Staaten nur sehr schwer zu beschreiben. Man nennt dieses Land auch den „Schmelztiegel" und meint damit, dass die vielen Kulturen, Religionen und ethnischen Gruppen zu einem

von denen jeder seine charakteristischen und topographischen Besonderheiten hat. Die Klimapalette in den USA reicht von subtropisch bis gemäßigt, von der Wüste bis hin zum Regenwald.
Die bloße Aufzählung von topographischen Eigenschaften und statistischen Zahlen sagt allerdings nichts darüber aus, wie dieses riesige Land erobert und zu einer einzigen Nation gemacht wurde. Die ersten Siedler waren Indianer verschiedener Stämme, von denen jeder einen eigenen, seiner Umgebung angepassten Lebensstil entwickelte. Viele Anthropologen

vermuten, die Indianer hätten Amerika von Asien her über die Beringstraße erreicht, die einst eine Art Landbrücke zwischen den Kontinenten bildete. Die Indianer selbst widersprechen jedoch dieser Vermutung und benennen etliche Entstehungsorte ihres Volkes, die direkt auf dem nordamerikanischen Kontinent liegen. Die meisten Indianer glauben, ihr Volk und Amerika seien seit Anbeginn der Zeit untrennbar miteinander verbunden. Sie versuchten

__12 links__ Pueblo Bonito im Chaco Culture National Historical Park (nordwestliches New Mexico) ist eines der schönsten antiken Bauwerke Nordamerikas. Die Chaco-Indianer, die dieses Gebiet zwischen 50 und 1150 n.Chr. bewohnten, hinterließen dreizehn größere Ruinen und viele kleinere Bauwerke. Pueblo Bonito war ein fünfstöckiges Gebäude mit 800 Räumen und 30 runden Kivas, das im 10. Jahrhundert n. Chr. errichtet wurde.

__12-13__ Die Atlantikinseln in der Nähe des Acadia National Park, Maine, zeigen ihre üppige Schönheit an einem strahlenden Sommertag. Die von der Brandung zerfressenen Granitklippen und von Gletschern eingekerbten Hügel und Täler der Atlantikküste stehen in diesem Gebiet seit 1919 unter Naturschutz.

__12 unten__ Die U.S.S. Constitution, das älteste noch im Wasser befindliche Kriegsschiff, ankert im Marinehafen Charlestown in Boston, Massachusetts. Es lief 1797 in Boston vom Stapel und erlangte 1812 großen Ruhm, als es die britischen Fregatten Guerriere und Java versenkte und in einer einzigen Schlacht die feindlichen Schaluppen Cyane und Levant eroberte. Heute dient das 200 Jahre alte Schiff als Touristenattraktion.

einzigen Volk zusammengeschmolzen sind. Außer mit dieser einzigartigen Völkermischung kann die USA aber noch mit einer anderen Besonderheit aufwarten, nämlich mit seiner großartigen Geographie. Mag sein, dass es in anderen Ländern der Erde tiefere Canyons, steilere Wasserfälle, längere Flüsse, größere Wüsten und höhere Berge gibt, aber nur wenige Länder können so eine schöne und abwechslungsreiche Topographie ihr Eigen nennen wie die Vereinigten Staaten. Seine Grenzen umschließen eine Fläche von 9 520 609 km²; vom Atlantik zum Pazifik sind es 4516 km und ganze 2571 km von der kanadischen Grenze bis zum südlichsten Punkt der USA. Die Küstenlinie beträgt mit Alaska und Hawaii 19 924 km, ohne 8034 km. Die USA grenzt nur an zwei andere Staaten, an Kanada im Norden und Mexiko im Süden. Der höchste Punkt des Landes befindet sich 6194 m über dem Meeresspiegel auf dem Mount McKinley in Alaska; der tiefste liegt 86 m unter dem Meeresspiegel im Death Valley, Kalifornien. Das Flusssystem von Mississippi und Missouri ist das viertlängste in der Welt und beherrscht den mittleren Teil der USA. Es gibt drei große Gebirgszüge, die Appalachen, die Rockies und die Sierras,

niemals, über die Natur zu triumphieren, sondern im Einklang mit ihr zu leben, denn für die Indianer war das Land heilig.
Im 16. Jahrhundert begannen die Europäer, vor allem die Spanier, Franzosen und Engländer, die heutigen Vereinigten Staaten zu erforschen. Viele europäische Völker kolonialisierten Amerika und kämpften untereinander um die Oberherrschaft. Im späten 18. Jahrhundert begannen dreizehn britische Kolonien an der Atlantikküste, sich von ihrem „Mutterland" zu lösen. Das Ergebnis war ein Aufruhr im Jahr 1775, der schnell zu einer schweren Revolte ausartete. Am 4. Juli 1776 akzeptierte der Kontinentalkongress in Philadelphia Thomas Jeffersons berühmte Unabhängigkeitserklärung und die dreizehn abtrünnigen Kolonien wurden die Vereinigten Staaten von Amerika. Nach einem kräftezehrenden Unabhängigkeitskrieg, der 1783 zu Ende ging, durchlebten die Vereinigten Staaten eine Zeit großer Unsicherheit. Im Sommer 1787 fuhren Delegierte eines jeden Staates nach Philadelphia, um dort eine Verfassung für die neue Nation zu schreiben. Das Dokument, das sie schließlich vorlegten, war der Grundstein für eine Regierungsform, die bis heute überdauerte.

__13 oben__ Der historische Hafen von New York war für Millionen von Immigranten das Eingangstor nach Amerika. Aus der Ferne grüßen die Wolkenkratzer von Manhattan.

__13 Mitte__ Die Granitmauern von Fort Adams beschützten über 100 Jahre lang die Narragansett Bay und den Hafen von Newport, Rhode Island. Bereits seit der amerikanischen Revolution befindet sich hier eine Befestigung.

__13 unten__ Der Cahokia Mounds State Park in Illinois befindet sich – von St. Louis aus gesehen – jenseits des Mississippi. Die mittlere Mississippi-Region war einst die Heimat einer blühenden Indianerkultur, die solche Erdhügel errichtete.

Betrachten wir vom Flugzeug aus den Nordosten der Vereinigten Staaten, also einen Teil des Gebietes, das vor 200 Jahren Großbritannien gewaltsam entrissen wurde, so können wir eine Vielzahl topographischer Eigenheiten beobachten. Zum Beispiel die Felsküste entlang der Staaten Maine, New Hampshire und Massachusetts, die der steten Brandung des Atlantiks trotzt und das hakenförmige Cape Cod, das auf 56 km Länge in den Ozean hineinragt. Aus der Luft erkennt man morastige Gebiete voller Cranberry-Sträucher und herrliche Strände, an denen es im Sommer vor Menschen nur so wimmelt. Überall entlang der Küste trifft man auf kleine Fischerorte mit malerischen Docks. Die Bilder der kleinen Fischerhütten, an denen Bojen, Netze und Hummerfallen hängen, sind zum Synonym für

die Kultur von Neuengland geworden. In Plymouth, nicht weit von Cape Cod entfernt, gründeten die Pilgerväter, die mit der „Mayflower" aus Europa kamen, 1620 die erste Kolonie. Die größte Stadt in Neuengland ist Boston. Würden wir unseren imaginären Flug fortsetzen, fielen uns die alten, krummen Straßen im Norden der Stadt auf, wo sich auch die ehrwürdigen Wahrzeichen der amerikanischen Unabhängigkeit befinden, nämlich Faneuil Hall, Bunker Hill und die Old North Church. Die „Boston Tea Party", ein Akt bürgerlichen Ungehorsams, der den Aufstand gegen England auslöste, fand 1773 in diesem Hafen statt. Das heutige Boston gibt sich allerdings modern und weltgewandt. Seine Einwohner stehen loyal zu ihrer Stadt, ihrem Erbe und

ihren Sportmannschaften. Jenseits des Charles River liegt Harvard, eine der ältesten und prestigeträchtigsten Universitäten der Vereinigten Staaten. Wendet man sich von Boston aus landeinwärts, trifft man auf ein riesiges Ballungsgebiet zusammengewachsener Städte. Moderne Unternehmen, vor allem aus der Computerbranche, haben sich hier niedergelassen. Aber man findet hier auch viele Zeitzeugen der Geschichte. Lexington und Concord zum Beispiel, mit ihren gemütlichen kleinen Häuschen und Kirchen, jene Dörfer, in denen die amerikanische Revolution mit „dem Schuss, den die ganze Welt hörte", begann. Später lebten und arbeiteten in Concord viele amerikanische Schriftsteller wie Ralph Waldo Emerson, Henry David Thoreau, Henry Wadsworth Longfellow und Louisa May Alcott. Etwas weiter im Westen trifft man auf die lieblichen kleinen Städtchen, für die Neuengland so berühmt ist. Die älteren Holzbauten tragen meist einen weißen Anstrich und drängen sich um ein winziges Ortszentrum, das für gewöhn-

14 oben Vor der Küste Neuenglands mit seinen malerischen Fischerdörfern liegen viele kleine Inseln wie grüne Farbtupfer im Meer.

14 unten Die letzten warmen Herbsttage werden im Nordosten der Vereinigten Staaten auch „Indian Summer" genannt. Der strahlend blaue Himmel bildet dann einen spektakulären Kontrast zu den bunten Blättern der Bäume, wie hier am Onota Lake in der Nähe von Pittsfield.

14-15 Pittsfield, Massachusetts, ein kleiner Ort in den Berkshire Hills, bietet das typische Bild einer Stadt in Neuengland an einem strahlenden Herbstmorgen.

lich einen kleinen Park und eine oder zwei Kirchen mit sehr hohen, ebenfalls weiß gestrichenen Türmen aufweist. Viele dieser Städte verdanken ihre Existenz den alten Fabrikgebäuden aus rotem Backstein, die man fast immer in unmittelbarer Flussnähe findet. Die meisten von ihnen stehen heute allerdings leer und sind dem Verfall preisgegeben.

Der Herbst ist die schönste Jahreszeit in Neuengland. Wenn die Bäume ihre farbenprächtigen Gewänder in Rot, Orange und Gelb anlegen, bilden die weißen Häuser und die hellen Stämme der unzähligen Birken einen reizvollen Kontrast. Es ist ein unvergessliches Erlebnis, im Herbst über die Bergketten zu fliegen, die Berkshires in Massachusetts, die White Mountains in New Hampshire und die Green Mountains von Vermont. Im Winter sind diese Berge für gewöhnlich schneebedeckt und ein beliebtes Ziel für Wintersportler.

Im Westen von Neuengland liegt der Staat New York. Für diejenigen, die bei dem Namen New York nur an die Stadt mit ihren Wolkenkratzern denken, kann ein Flug über den Norden des Staates eine große Überraschung sein. Anstelle eines urbanen Dschungels findet der Besucher eine wunderschöne Landschaft mit Flüssen, Seen, Feldern und Bergen. Viehweiden wechseln sich ab mit Apfelplantagen. Wenn man von Neuengland her kommt, sieht man zuerst das malerische Hudson River Valley. Der breite Strom des unteren Hudson windet sich durch Felsgestein und Berge, die auf beiden Seiten des Flusses hochragen. Am Westufer befindet sich an einer strategisch günstigen Stelle die U. S. Militärakademie von West Point. Noch weiter westlich überqueren wir die Catskills und sehen

15 oben Dieses Foto zeigt einen Abschnitt der dicht bevölkerten Küste von Neuengland in der Nähe von Boston.

15 Mitte Die Sandstrände der Cape Cod National Seashore locken jeden Sommer massenweise Touristen an. Besucher außerhalb der Saison werden durch die wunderschönen Ausblicke und Geräusche des friedvollen Kaps belohnt, das sie dann praktisch für sich alleine haben.

15 unten Die Bäume des Acadia National Park hüllen sich in Nebel, um dann, urplötzlich, mit dem herannahenden Herbst in ein Feuerwerk der Farben auszubrechen. In der Ferne erkennt man Mount Cadillac, mit 466 Metern der höchste Punkt der Atlantikküste.

im Norden das Mohawk River Valley, das von Ost nach West verläuft, und den Gebirgszug Adirondack im Hintergrund. Die Adirondacks, ein seit 1892 staatlich geschütztes Waldgebiet, umfassen eine Gesamtfläche von 9700 km^2. Mit ihren Bergen, Gebirgsseen und Flüssen sind sie ein beliebtes Ziel für Erholungssuchende. In Lake Placid, einer der Städte dieser Region, fanden 1932 und 1980 die Olympischen Winterspiele statt. In geologischer Hinsicht zählen die Adirondacks zu den ältesten Bergen der Welt. Zwischen den baumbewachsenen Hügeln stößt man immer wieder auf klare, leuchtend blaue Seen mit kleinen grünen Inseln. In den Wintermonaten kann es hier noch kälter werden als in Alaska oder in den Great Plains. Der mittlere Teil von New York gehörte einst den gefürchteten Irokesen. Heute ist New York trotz seiner ganzen Schönheit hauptsächlich ein Staat mit leer stehenden Fabriken und mit einer stetig schwindenden Einwohnerzahl. Wegen der überaus harten Winter zogen es viele Unternehmen vor, sich in einem wärmeren Teil des Landes niederzulassen.

An der äußersten Westgrenze des Staates New York fliegen wir so tief wie möglich über die

Niagarafälle, die sich 51 Meter tief in den darunter befindlichen Fluss stürzen. Besonders beeindruckend ist die Breite der Wasserfälle (300 m auf der amerikanischen plus 800 m auf der kanadischen Seite) sowie der Lärm, den die herabfallenden Wassermassen verursachen. Das Wasser sprudelt und schießt in Stromschnellen um Inseln und Felsen herum, wenn es sich den Wasserfällen nähert, und stürzt dann ganz plötzlich in einen tosenden Kessel, aus dem die Gischt nach oben steigt. Ein atemberaubendes Schauspiel bei Tag und bei Nacht und ein wahrer Touristenmagnet.

Im äußersten Süden des Staates New York liegt die Stadt, für die diese Region bekannt ist. New York City ist eigentlich schon beinahe selbst ein Staat, dessen Aussehen jedoch weniger von der Natur als vielmehr von Menschenhand geprägt wurde. Gigantische Gebäude ragen in den Himmel und bilden „Canyons" aus Marmor, Stahl und Glas. Viele der höchsten Bauwerke, wie das World Trade Center, das Empire State Building, das Rockefeller Center, das Hauptquartier der Vereinten Nationen, die Brooklyn Bridge und das Chrysler Building sind berühmte Wahrzeichen der Stadt.

New York City ist das Zentrum der nordamerikanischen Finanzwelt, ein geschäftiger internationaler Handelsmarkt, der Mittelpunkt des Kulturgeschehens und Sitz vieler Film- und Fernsehstudios der Vereinigten Staaten. Kurz gesagt, es ist eine der bedeutendsten Städte der USA und verfügt nicht zuletzt deshalb auch über die größte Einwohnerzahl. Das Herz der Stadt befindet sich auf Manhattan Island, aber New York City und seine Vororte umfassen ein viel größeres Gebiet. New York wäre nicht New York ohne seine anderen Stadtteile: die Bronx, Queens, Brooklyn und Staten Island. Wenn wir von Manhattan aus Richtung Ozean fliegen, sehen wir die Freiheitsstatue, die jahraus, jahrein ihre Fackel in die Höhe hält, während unter ihr unzählige Boote durch das Wasser pflügen. Zwischen der Freiheitsstatue und der Stadt erkennt man eine kleine längliche Insel – Ellis Island. Noch heute stehen hier die ehemaligen Gebäude der Einwanderungsbehörde, das Portal, durch das Millionen von Menschen aus aller Welt die Vereinigten Staaten betraten. Weiter unten spannt

sich die Verrazano Narrows Bridge, die längste einbogige Hängebrücke der Welt, über das Wasser. Aus der Luft betrachtet, kommen einem Hafen und Stadt vor wie ein Ameisenhügel. Niemand in New York City scheint sich einmal eine Verschnaufpause zu gönnen, überall ist die nervöse Energie zu spüren, die hier alles durchdringt.

Wir lassen nun die Stadt hinter uns und wenden uns nach Südwesten, wo wir über die Hügel und Ebenen von New Jersey und dem östlichen Teil von Pennsylvania fliegen. Im Sommer sind die Bäume und Weiden grün und üppig. Viele internationale Unternehmen haben hier ihren Hauptsitz. Dieses große Ballungsgebiet ist zwar nur ein Vorort von New York City, zählt aber dennoch bereits zu dem gut gedeihenden und wohlhabenden Gebietsgürtel, der in Boston beginnt und südlich von Washington D.C. endet. Ein Nachtflug über diese Region lässt uns anhand unzähliger Lichtern erkennen, wie viele Leute dort leben und arbeiten.

Wir überqueren nun die Hügel von New Jersey in Richtung Südwesten und kommen schon bald nach Philadelphia. Die faszinierende Innenstadt wurde von den Quäkern im 17. Jahrhundert in Form eines rechteckigen Gittermusters angelegt. Heute durchbrechen neue

16-17 *Die Gebäude imZentrum Manhattans im goldenen Licht des Sonnenuntergangs. Die postmoderne Ära der Architektur soll mit Philip Johnsons AT&T Building begonnen haben, das man in der Mitte links sieht. Rechts darüber das 59 Stockwerke hohe Citicorp Center, ganz rechts das Chrysler Building im Art-deco-Stil.*

16 unten *Blick auf den unteren Teil von Manhattan. Ziemlich in der Mitte erkennt man den Steinbogen des Washington Square Parks, der sich im Herzen von Greenwich Village befindet und an dessen Südseite die New York University anschließt. An der Spitze der Insel liegt das Finanzzentrum der Stadt mit dem World Trade Center und der Freiheitsstatue auf ihrer Insel rechts in der Bucht.*

17 oben links *Noch einmal Wolkenkratzer von Manhattan. Vorne rechts eine Ecke des Battery Park, in dem sich seit der Kolonialisierung eine Festung befindet. 1624 hatten die Holländer New York City unter dem Namen Neu-Amsterdam gegründet. Vierzig Jahre später übernahmen es die Briten, die der Stadt ihren heutigen Namen gaben. Ursprünglich war das kleine Dorf an der Spitze der Insel von einer Mauer umgeben, die Schutz vor Angreifern bot und außerdem das Vieh vom Umherstreunen abhielt. Die Straße, die entlang der Mauer gebaut wurde, nannte man Wall Street. Auf dem Foto liegt sie zu Füßen des etwas gedrungenen Gebäudes in der Mitte.*

17 oben rechts *Das Empire State Building war 41 Jahre lang das höchste Bauwerk der Welt. Links dahinter erkennt man auf diesem Bild das Pan Am Building, das sich über der Grand Central Station an der Park Avenue erhebt.*

17 unten *Die Zwillingstürme des World Trade Centers dominieren den unteren Teil von Manhattan und sind weltweit als Finanzzentrum bekannt.*

Wolkenkratzer die Skyline, während weit unter ihnen in alten Backsteinhäusern wie der Independence Hall amerikanische Geschichte lebendig bleibt. Vom Stadtzentrum aus erstrecken sich in alle Richtungen Straßen mit hübschen kleinen drei- oder vierstöckigen Häusern aus rotem Ziegelstein. Einwohner jeder Völkergruppe leben hier in dieser Stadt, in der die Arbeiterklasse dominiert. Im riesigen Hafen liegen historische Schiffe, während weiter südlich die Marine moderne und alte Kriegsschiffe zeigt. Im Gegensatz zu New York schlägt Philadelphias Herz in einem anderen Rhythmus, emsig zwar, aber immer noch fähig zu Ruhe und innerer Einkehr.
Fliegt man von der Stadt aus nach Westen und über den Staat Pennsylvania hinweg, stellt man fest, dass Philadelphias Vorstädte einer wunderschönen ländlichen Gegend weichen, in der sich unter anderem auch eines der Zentren der amerikanischen Amish People befindet. Die sanften Hügel führen uns zu der kleinen Stadt Gettysburg, wo einst eine der wichtigsten

Schlachten des amerikanischen Bürgerkriegs stattfand. Nordwestlich von Gettysburg schweben wir über eine sehr bergige Region mit langen, gewundenen Hügelketten. Die Berge, die viel höher sind als die in Neuengland oder in New York, sind besonders im Herbst eine Augenweide. Ganz weit im Westen dieses rechteckigen Staates liegt Pittsburgh. Eine Industriestadt, wie man an den überall hoch aufragenden Fabrikschornsteinen deutlich erkennen kann. Hier vereinigen sich auch die Flüsse Allegheny und Monongahela zu einem Strom namens Ohio. Manche Stadtteile von Pittsburgh sind dreckig und schwarz vor Industrieruß, die etwas außerhalb liegenden Wohngebiete mit den baumbewachsenen Hügeln und den atemberaubenden Ausblicken auf die Flusstäler jedoch überaus attraktiv.
Bevor wir den Osten in Richtung Landesmitte verlassen, kehren wir von Pittsburgh aus über Maryland zur Atlantikküste zurück. Schon erkennen wir das Stadtgebiet von Baltimore, einer weiteren Industriestadt und einem der geschäftigsten Häfen der USA. Heute ist Balti-

more auch wegen seines Forschungszentrums für Pharmazie und Meeresbiotechnologie bekannt. Baltimore wurde 1729 zusammen mit der Kolonie Maryland gegründet und wurde in Zeiten religiöser Intoleranz zu einem Zufluchtsort für Katholiken. Im Stadtzentrum von Baltimore fällt uns das wieder belebte Hafenviertel mit seinen Touristenattraktionen auf, darunter zum Beispiel das sternenförmige Fort McHenry. Während des Krieges 1812 von den Briten belagert, inspirierte das Fort und seine große Garnisonsflagge den Rechtsanwalt Francis Scott Key dazu, die Nationalhymne der Vereinigten Staaten, The Star Spangled Banner, zur Melodie eines alten britischen Trinkliedes zu schreiben.
Ein kurzer Flug nach Südwesten bringt uns von Baltimore nach Washington D.C., der Hauptstadt der Vereinigten Staaten. Diese Stadt wurde in den 90er Jahren des 18. Jahrhunderts als Hauptstadt der Nation angelegt und 1800 als Regierungssitz anerkannt. Im Stadtzentrum, dort wo die Regierungsgeschäfte abgewickelt werden, finden wir einige der bekanntesten Wahrzeichen der USA. Wir schweben über dem Kapitol, dem Weißen Haus und über den vielen Denkmälern, beispielsweise für Jefferson, Washington und Lincoln. Wir sehen auch die Gebäude der Smithsonian Institution, in denen zahlreiche Schätze der Nation aufbewahrt und ausgestellt werden. Rund um diesen Stadtkern voller bedeutender und prächtiger Bauwerke leben jedoch tausende von armen Leuten. Die Stadt ist ein Paradebeispiel für die Extreme der amerikanischen Gesellschaft – Reichtum und Armut, Macht und Ohnmacht. Wir fliegen weiter Richtung Süden in den schönen Staat Virginia, wo wir als Erstes den Arlington-Nationalfriedhof unter uns sehen, der zugleich ein Denkmal für all die Kriegsopfer und Militärveteranen des Landes ist. Etwas weiter erkennen wir Mount Vernon, George Washingtons berühmtes Heim am Potomac River.

18 oben links *Während der Weltwirtschaftskrise hatte Präsident Franklin D. Roosevelt die Idee zu einem Denkmal für Thomas Jefferson. Das Ergebnis, fertig gestellt 1943, ist eine Hommage an Jeffersons architektonische Vorliebe für Kuppelgebäude.*

18 unten links *East Potomac Park ist eine Halbinsel, die vom Jefferson Memorial (hinten in der Mitte) bis zu Hains Point ganz links auf dem Foto reicht. Davor verläuft der Washington Channel des Potomac River, dessen Hauptkanal im Hintergrund links zu sehen ist. In weiter Ferne erheben sich links vom Washington Monument die Türme der National Cathedral gegen den Himmel.*

18 rechts *Die National Cathedral in Washington D.C. ist eine episkopalische Kirche, für jeden zugänglich und eines der größten Kirchenbauwerke der Welt. Italienische Steinmetze verwendeten viel Zeit und Mühe darauf, für die Türme Wasserspeier in jeder erdenklichen Form und Art herzustellen. Sogar Darth Vader, der Bösewicht aus dem Kinofilm Krieg der Sterne, erhielt auf Vorschlag eines jungen Studenten einen Platz auf dem Turm.*

Nachdem wir Washington D.C. hinter uns gelassen haben, bemerken wir die schönen Strände am Atlantik und die riesige blaue Chesapeake Bay, auf der die Segelboote wie weiße Punkte wirken. Zum Landesinneren hin sehen wir die Pferdefarmen der Piedmont-Region, dazwischen immer wieder Monumente zum Andenken an die Opfer des Bürgerkriegs, denn in diesem Gebiet fanden einige seiner größten Schlachten statt. An der Westseite von Virginia liegen die Shenandoah Mountains. Sie sind nicht nur zu jeder Jahreszeit ein prachtvoller Anblick, sondern auch reich an geschichtsträchtigen Orten. Wenn wir dem Verlauf des Shenandoah-Tales folgen, kommen wir zu dem Punkt, an dem die Shenandoah Mountains im Staat North Carolina in die etwas höheren Great Smokies übergehen. Am Rande dieser Berge wurde ein sehr schöner Naturpark eingerichtet. Der höchste Punkt der Great Smoky Mountains erreicht zwar nur 2024 m, aber dies tut der Schönheit dieser Gebirgskette keinen Abbruch. Ihren Namen haben diese Berge übrigens von dem Nebel und den Wolken, die oftmals den Blick auf die Gipfel verhüllen. Die Great Smokies sind die höchsten Berge der Appalachenkette, die parallel zur Atlantikküste von Maine bis Georgia verläuft.

Noch einmal kehren wir zur Atlantikküste zurück und erreichen die sandigen Ausläufer von Cape Hatteras. Untiefen und Stürme machen das Navigieren in diesen Gewässern gefährlich, wie man an den vielen Wracks am Strand deutlich sieht. Auf diesen sandigen Stränden starteten im Dezember 1903 die Gebrüder Wright auch zu ihrem historischen Flug in einer Maschine, die schwerer als Luft war. 1585 hatten die Briten versucht, in diesem Gebiet eine Kolonie zu gründen, aber das Unternehmen schlug fehl und 1590 waren alle Bewohner unter mysteriösen Umständen verschwunden. Die erste erfolgreiche britische Kolonie namens Jamestown entstand erst 1607 nördlich von Cape Hatteras in Virginia. Die Überreste können wir vom Flugzeug aus erkennen, ehe wir das 10 Meilen weiter nördlich liegende Williamsburg ansteuern, das zur Erinnerung an das amerikanische Kolonialistenleben sehr liebevoll wieder aufgebaut wurde. Während wir die Atlantikküste in südlicher Richtung entlangfliegen, fällt uns auf, dass die Gegend immer spärlicher besiedelt ist. Nichtsdestoweniger gelten die beiden Carolinas, Georgia und Florida als die bevorzugten Wohngebiete der wachsenden Zahl von Rentnern in Amerika. In South Carolina zeigt sich

18-19 *Dieses Foto der Washington Mall zeigt einige der bekanntesten Gebäude Amerikas. Das Kapitol (oben links) z. B. ist Versammlungsort des U.S.-Kongresses. Das 169 m hohe Washington Monument zum Andenken an den ersten Präsidenten der USA liegt auf einer Achse mit dem schneeweißen Lincoln Memorial (vorne rechts) am anderen Ende des riesigen Wasserbeckens.*

19 unten *Die Basilika der Unbefleckten Empfängnis im Nordosten von Washington D.C. besteht ganz und gar aus italienischem Marmor und nimmt eine Fläche von fast 7200 m² ein. Der Bau begann 1920, wurde jedoch durch die Weltwirtschaftskrise und den Zweiten Weltkrieg verzögert, sodass die Kirche erst in den 60er Jahren fertig gestellt werden konnte.*

eine auffällige Veränderung der Vegetation und die Landschaft flacht ab. Wir kommen in eine Gegend des traditionellen Reis- und Indigoanbaus. Hier und da erkennt man das herrschaftliche Haus eines Plantagenbesitzers, einige mit viel Liebe restauriert. Wir befinden uns nun im „Alten Süden", ein Land, das ganz anders als der industrielle Norden – früher von tausenden kleiner Farmen, wenigen Plantagen und der Arbeitskraft der schwarzen Sklaven abhängig war. Das Klima in dieser Region ist viel wärmer und feuchter als im Nordosten, mit sehr milden Wintern, in denen es nur selten schneit. Von unserem luftigen Aussichtspunkt aus sehen wir noch immer einige Schäden von den verheerenden Hurrikans, die jeden Herbst über das Land herfallen. Direkt vor uns liegt nun zwischen den Flüssen Ashley und Cooper die 1670 gegründete Stadt Charleston mit ihrem wunderschönen, gut geschützten Hafen. Genau in diesem Hafen war es, dass sich im Jahr 1861 die sklavenhaltenden Südstaaten gegen die Nordstaaten erhoben, indem sie Fort Sumter beschossen. Das alte Fort steht heute auf einer Insel inmitten des Hafens als Mahnmal für einen Krieg, der einst diese mächtige Nation spaltete. Charleston selbst ist ein bezauberndes Städtchen mit seinen typischen „Shotgun"-Häusern und deren breiten Veranden. Hier pulsiert das Leben mindestens genauso stark wie in der Nachbarstadt Savannah, Georgia. In diesen beiden Städten erlebt der Besucher den Charme der Südstaaten am eindrucksvollsten. Auch heute noch ist Charleston eine bedeutende Hafenstadt. Sie beherbergt mittlerweile außerdem eine petrochemische Industrie und mehrere berühmte Universitäten sowie eine Militärschule.
Auf dem Weg von Charleston ins Landesinnere überqueren wir den Savannah River und kommen in die höher gelegenen Regionen von Georgia, wo wir schon bald die moderne Skyline von Atlanta entdecken – ein Symbol für den „Neuen Süden". Atlanta ist die Geschäftshauptstadt der Südoststaaten und der Hauptsitz vieler internationaler Unternehmen. Wir staunen über die hohen Gebäude im Zentrum und die große Anzahl der stetig expandierenden Vororte. Atlanta wurde nicht zuletzt dadurch bekannt, dass es für Margaret Mitchells Bürgerkriegsroman „Vom Winde verweht" als Kulisse diente. Allerdings merkt man in der Innenstadt nicht mehr viel von Atlantas historischer Vergangenheit. Man erinnert sich heute viel lieber daran, dass hier die Heimat des berühmten Bürgerrechtlers Dr. Martin Luther King war und an die Olympischen Spiele von 1996. Wieder wenden wir uns Richtung Süden und erreichen die 643 km lange Halbinsel Florida. Der spanische Eroberer Juan Ponce de Leon war bereits im Jahr 1513 hier an Land gegangen, somit zählt Florida zu den am frühesten erforschten Gebieten Amerikas. St. Augustine,

die älteste ständig bewohnte euroamerikanische Stadt, wurde 1565 gegründet.
Florida war also zuerst spanische Kolonie, gehörte dann aber während Amerikas Kolonialzeit zu Großbritannien. Erst 1819 schloss es sich den Vereinigten Staaten an. Das moderne Florida ist eine interessante Mischung aus Pensionärswohngebieten, geschäftigen Städten, historischen Orten, Stränden, Erholungsparks, und landwirtschaftlichen Anbauflächen (hauptsächlich Orangen und Tomaten). Es gibt aber auch riesige Naturschutzgebiete, zum Beispiel die Everglades, ein fast 13 000 km² großes Urwald- und Sumpfland, die Florida Keys, kleine Inseln, die wie aufgereiht unterhalb der Südspitze Floridas 362 km in den Golf von Mexiko hineinragen. Und dann ist hier natürlich noch das berühmte Miami mit seinen stolzen hispanischen Bewohnern, darunter auch eine große Zahl kubanischer Flüchtlinge, und deren Nachkommen. Miami verbindet ein starkes Band mit Lateinamerika, nicht nur wegen der Herkunft seiner Einwohner, sondern ganz einfach deshalb, weil es so nahe an der Karibik, an Mittel- und Südamerika liegt. Im Norden Miamis erkennen wir die gewaltigen Umrisse des John F. Kennedy Space Center in

20 *Das staatenverbindende Highway-System, hier in der Nähe von Atlanta, Georgia, wurde 1956 auf Drängen von Präsident Dwight D. Eisenhower eingerichtet.*

21 oben links *Die Kuppel des Georgia State Capitol Building in Atlanta ähnelt der des US-Kapitols in Washington. Das Bauwerk kostete weniger als eine Million Dollars und wurde 1889 fertig gestellt.*

21 oben rechts *Die modernen Gebäude von Atlanta sind typisch für den neuen, modernen Süden, den „Sunbelt".*

21 unten *Dieser riesige Granitblock, Stone Mountain genannt, erhebt sich hoch über einem Vorort von Atlanta, der den gleichen Namen trägt. Stone Mountain wurde nicht nur wegen des sich hier befindenden Denkmals an die Konföderation der Südstaaten zu einem beliebten Touristenziel, sondern auch wegen des Naturschutzgebietes, das ihn umgibt.*

22 oben *Wasser ist die Hauptressource in Florida, wie man an diesem Golfplatz mit seinen vielen Teichen deutlich erkennt. Florida war zunächst die Heimat der Tequesta-Indianer und später die der Seminoles, ehe es – lange Zeit nach den anderen Atlantikstaaten – von Europäern besiedelt wurde.*

22 unten links *Die Art-deco-Hotels von Miami Beach wurden in den 20er Jahren von Dixon und Hohauser erbaut, die den ursprünglich mediterranen Stil der Stadt etwas zeitgenössischer gestalten wollten.*

22 unten rechts *Der Norden von Miami Beach ist übersät mit Freizeitzentren und Hotels. Während der Zeit des Art déco schufen Frankokanadier und Juden im Norden eine Gemeinde, die Surfside genannt wurde (eine von vielen ethnischen Gemeinden in diesem Gebiet). Jedes Gebiet dieses Staates reflektiert, ebenso wie jedes Gebiet der ganzen Nation, das multikulturelle Erbe der USA.*

23 *Wasserparks, Hotels, Go-Cart-Bahnen und Piers sind typisch für Daytona Beach, Florida, dessen Haupteinnahmequelle – wie in allen anderen Städten Floridas – der internationale Tourismus ist.*

Cape Canaveral, von wo aus die Amerikaner seit fast 40 Jahren Raketen, Satelliten und Space Shuttles ins All schießen. Überflüssig zu erwähnen, dass von hier aus auch der erste bemannte Mondflug startete.
Während wir über Südflorida schweben, bemerken wir, dass sich das Klima abermals geändert hat und nun subtropisch ist. Die Palmen, Pinien und anderen Pflanzen unter uns bestätigen, dass wir uns in einer heißen Zone mit hoher Luftfeuchtigkeit befinden. Das

extrem flache Land ist beinahe ringsum von Wasser eingeschlossen: der Atlantik im Osten, der Golf von Mexiko im Süden und dazwischen Flüsse, Seen und Sümpfe. Das herrliche Blau des Wassers bildet einen eindrucksvollen Rahmen für das Weiß der Strände, das Grün der Vegetation und die spektakulären Farben der bemalten Häuser und Bauwerke.
Von Florida aus geht es nun nach Nordwesten. Wir verlassen die Atlantikküste und kommen in eine ganz andere Region der USA jenseits der Appalachen. Wir sind nun im so genannten „mittleren Westen", einer weiten, flachen Ebene, die von den Nebenflüssen des Mississippi durchzogen ist. Die riesigen Industriestädte Detroit, Pittsburgh, Cincinnati, Louisville, St. Louis und Chicago erscheinen wie große dunkle Flecken in einer ansonsten ländlichen Gegend. Die ebenen, rechteckigen Felder von Illinois und Indiana erstrecken sich nordwärts bis zur Great-Lakes-Region. Der Mittlere Westen ist ein riesiges Gebiet und ein Land voller Gegensätze. Wir starten unseren Flug in Chicago, einer Stadt mit multikultureller Einwohnerschaft und Radiostationen, die deshalb in polnisch, tschechisch, spanisch und allen anderen denkbaren Sprachen senden, mit Türmen aus Stahl und Glas, die sich um den Michigansee gruppieren, und scheinbar endlosen Sommerfestivals. Chicago blickt aber auch auf eine Tradition dynamischer Architekturentwicklung zurück. Zwischen den modernen Wolkenkratzern sehen wir einige der ursprünglich sehr hohen Gebäude, die in den 90er Jahren des 19. Jahrhunderts von Louis Sullivan konzipiert wurden. Zu Beginn des 20. Jahrhunderts verblüffte der ehemalige Lehrling Sullivans, Frank Lloyd Wright, die Architekturszene mit seinen „Häusern im Präriestil", von denen wir heute noch viele in der Vorstadt Oak Park entdecken. Wrights Architektur basierte auf den geographischen Eigenheiten dieser Region und er verwendete Präriepflanzen als Vorlagen

für dekorative Elemente. Chicago ist eine kulturell aktive Stadt mit vielen Theatern, Museen und Büchereien. Der Chicagoer Winter ist allerdings nichts für ängstliche Gemüter. Zur Eiseskälte gesellen sich nämlich sehr oft überaus heftige Schneestürme. Chicago ist ein Ort, der danach schreit, erkundet zu werden, und der einfach um seiner selbst willen geliebt werden muss.
Als wir uns von Chicago abwenden, blicken wir erstaunt auf den großen „Flickenteppich" aus Feldern und anderen landwirtschaftlichen Flächen, der sich unter unseren Tragflächen in alle Richtungen ausbreitet. Dies war einst das Land der Prärieindianer und des Büffels. Die alten Wälder und Prärieweiden sind heute leider verschwunden, sie wurden durch Mais-, Sojabohnen- und Weizenfelder ersetzt. Hier waren einst Indianerdörfer mit ihren kegelförmigen Wigwams über die Landschaft verstreut und hier und da ein paar Erdhügel, die von den Ureinwohnern dieser Region aufgeschichtet worden waren. Heute liegt unter uns ein Land mit Dörfern und Städten, deren Erscheinungsbild von Silos dominiert wird, aber auch von riesigen Rathäusern und Gerichtsgebäuden, die in der flachen Prärie meilenweit zu sehen sind.
Und durch dieses Land verläuft der Mississippi, jener legendäre Fluss, der in so vielen literarischen Werken Erwähnung findet. Die romantische Ära der Schaufelraddampfer wurde von einem der berühmtesten Schriftsteller Amerikas, nämlich von Samuel Langhorne Clemens, besser bekannt unter seinem Pseudonym Mark Twain, literarisch eingefangen. Der Fluss selbst ist allerdings weniger romantisch. In Wirklichkeit ist er nichts als ein träge fließender, schlammiger Strom, der sich 3778 km lang von Minnesota zum Golf von Mexiko hinwindet. Unterwegs wird er von mehr als 250 Neben-

flüssen gespeist und bewässert eine Fläche von über 3 Millionen km². Heute liegt der Mississippi im Zentrum des Mittleren Westens, früher jedoch bildete er die westliche Grenze der Vereinigten Staaten. Nach der Revolution begannen die Amerikaner, nach Westen zu blicken. Es war der Traum eines jeden Amerikaners und vieler politischer Denker, dass jeder Bürger Landbesitzer sei. Besonders Thomas Jefferson glaubte fest an eine Nation von Farmern mit eigenem Land, weil dadurch eine demokratische Regierungsform erhalten werden sollte. Die Expansion über die Appalachen hinaus in Richtung Westen konnte diesen Traum wahr werden lassen. Aber in ihrem Besiedelungsdrang ignorierten die Amerikaner die Rechte der Indianervölker. Sie ließen die Ureinwohner Verträge unterschreiben, mit denen sie ihr Land verloren. Andere Stämme zogen gegen die weißen Siedler in den Krieg, bis sie von der amerikanischen Armee besiegt wurden. Danach blieb für die Indianer keine andere Wahl, als sich entweder der neuen euroamerikanischen Kultur anzupassen oder weiter nach Westen zu ziehen, ehe die Siedlerwelle über sie hinweg schwappte. Um 1800 bevölkerte sich allmählich das Gebiet östlich des Mississippis und die Siedler begannen bereits, begehrliche Blicke auf das Land im Westen zu werfen, das zunächst von den Spaniern beansprucht, dann aber an die Franzosen abgetreten worden war. 1803 zwangen die Umstände Napoleon Bonaparte dazu, das 2 Millionen km² große Louisiana-Territorium (das gesamte Land zwischen dem Mississippi im Osten, den Rocky Mountains im Westen, Kanada im Norden und dem Golf von Mexiko im Süden) für die lächerliche Summe von 15 Millionen US-Dollar an die Vereinigten Staaten zu verkaufen.

Wenn man heute über den Mississippi fliegt, kann man sich kaum noch vorstellen, wie es in jenen Zeiten dort aussah, auch wenn es erst 200 Jahre her ist. Das 19. Jahrhundert, das mit dem Erwerb des Louisiana-Gebietes begonnen hatte, gipfelte in der endgültigen „Eroberung" des nordamerikanischen Westens. In jenem Jahrhundert zogen die Amerikaner unaufhaltsam gen Westen, um auch die entlegensten Gebiete des Kontinents zu besiedeln. Schon bald waren sie jedem anderen Volk, seien es Indianer oder Europäer, zahlenmäßig überlegen. Der Oregon Treaty mit Großbritannien im Jahr 1846 verhalf den Vereinigten Staaten zu neuem Land südlich des 49. Breitengrades. Zum Schluss erstreckte sich die Nation von Ozean zu Ozean; aber dies war vielen Amerikanern noch nicht genug: Sie beanspruchten nun das gesamte Land zwischen Florida und Kalifornien und erklärten Mexiko den Krieg. Innerhalb von zwei Jahren hatten die siegreichen Amerikaner ihr Ziel erreicht. Die Grenzen der Vereinigten Staaten erhielten ihre heutigen Abmessungen (bis auf die kleine Ausnahme, dass 1853 wegen der transkontinentalen Eisenbahn Teile Südarizonas und New Mexicos von den Mexikanern abgekauft wurden). Nun besaßen die Amerikaner ein riesiges Land, das

__24-25__ Der mächtige Mississippi macht in der Nähe von Baton Rouge, Louisiana, eine große Biegung. Dieser riesige Strom ist schon zu Zeiten der alten Indianervölker, der ersten Siedler und Plantagenbesitzer, die Hauptverkehrsader des Mittleren Westens gewesen.

__24 unten__ Diese Plantagenvilla aus der Zeit vor dem Bürgerkrieg kann, zusammen mit 19 anderen herrschaftlichen Häusern, in der Nähe von Baton Rouge besichtigt werden.

__25 oben__ Die imposante Skyline von Chicago. In dieser Stadt herrscht wohl die größte Völkervielfalt der gesamten Vereinigten Staaten.

__25 Mitte__ Das ungefähr einen Kilometer lange Navy Pier in Chicago wurde erst 1995 wieder eröffnet und zählt zu den schönsten Attraktionen der Stadt.

__25 unten__ Der Dampfer „Delta Queen" wurde 1927 erbaut und befuhr ursprünglich den Sacramento River in Kalifornien. Seit 1947 schippert er jedoch auf dem Mississippi auf und ab, wo er den Urtyp des klassischen Dampfschiffes verkörpert.

26 Moderne Gebäude umgeben das Old Courthouse von St. Louis. Heute steht das ehemalige Justizgebäude allerdings unter der Verwaltung des National Park Service. Es wurde um 1839 erbaut und war Schauplatz des Dred-Scott-Falls, der 1846 begann.

27 oben links *Der Missouri Botanical Garden in St. Louis zählt zu den schönsten öffentlichen Gärten der Welt. Zudem befindet sich dort auch ein international anerkanntes Forschungszentrum für Botanik und für Medikamente aus Wildpflanzen. Besonders schön ist der Japanische Garten am Rand der Lagune oben links.*

27 oben Mitte *Downtown St. Louis, westlich des Gateway Arch, ist ein wilder architektonischer Mischmasch, zu dem auch das Rathaus (im Vordergrund Mitte) gehört. Es wurde Ende des 19. Jahrhunderts als Kopie des französischen Hôtel de Ville von Paris erbaut.*

darauf wartete, erkundet und besiedelt zu werden. 1848, kurz nachdem die Mexikaner aus Kalifornien abgezogen waren, entdeckte man dort Gold und Amerika wurde eine reiche Nation. Der Goldfund verursachte einen unglaublichen Ansturm von Pionieren und Glücksrittern, die sich durch das raue Land kämpften, um in Oregon, Kalifornien und dem Staat Washington Land oder Schürfrechte zu erwerben.
Das im Osten des Staates Missouri gelegene St. Louis war die letzte größere Stadt, in der sich

die Pioniere für ihre Reise westwärts ausrüsten konnten. In dem Gebiet bei Kansas City begannen die Wege, die nach Oregon und Kalifornien führten. Der Santa Fe Trail nahm in der Mitte von Missouri seinen Anfang, der Mormon Trail dagegen in Iowa und in Nebraska. Diese Wege oder Trails sowie die Eisenbahn, die schon bald darauf folgte, ermöglichten die allmähliche Besiedlung des amerikanischen Westens. Wenn man heutzutage über St. Louis fliegt, kann man den 192 m hohen Gateway Arch des finnischen Architekten Eero Saarinen betrachten, der das Tor zum Westen symbolisieren soll und die Flussseite und die Skyline der Stadt beherrscht. Nur etwa 30 km nördlich von St. Louis vereinigen der Mississippi und der Missouri ihre schlammigen Gewässer, um sie unaufhaltsam dem Golf von Mexiko zuzuführen. St. Louis selbst ist nach wie vor eine Geschäfts-, Handwerks- und Industriestadt, verfügt jedoch auch über große Parkanlagen und viele interessante Museen.
Wir folgen in unserem Flugzeug nun dem Verlauf des Mississippi in Richtung Süden und überqueren die Staaten Arkansas, Mississippi und Louisiana. Unter uns wechseln sich Baumwolle, Rohrzucker, Reis, Süßkartoffeln und Getreide auf den Feldern ab. Über Louisiana sehen wir den Fluss, viel landwirtschaftlich genutzte Fläche und eine Menge Sumpfland. Außerdem ist festzustellen, dass die chemische Industrie in diesem Staat stark vertreten ist. Einen Blickfang in der Landschaft bilden die hohen Erdwälle, die den Fluss daran hindern sollen, über die Ufer zu treten. Im Laufe der Jahre hat der Mississippi hier nämlich so viel Schlamm abgelagert, dass sein Bett nun höher liegt als das ihn umgebende Land. Dies ist der Grund, warum mittlerweile Dämme auf einer Länge von 3200 km die Region schützen.
Wir kommen nun zur berühmtesten und größten Stadt von Louisiana, nach New Orleans, das 1718 von den Franzosen gegründet und halbmondförmig in einer Biegung des Flusses erbaut wurde. New Orleans liegt bereits unterhalb des Meeresspiegels und wird nur durch seine Dämme vor der Überflutung bewahrt. Die interessante Mischung der Kulturen macht diese Stadt einzigartig. Karibikinsulaner, französische Flüchtlinge aus Kanada, hispanische Siedler aus Westindien, Spanier, Indianer aus dem Süden und noch etliche Vertreter anderer Abstammung ließen New Orleans schon frühzeitig zu einem kulturellen „Schmelztiegel" werden. Die Schönheit des Garden Districts, die Tulane-Universität und die ungewöhnlichen Friedhöfe mit ihren oberirdischen Gräbern tragen ebenfalls zur Faszination dieser Stadt bei. Während wir über dem berühmten French Quarter kreisen, können wir die Klänge von Jazz, Blues und Zydeco förmlich hören und die berühmte Cajun-Küche beinahe riechen. Es ist immer eine Menge los auf der Bourbon Street, der Amüsiermeile der Stadt. Das French Quarter ist auch der Ausgangspunkt der berühmten Mardi-Gras-Umzüge, bei denen es in der Stadt nur so von Besuchern wimmelt, die sich betrinken und amüsieren wollen.
Doch wir lassen nun den ganzen Rummel hinter uns, überfliegen die grünen „Bayous" im Süden der Stadt, jene von Zypressen bewachsenen Sumpfgebiete, in denen Alligatoren,

27 oben rechts *Der Gateway Arch lenkt die Strahlen der Sonne hinab in den vorbeifließenden Mississippi. Ursprünglich galt er als Symbol für die Rolle, die St. Louis bei der Ausbreitung nach Westen spielte. Heute ist er jedoch mehr zu einem Symbol für die Stadt selbst geworden.*

27 unten *Die Hauptattraktion von St. Charles, einem Vorort von St. Louis, sind die Casino-Schiffe. Berühmt ist der Ort ist auch für seine Weinkellereien und für sein Museum, das der Lewis und Clark Expedition gewidmet ist.*

Bisamratten und Schlangen leben, und gleiten nun westwärts über die Küste des Golfs von Mexiko, wo uns das riesige Mississippi-Delta ins Auge fällt. Dieses Gebiet hat stolze Bewohner, die vom Fischen leben oder von der Jagd auf Alligatoren und Schlangen.
Unsere Reise entlang der Küste führt uns nach Texas, und zwar nach Houston. Das ist nicht nur die viertgrößte Stadt der USA, sondern auch die, die am schnellsten expandiert. Zudem ist Houston das Zentrum der Erdöl- und Elektronikindustrie sowie der Sitz der National Aeronautics and Space Administration (NASA). Wolkenkratzer aus Stahl und Glas erheben sich über der Küstenebene und deren Bayous und wir staunen über das enge Nebeneinander von Natur und menschlich geprägtem Lebensraum. Weiter geht es nun in Richtung Norden und

dort nun enorme Mengen von Weizen, Mais und Alfalfa produziert oder Rinder gezüchtet werden. Viele Städte in Kansas, wie z. B. Abilene und Dodge City, wurden im 19. Jahrhundert als Eisenbahnverladeorte bekannt, zu denen „echte" Cowboys ihre Rinderherden trieben. Wenn man über die Great Plains fliegt, sieht man Felder, so weit das Auge reicht. Sie sind entweder quadratisch oder rund, je nachdem, welche Bewässerungsmethode angewendet wird. Flüsse und Ströme bahnen sich ihren

über Oklahoma, einem Staat, der einst exklusiv zur Aufnahme der Indianerstämme reserviert war. Heute gehört er zwar zu den Vereinigten Staaten, aber es leben dort noch immer besonders viele Indianer. Nördlich von Oklahoma liegen die Staaten Kansas, Nebraska sowie North und South Dakota. Diese Staaten bilden, zusammen mit Ost-Colorado und Wyoming die „Great Plains", ein riesengroßes Flachlandgebiet, das einst von Büffelherden durchzogen wurde. Im späten 18. und auch größtenteils im 19. Jahrhundert wohnten hier viele nomadische Indianerstämme, die in Tipis lebten und ihre Pferde als höchstes Gut schätzten. Mit deren Hilfe konnten sie nämlich den großen Büffelherden folgen, die damals schätzungsweise aus 40 Millionen Tieren bestanden. Bekanntestes Beispiel für diese Lebensweise sind wohl die stolzen Lakota (Sioux), da sie häufig in Hollywoodfilmen verewigt (und meist auch trivialisiert) wurden. Heute leben viele von ihnen leider unter erbärmlichen Bedingungen in Reservaten in South Dakota.
Ebenso wie die ehemaligen Prärien östlich des Mississippi, fielen auch die Great Plains dem Pflug der Euro-Amerikaner zum Opfer, sodass

Weg durch die flache Landschaft in gewundenen Linien, während die Straßen das strenge geometrische Muster der Felder fortsetzen. Die Straßen sind so schnurgerade und das Land ist so flach, dass man sogar vom Auto aus mehrere Kilometer weit sehen kann. In Wirklichkeit sind die Straßen aber gar nicht so pfeilgerade. Alle paar Kilometer biegen sie sich ein bisschen nach Norden und verlaufen dann wieder entlang ihrer ursprünglichen Spur. Diese kleinen Korrekturen sind notwendig, um die geraden Straßen der Erdkrümmung anzupassen!
An einem Sommertag über den Great Plains sehen wir in dem „Flickenteppich" der Felder alle Schattierungen von Grün- und Brauntönen. Kein Feld gleicht dem anderen und man hat den Eindruck, als würden sie niemals enden. Doch dann erkennen wir am Horizont die rötlichen Umrisse einer Bergkette: Das Ende der Great Plains ist erreicht, wir sind an den Rocky Mountains angelangt.
Dieses eindrucksvolle Bergmassiv zieht sich von Alaska bis New Mexico durch den westlichen Teil der USA. Nach der endlos weiten Ebene können wir kaum glauben, dass wir uns so plötzlich mitten in einer Gebirgsregion

28 oben *Die seltsame Topographie des Badlands National Park ist ein gutes Beispiel für den Unterschied zwischen dem Osten der Vereinigten Staaten und dem Westen. Freigelegte Felsformationen dominieren einen großen Teil der Staaten westlich des Mississippi. Kein Wunder, dass den ersten Pionieren, die mit ihren Planwagen hier durchrollten, diese Gegend äußerst „unwirklich" vorkam.*

28 unten *Der Westen hält eine breite Palette an topographischen Eigenheiten bereit. Eine Weizenernte wie diese in der Nähe von Cut Bank, Montana, vermittelt einen Eindruck von dem, was die amerikanischen Farmer hier Jahr für Jahr leisten müssen.*

28-29 *Diese Felder in der Nähe von Scotts Bluff, Nebraska, müssen künstlich bewässert werden. Wegen der Unfruchtbarkeit der Böden in dieser Region muss jedes Jahr eine andere Getreideart angebaut werden.*

befinden, deren höchste Gipfel über 4000 m hoch sind. Wenn man über und zwischen den Rockies mit ihren Nadelwäldern und den klaren Bergflüssen schwebt, erhält man einen Eindruck, wie mächtig die Kräfte unserer Erde wirklich sind. Diese Berge sind geologisch gesehen, im Gegensatz zu den Appalachen, noch relativ jung, denn sie entstanden erst vor ungefähr 100 Millionen Jahren. Sie bilden eine etwa 3200 km lange natürliche Barriere, die zugleich die kontinentale Wasserscheide ist. Das bedeutet, dass sich hier die Flüsse unterteilen in die, die nach Osten und Süden in den Atlantik fließen und die, die sich in den Pazifik ergießen. Die ersten amerikanischen Forscher, zu denen auch Lewis und Clark, Zebulon Pike, Stephen Long und John C. Fremont gehörten, waren auf die enormen Dimensionen der Rocky-Mountain-Region und ihrer schroffen Berge zunächst nicht vorbereitet. Die Königin unter den Städten der Rockies ist unbestritten Denver in Colorado, wunderschön gelegen am Rande der Great Plains mit Blick auf die großartigen Berge. Andere, kleinere Städte entstanden häufig dort, wo Metallerzvorkommen wie Silber, Gold, Blei oder Kupfer entdeckt wurden. Sie leben heute hauptsächlich vom Fremdenverkehr. Im Allgemeinen sind die Rockies nur spärlich bevölkert.

Der schönste Ort, um die Rocky Mountains zu erleben, ist eigentlich nicht repräsentativ für diese Gebirgsregion. Es handelt sich um den einzigartigen Yellowstone National Park, der auch der erste Nationalpark der Welt (gegründet 1872) war. Er umfasst ein etwa 9000 km² großes Gebiet mit Bergen, spektakulären Wasserfällen, beschaulichen Gebirgsseen und dem weltgrößten Geysirfeld (3000 aktive Geysire und heiße Quellen). Hier leben auch viele

29 unten links *Der Mittlere Westen produziert hauptsächlich Mais, wie man auf diesem Foto eines Feldes in Wisconsin erkennen kann. Der Mais ist eine der einheimischen Getreidearten Amerikas, deren Kultivierung die Europäer von den Indianern erlernten.*

29 unten rechts *Fort Laramie, Wyoming, ist eine typische Kleinstadt im Westen. Früher war sie jedoch eine der wichtigsten Stationen für Pelzhändler und Pioniere auf dem Oregon Trail. Das restaurierte U.S. Army Fort außerhalb der Stadt erinnert nicht nur an die militärische Besetzung dieses Gebietes, sondern auch an zwei wichtige Verträge mit den Prärieindianern, die 1851 und 1868 unterzeichnet wurden.*

bedrohte Tierarten wie Büffel, Bären, Elche, Bergziegen und neuerdings auch Wölfe. Yellowstone ist eine Kombination aus natürlicher und in den letzten 125 Jahren von Menschenhand geschaffener Umgebung. Er vereinigt in sich all die Vor- und Nachteile eines Naturparks. Im Sommer und im Frühherbst strömen nämlich Massen an Besuchern in den Park, die sich leider oftmals der Pflanzen- und Tierwelt gegenüber nicht sehr rücksichtsvoll verhalten. Schwierig ist deshalb die Aufgabe des Nationalpark-Service, der dazu angehalten ist, sowohl das Gebiet zu schützen, als auch jedermann Zutritt zu gewähren.
Jenseits der Rockies liegt das Great Basin (Großes Becken) und die trockenen „Wüstenstaaten" Arizona, New Mexico, Utah und Nevada. Wir fliegen als Erstes in das Great Basin und sehen unter uns ein großes, flaches Gebiet, das vor ungefähr 2 Millionen Jahren entstand. Die Wüste selbst erscheint meist völlig ausgedorrt, kaum erkennbare Vegetation und keine Wasservorkommen. Große Flächen grauen Sandes erstrecken sich in alle Richtungen, in der Ferne erkennt man die Silhouette rötlicher Berge. Das Wasser aus dem Great Basin fließt nicht in das Meer, sondern versickert in der Wüste. Während wir weiter ins Innere des Great Basin vordringen, breitet sich vor uns in Utah der Great Salt Lake aus, einer von mehreren Salzseen der Region. Am Südufer des Sees liegt Salt Lake City, die berühmte Mormonenstadt. Die religiöse Gemeinschaft der Mormonen wurde in New York von einem gewissen Joseph Smith gegründet, einem verfolgten Propheten, der zusammen mit seiner Anhängerschar jahrzehntelang von Stadt zu Stadt und von Staat zu Staat getrieben wurde. In den späten 40er Jahren des 19. Jahrhunderts führte der damalige Mormonenführer Brigham Young seine Leute nach Utah, wo sie die Wüste zum „Erblühen" brachten, einen Tempel bauten und Universitäten gründeten, die heute zu den angesehensten der Welt zählen. Diese Geschichte ist übrigens typisch für Amerika: Ein Volk, von ungerechtfertigten Vorurteilen verfolgt, findet einen sicheren Hafen, wo es seine Religion ausüben und ungestört leben kann. Naja, beinahe ungestört – die U.S. Regierung kämpfte über 40 Jahre lang gegen die von den Mormonen praktizierte Polygamie, bis sie schließlich einen Kirchenbann auf die Vielehe erwirkte.
Südlich des Great Salt Lake fliegen wir nun über eine bezaubernde, von Canyons durchzogene Wüstenlandschaft, die zum größten Teil unter Naturschutz steht. Die unglaublichen Farben des Felsgesteins, das sich in rosa, bräunlichen, weißen und schwarz-rot gestreiften Schichten an den Wänden der Canyons aufbaut, zieht seit mehr als 100 Jahren Besucher an. Aber auch die sehr gut erhaltenen Überreste alter indianischer Kulturen haben sich als Touristenmagnet erwiesen. Felsenbehausungen in Mesa Verde und im Canyon de Chelly sowie große, halbrunde Städte in der Wüste deuten auf eine hoch entwickelte Gesellschaft hin, über die wir heute nur noch spekulieren können. Weitere Überbleibsel dieser Kulturen findet man noch in den Pueblos der Hopi, Zuni, Acoma, Taos und anderer Indianervölker aus Arizona und New Mexico. Die Navaho leben ebenfalls im nordöstlichen Arizona, im größten aller amerikanischen Indianerreservate. Die Pueblo-Indianer und die Navahos bemühen sich, ihre traditionelle Lebensweise trotz des Einflusses der euroamerikanischen Kultur zu bewahren. Die kunsthandwerklichen Gegenstände, die sie anfertigen, z. B. exquisiter Schmuck, Töpfereien, Webteppiche, Gemälde und Kachina-Puppen, locken viele Besucher in ihr Gebiet. Einzelne Stämme machen auch Geschäfte mit Unternehmen, die Kohle, Erdgas und andere im Reservat vorkommende Ressourcen abbauen. Von unserem luftigen Aussichtspunkt können wir die alte, die traditonelle und die moderne

30 oben *Der Grand Teton National Park im Westen Wyomings zählt zu den spektakulärsten Nationalparks Amerikas. Der National Park Service wurde 1916 eingerichtet, um die wachsende Zahl von Erholungs- und Naturschutzgebieten zu verwalten und sie für künftige Generationen zu bewahren.*

30 unten *Denver, Colorado, die „Mile-High City", ist eine der wenigen Städte der Welt, die nicht an einem schiffbaren Gewässer oder an einer größeren Straße erbaut wurde. Sie verdankt ihre Entstehung nämlich dem Goldrausch im Jahr 1859. Heute ist Denver die Hauptstadt des Staates und bekannt für ihre schöne Lage mit herrlichem Blick auf die Rocky Mountains.*

Lebensweise der Indianer beobachten. Die Sonora-Wüste in Arizona besitzt eine ganz eigene Schönheit. Manchen Besuchern erscheint die ebene Landschaft mit ihren endlosen Felsreihen und der kümmerlichen Vegetation als eintönig. Wenn man jedoch genau hinsieht, erkennt man die Veränderungen des Gesteins was Art, Farbe und Form angeht, die höhenabhängige Veränderung der Vegetation und das ständig wechselnde Muster des weit entfernten Horizonts. Die Wüste mit ihren tiefen Canyons, den bizarren Bögen und vielfältigen Formen verliert für den aufmerksamen Betrachter niemals ihre Faszination. In der Nacht erleuchten Millionen von Sternen den Himmel, so viele, dass man denken könnte, dort oben gibt es mehr Licht als Dunkelheit. Die berühmteste Landschaft dieser Gegend liegt jedoch im Nordwesten Arizonas. Ihre Schönheit und Größe lässt sogar solch außergewöhnliche Gebiete wie Bryce Canyon, Zion, Arches und Rainbow Bridge verblassen. Die

30-31 *Der Yellowstone River (im Vordergrund) ergießt sich in den Yellowstone See im Yellowstone National Park. Der See ist der größte, über 2000 Meter hoch gelegene Süßwassersee der USA. Er ist circa 32 km lang, 22 km breit und verfügt über eine 176 km lange Uferlinie.*

31 oben *Die Menschen des 19. Jahrhunderts trieb es auf der Suche nach Land, Reichtümern und religiöser Freiheit immer weiter nach Westen. Die Mormonen richteten sich in Utah ein und gründeten Salt Lake City. In der Mitte erkennt man den Mormonen-Tempel mit seinen weißen Türmen.*

Rede ist vom Grand Canyon des Colorado, der über eine Strecke von circa 320 km vom Lake Powell zum Lake Mead fließt. Rund 145 km dieses Weges hat er sich ungefähr 1600 m tief in das Gestein gegraben und ist dort im Durchschnitt 16 km breit. Wie kaum ein anderes Naturwunder macht einem der Grand Canyon klar, wie unbedeutend der Mensch eigentlich im Gegensatz zur Größe und Schönheit der Natur ist. Am westlichen Ende des Grand Canyons liegt eine moderne Stadt: Las Vegas, Nevada. Die Stadt der Milliarden Lichter illuminiert mitten in der totenstillen Mohave Wüste die Nacht. Obwohl schon 1857 von den Mormonen kolonialisiert, begann Las Vegas seinen Aufstieg erst 1930 mit der Errichtung des nahe gelegenen Hoover-Damms. 1946 eröffnete das erste Casino und in kurzer Zeit kam Las Vegas als „Spielplatz“ für Erwachsene in Mode. Es heißt, dass die Spielhallen von Las Vegas jeden Tag mehrere Millionen Dollar umsetzen. Der

32 oben links *Der Glen-Canyon-Damm wurde 1966 fertig gestellt. Er blockiert den Colorado River über dem Grand Canyon und schuf so den Lake Powell.*

32 oben rechts *Monument Valley in Utah und Arizona ist ein Gebiet von unglaublicher Schönheit, das ungefähr 5100 km² umfasst.*

32 unten *Der Grand Canyon des Colorado River in Arizona zählt zu den Meisterwerken der Natur. Präsident Theodore Roosevelt ließ dieses Gebiet 1919 zum Nationalpark erklären, um dadurch sicherzustellen, dass es vor menschlichem Zugriff bewahrt wird.*

33 *Wohnhäuser in der Nähe von Tucson in Südarizona. Der Park schützt ungefähr 340 km² der Sonora-Wüste, in der die bekannten Saguaro-Kakteen wachsen. Die Sonora-Wüste selbst ist etwa 310 000 km² groß.*

34-35 *Noch einmal der Lake Powell, der durch den Glen-Canyon-Damm aufgestaut wird und sich in unzähligen Biegungen und Schleifen durch den Glen Canyon windet.*

verschwenderische Umgang mit Wasser und Elektrizität inmitten der Wüste, mit denen dieses seltsame Monument für die Vergnügungssucht des Menschen aufrechterhalten wird, entbehrt jeglicher Logik. Und dennoch existiert es. Riesige Hotels aus Stahl und Glas dominieren die Skyline, als wir die Stadt in Richtung Norden überfliegen.
Wir erreichen bald die Grenze zu Kalifornien. Im Süden trennt der Colorado River die Wüsten Kaliforniens und Arizonas. Südlich der kalifornischen Sierra Mountains stoßen wir auf Death Valley, das Tal des Todes. Hier befindet sich der am tiefsten gelegene Punkt der Vereinigten Staaten. Die Wüste ist hier wesentlich unfruchtbarer als in Arizona. Weiter im Norden bilden die steilen Sierras eine Begrenzung, die mit bis zu 4200 m hohen Berggipfeln noch eindrucksvoller ist als die Rockies. Diese riesige Gebirgskette müssen wir überqueren, ehe wir zur Pazifikküste gelangen. Von dort fliegen wir in Richtung Norden und sehen unter uns den Sequoia Kings Canyon National Park sowie den Yosemite National Park.
Yosemite ist ein weiteres beliebtes Ausflugsziel für Touristen. Er ist vor allem für sein malerisches Tal berühmt, das 11 km lang und ungefähr 1,5 km breit ist. Dominiert wird es von Felsformationen aus Granit, die sich urplötzlich mehr als 1200 m hoch über dem Tal auftürmen. Mehrere Wasserfälle stürzen sich über den Rand dieser Felsgipfel; am bekanntesten sind der Obere und der Untere Yosemite Wasserfall, die zusammen ungefähr 600 m hoch sind. Im Gegensatz zu dem Rot des Wüstensandsteins und dem Weiß des Kalksteins im Südwesten, herrschen in Yosemite das Grau der Granitblöcke, das Grün der Pinien und das kristallklare Blau der Bergseen vor. Aus der Luft können wir erkennen, dass Yosemite jedoch viel mehr ist als nur das berühmte Tal. Hier gibt es außerdem noch riesige Sequoias (Mammutbäume), herrliche Bergwiesen, über 1300 blühende Pflanzenarten, aber auch hervorragende Skipisten in dem über 3000 km² großen Naturreservat.
Wir verlassen nun die Sierras und drehen ab nach Westen, wobei wir das Gebiet überfliegen, das einst von den berühmten „Forty-Niners“ nach Gold umgegraben wurde. Wegen dieses Goldes wurde Kalifornien nach 1849 auch so schnell von Amerikanern besiedelt, die dabei im Goldrausch die dort ansässigen Indianer und Hispanier brutal und rücksichtslos verdrängten. Heute ist Kalifornien mit seinen 32 Millionen Einwohnern, von denen 93 % in Städten und Vororten leben, der am dichtesten bevölkerte und am stärksten urbanisierte Staat der USA. Dafür kann es jedoch auch eine Menge Naturwunder vorweisen. Kalifornien ist mit

einer Fläche von 411 470 km² der drittgrößte nordamerikanische Staat. Nationalparks wie der Yosemite, der Sequoia-Kings Canyon, Death Valley, Muir Woods, Point Reyes und die Santa Monica Mountains teilen sich die Ehre, die Wildnis Kaliforniens im größten Nationalparksystem der USA schützen zu dürfen. Die Westgrenze Kaliforniens bildet eine der längsten

36 links Der Sequoia Kings Canyon National Park in der Sierra Nevada liegt zwischen 3350 und 4200 m hoch. Von Dezember bis Mai liegt auch in den mittleren Lagen hoher Schnee, aber dennoch sinken die Temperaturen selten unter Null Grad.

36 rechts Mono Lake liegt östlich des Yosemite National Park und des Tioga-Passes in den Sierras von Kalifornien. Dieser natürliche Salzsee ist mindestens 700 000 Jahre alt und bedeckt eine Fläche von 170 km².

36-37 2698 Meter hoch erhebt sich der Berg Halfdome über das Yosemite Valley. Das Tal selbst ist mit seinen unglaublichen Wasserfällen, Klippen und Felsformationen wunderschön. Abraham Lincoln ließ es 1864 unter die Aufsicht des Staates Kalifornien stellen, bis es 1890, auf das unermüdliche Betreiben von John Muir hin, endlich zum Nationalpark erklärt wurde.

37 unten Das Don Pedro Reservoir befindet sich westlich des Yosemite National Park und entstand durch das Aufstauen des Tuolumne River, der bei Modesto in Kaliforniens fruchtbares Central Valley fließt. Südlich von Don Pedro liegt der Lake McClure. Der Stausee wird vom Merced River gespeist, der ebenfalls in den Bergen von Yosemite entspringt.

Küstenlinien der Staaten und ist vor allem wegen ihrer spektakulären Sonnenuntergänge beliebt. 40 % aller in Nordamerika heimischen Pflanzenarten stammen übrigens aus Kalifornien. Eigentlich ist Kalifornien beinahe eine eigene Nation. Hier hat sich ein Lebensstil entwickelt, der überall auf der Welt parodiert und imitiert wird. Das Image der Hippies, Surfer, Motorradgangs und anderer sorgloser Lebenskünstler wurde von Hollywood oftmals stark übertrieben dargestellt, aber man findet diese Typen hier durchaus, wenn man sich etwas genauer umsieht. In den letzten Jahren hat sich jedoch noch ein anderer „Typus" Kalifornier entwickelt. Es handelt sich dabei um äußerst gesundheitsbewusste Menschen, die sich mit Umweltproblemen auseinandersetzen und wahre Sportfanatiker sind. Sie versuchen, überall das Optimum herauszuholen und man verspottet sie manchmal, jedem neuen Trend hinterherzurennen. Aber wie bei anderen Staaten auch, sollte man deren Bewohner nicht zu sehr vereinheitlichen.
Wir setzen unseren Flug über die Sierras fort und gehen etwas tiefer, als wir Kaliforniens Central Valley erreichen, wo auf bewässerten Feldern alle möglichen Getreidesorten angebaut werden. Im Norden wachsen in den Weinbergen der Napa- und Sonoma-Region Trauben für weltbekannte Weine und im Süden liegen die Viehweiden des Imperial Valley.

Es geht weiter in Richtung Osten, wo wir alsbald San Francisco erkennen können: Steile Hügel, adrette Häuser, rosarote Stahlbrücken, unglaubliche Aussichten, gemäßigtes Klima und am Abend häufig Nebel, der nur vom Ruf der Nebelhörner durchdrungen wird. Das ist San Francisco, von Wasser umgeben an der San Francisco Bay gelegen. Über all dem sorglosen Leben und der Gemächlichkeit seiner Einwohner schwebt wie ein dunkler Schatten die Angst vor Erdbeben, die durch die Lage der Stadt über dem San-Andreas-Graben eine ständige Bedrohung darstellen. 1906 wurde die Stadt bereits einmal durch ein gewaltiges Erdbeben und die nachfolgenden Brände zerstört und auch 1989 richtete ein Beben erheblichen Schaden an. San Francisco ist berühmt für seine „Beat Generation"-Wahrzeichen in North Beach, den Haight-Ashbury District der Hippie-Ära, seine große Chinatown und die alten Cable Cars, die unermüdlich bergauf- und bergab durch die Stadt fahren. Der National Park Service betreut den Golden Gate Park, das Presidio, das San Francisco Maritime und das frühere Gefängnis auf der Insel Alcatraz. Die Stadt ist die Heimat von Hispaniern, Afroamerikanern und einer großen asiatischen Bevölkerungsgruppe (hier ließen sich die meisten Chinesen außerhalb Chinas nieder). Wen man über der Stadt schwebt, bewahren zahlreiche Bauwerke, wie die Transamerica-Pyramide, Coit Tower, Fisherman's Wharf und andere Wahrzeichen, San Francisco davor, so langweilig wie manch andere Großstadt zu wirken. Aber dennoch steuern wir unser Flugzeug nun von San Francisco aus nach Süden, bis sich vor uns in weitem Bogen die Monterey Bay ausbreitet. Diese Bucht ist eine der tiefsten Stellen des Ozeans in Küstennähe und man kann dort besonders gut das Leben im Meer beobachten. Zwar sind die ehemaligen Fischkonservenfabriken heutzutage alle in Läden umgewandelt worden, aber das Fischen ist nach wie vor ein wichtiger Teil der regionalen Wirtschaft.
Während wir die Küste entlangfliegen, fallen uns die vielen Missionen auf, die im späten 18. Jahrhundert von Franziskaner-Priestern gegründet worden waren. Damals lebten in Kalifornien nur wenige Europäer in den 21 Missionen, vier Presidios (Festungen) und drei

Pueblos (Städte). Die Indianer dagegen erfreuten sich dort noch eines sorglosen Lebens vor der Ankunft der Europäer. Die erste Mission gründete 1769 Pater Junipero Serra in San Diego. In den 20er Jahren des 19. Jahrhunderts erhielten die Mexikaner von den Spaniern ihre Unabhängigkeit und säkularisierten die Missionen. Nicht lange danach fielen die Amerikaner auf der Suche nach Gold und Reichtümern in Kalifornien ein und verwendeten die Gebäude zu anderen Zwecken. In den 60er Jahren des 19. Jahrhunderts gab die U.S. Regierung den größten Teil der Missionen und Kirchen an die katholische Kirche zurück und ein Restaurationsprogramm am Anfang des 20. Jahrhunderts ließ die meisten von ihnen wieder in altem Glanz erstrahlen.

Als Nächstes erscheint am Horizont Los Angeles, während wir zuerst noch den exklusiven Ort Malibu und die Santa Monica Mountains überfliegen. Dann liegt die Stadt ausgebreitet vor uns: Sie wirkt eigentümlich flach, weil ein Gesetz einst verbot, Häuser höher als 45 Meter zu bauen. Heute sieht man zwar vereinzelt ein paar erdbebensichere Wolkenkratzer in den Himmel ragen, aber im Großen und Ganzen bewahrte die Stadt ihr ursprüngliches Aussehen mit niedrigen Gebäuden, die sich über ein großes Gebiet erstrecken. Los Angeles, nach New York die zweitgrößte Stadt in den USA, gilt als der Hauptsitz der Film- und Fernsehindustrie der Vereinigten Staaten. Aber auch viele ihrer Universitäten haben einen hervorragenden Ruf. Los Angeles bedeckt eine Fläche von 1181 km^2 und verfügt über eine Unmenge an Stadtautobahnen, die so genannten „Free-

38 oben *San Franciscos Telegraph Hill wird vom Coit Tower überragt, einem Monument zu Ehren der freiwilligen Feuerwehr. Im Jahr 1906 waren durch ein Erdbeben viele Gasleitungen zerstört worden, die wiederum einen großen Teil der Stadt in Brand gesetzt hatten. Der 55 Meter hohe Turm wurde durch eine Spende von Lillie Hitchcock Coit finanziert.*

38-39 *Leuchtend geht die Sonne am Himmel auf, während sich San Francisco noch in bläulichen Nebel hüllt. Rechts erkennt man den berühmten pyramidenförmigen Turm des Transamerica Buildings. Die gerade noch erkennbare, illuminierte Brücke links unten ist die Oakland Bay Bridge.*

39 oben *Nebel liegt über der Oakland Bay Bridge, die über die San Francisco Bay nach Oakland führt. Die 1936 fertiggestellte Brücke wird oft mit der etwas weiter westlich gelegenen Golden Gate Bridge verwechselt.*

ways". Ironischerweise sind diese Schnellstraßen meistens verstopft und die Autos quälen sich im Schritttempo voran. Über 38 % der Einwohner von Los Angeles wurden nicht in den USA geboren, wobei die stärksten Gemeinden der Stadt die afroamerikanische und die hispanische sind. In nur 90 Jahren wuchs Los Angeles von einer Kleinstadt mit 100 000 Einwohnern zu einem Moloch mit heute 3,5 Millionen Menschen heran – und dabei sind die Vorstädte nicht mitgezählt.

Wir lassen die smogbedeckte Stadt hinter uns und fliegen die Küste entlang gen Süden. Unter uns liegt der Hafen von Los Angeles in San Pedero und Long Beach. Urplötzlich hört jedoch das Stadtgebiet auf und wir überfliegen eine Wüsten- und Canyonregion. Wir befinden uns westlich von Camp Pendleton, einer Basis des U.S. Marine Corps, der wir eines der letzten Stücke unberührter Natur an der südkalifornischen Küste verdanken. Als Nächstes überqueren wir die schöne Stadt La Jolla und kommen dann nach San Diego, einer der am schnellsten wachsenden Städte der USA. San Diego rühmt sich seines mediterranen Klimas, seiner vielen kulturellen Attraktionen, eines herrlichen Hafens sowie seiner Militärbasen. Von der stillen Schönheit der Mission Bay über die historischen Gebäude der Innenstadt und der Altstadt bis hin zu den Museen und dem Zoo im Balboa Park: San Diego weiß seine Besucher auf viele Arten zu beeindrucken. Aus der Luft sieht der riesige Hafen aus, als würde er von zwei Armen beschützt, die sich ineinander verschränken. Nur ein paar Meilen südlich der Stadt nähern wir uns bereits der mexikanischen Grenze und wir haben die südwestlichste Ecke der Vereinigten Staaten erreicht.

Wir setzen unsere Reise nun von dem nordwestlichsten Punkt der USA aus fort, der sich im Pazifikstaat Washington befindet. Wenn man von Kanada aus in den US-Luftraum fliegt, überquert man die San Juan Inseln und Puget Sound. Rechter Hand liegt der Olympic National Park, wo sich uns ein Wunderland an immergrünen Bäumen auftut, in dem Fichten, Zedern und Hemlocktannen direkt bis an die Pazifikküste hinunter wachsen. Hohe, schneebedeckte Berge wie der Mount Adams und der Mount St. Helens grüßen von Süden her. Aber nicht überall in diesem Staat sieht es so aus wie hier. Östlich der Cascade Range (Kaskadengebirge) herrschen sowohl in Washington

39 Mitte *San Francisco durch die Kabel der Golden Gate Bridge fotografiert. Nach dem kalifornischen Goldrausch im Jahr 1849 wuchs die Bevölkerung der Stadt rasch an. Heute ist San Francisco mit ihrem hügeligen Stadtbild und der kulturellen Vielfalt einer der faszinierendsten Orte der USA.*

39 unten *Der Jachthafen von Monterey. Die Stadt war eine der ersten Großstädte Kaliforniens, was sie nicht zuletzt ihrem außerordentlich geschützt liegenden Hafen zu verdanken hatte, von denen es an der Küste nicht sehr viele gibt. Wenn San Francisco nicht so nahe an den 1849 entdeckten Goldvorkommen gelegen hätte, wäre sicherlich Monterey die wichtigste Stadt von Nordkalifornien geworden.*

als auch in Oregon trockene, wüstenähnliche Bedingungen vor, die denen der Great Plains ähneln. Der Kontrast zwischen dem Regenwald westlich der Berge und der steppenartigen Prärie östlich davon ist drastisch. Zu den regional ansässigen Industrien zählen Holz- und Fischverarbeitung, Bergbau und Weizenanbau. Die Einwohnerzahl des Staates steigt

seit den 90er Jahren stetig an, und Seattle, die größte Stadt von Washington, liefert uns dafür einen eindrucksvollen Beweis.

Wir wenden uns nach Süden und erreichen den 2000 km langen Columbia River, dem die Bewohner dieser Gegend hier zwei wichtige Dinge verdanken, nämlich die Lachse und den elektrischen Strom, den die Wasserkraftwerke produzieren. Jenseits des Flusses beginnt schon Oregon mit seiner zerklüfteten Pazifikküste und den überall vorgelagerten kleinen Felseninseln. Obwohl der Nordwesten der USA sich oft regnerisch und mit wolkenverhangenem Himmel präsentiert, genießen wir doch einen letzten Blick auf das Land, ehe wir uns dem noch etwas unwirtlicheren Norden zuwenden.

In Alaska sind Flugzeuge kein ungewöhnlicher Anblick, sondern ein häufig eingesetztes Transportmittel für Personen und Güter aller Art. Beim Flug über Alaska sehen wir, dass etwa ein Drittel des Staates dicht bewaldet ist, während der Rest aus baumloser Tundra besteht.

Alaska wurde im Jahr 1959 zum 49. nordamerikanischen Staat. Er ist umgeben vom Nordpolarmeer, dem Beringmeer, Kanadas Yukon Territory und der Provinz British Columbia. Wie man leicht erkennen kann, ist Alaska nicht nur der größte, sondern auch der nördlichste Staat der USA. Fast 70 % des Landes gehören der Regierung. Der Mount McKinley ist mit 6193 m der höchste nordamerikanische Gipfel und Teil des Denali National Parks. In Alaska leben nur etwa 600 000 Menschen. Zu seinen Bewohnern zählen Indianerstämme wie die Tlingit, Haida und Athabascan sowie das Volk der Alëuten. 1741 beanspruchten die Russen Alaska vor allem wegen der vielen Pelztiere für sich. 1867 traten sie es jedoch für 7,2 Millionen Dollar an die USA ab, ein damals äußerst umstrittener Zug der US-Regierung. Seit dieser Zeit hat sich der Kauf Alaskas jedoch schon viele Male als wertvoll erwiesen, z. B. durch die sagenhaften Goldfunde in den Jahren 1897/98 und die Erdölvorkommen, die in den 70er Jahren unseres Jahrhunderts entdeckt wurden. Die Haupteinnahmequellen des Staates bilden nach wie vor die Rohölgewinnung, der Bergbau, die Holzfällerei und der Fischfang.

Der Kontrast zwischen den riesigen subarktischen Regionen Alaskas und den sonnenverwöhnten Sandstränden Hawaiis, des 50. Staates, könnte kaum größer sein! Wie Alaska wurde auch Hawaii 1959 Teil der Vereinigten Staaten und auch hier erweist sich ein Flugzeug als sehr nützlich, wenn man zwischen den Inseln hin- und herhüpfen will. Hawaii besteht aus 8 Hauptinseln und 124 kleinen Inselchen, Riffen und Sandbänken. Die Temperaturen liegen das ganze Jahr über bei angenehmen 24 °C in herrlichem subtropischem Klima. Zwar ist Hawaii einer der kleinsten Staaten Amerikas, aber zweifellos auch einer der schönsten. Die Inseln erheben sich majestätisch über dem Ozean (im Falle des Berges Mauna Kea sogar spektakuläre 3962 m hoch). Der erste Europäer, der mit den Ureinwohnern Hawaiis in Kontakt kam,

40 *Der größte Teil der kalifornischen Küste ist nur schwach bevölkert. Das ändert sich jedoch, sobald man sich Santa Barbara nähert. Dieses Bild wurde in der Nähe von Lompoc aufgenommen.*

41 oben links *Der Hafen von Long Beach, Kalifornien, das 1888 zur Stadt erklärt wurde, begann ab 1909 an Bedeutung zu gewinnen. 1921 wurde vor der Küste ein Ölvorkommen entdeckt, das der Stadt einen neuen Industriezweig bescherte. Aber nach wie vor lockt der herrliche Strand viele Erholungssuchende an.*

41 oben rechts *Seattle in Washington wurde 1852 gegründet, wuchs jedoch bis zur Ankunft der Eisenbahn am Ende des 19. Jahrhunderts nur langsam. Das Stadtbild wird von der 184,5 m hohen Space Needle dominiert, die man 1962 anlässlich der Weltausstellung erbaute. Das Gebiet um die Space Needle ist das kulturelle Zentrum der Stadt mit Oper, Ballett, Theater und Konzerthallen.*

41 Mitte rechts *Ein Segelschiff in den Gewässern vor San Diego, die wegen ihrer Tiefe und Klarheit für diesen Sport besonders geeignet sind.*

41 unten *Auf der schmalen Halbinsel Coronado vor San Diego vermischen sich Militärgebäude, Erholungszentren und andere zivile Einrichtungen. In der Ecke oben links erkennt man den Ort Coronado und die Küstenstraße Silver Strand. Auf dem Vorsprung oben rechts liegt Coronado Cays mit dem US-Marine-Stützpunkt links. Im Vordergrund die Marine-Radiostation am Imperial Beach.*

41-42 *Klippen aus vulkanischem Gestein fallen an der Nordküste von Molokai, einer der hawaiianischen Inseln, steil hinab ins Meer. An der Nordküste errichtete im 19. Jahrhundert der katholische Missionar Pater Damien sein Hospital für Leprakranke.*

42 unten *Blick auf einen Teil der Alaska Mountain Range in der Höhe des Mount McKinley, dem höchsten Berg Nordamerikas. In Alaska, dem Land des Schnees und der Gletscher, werden die Themen Naturschutz und rücksichtsvoller Umgang mit den Naturressourcen noch immer heiß diskutiert. Über 10 % der Bevölkerung sind Inuits und Aleuten.*

43 oben *Der Mount Cook erhebt sich über Cook Inlet, südwestlich von Anchorage, Alaska. Dieser Berg gehört zur Aleutenkette, einer Reihe von Vulkanen, die sich bis hinaus auf das peitschenförmige Aleutenarchipel erstrecken.*

war der britische Entdecker James Cook. Später wuchs der amerikanische Einfluss auf die Inseln. Missionare und Plantagenbesitzer versuchten, die Kontrolle über die hawaiianische Bevölkerung zu erlangen. 1893 wurde die letzte eingeborene Herrscherin über die Inseln, Königin Liliuokalani, entmachtet, und 1893 annektierten die Vereinigten Staaten die Inseln. Das bekannteste Ereignis der hawaiianischen Geschichte ist der Luftangriff der Japaner auf den amerikanischen Marinestützpunkt Pearl Harbour am 7. Dezember 1941. Diese unerwartete Attacke katapultierte die USA in den Zweiten Weltkrieg. Im klaren blauen Wasser des Hafens sieht man noch heute das Wrack der U.S.S. Arizona liegen, die hier mitsamt ihrer Mannschaft versank. An dieser Stelle wurde ein anmutiges perlweißes Denkmal errichtet, das täglich von vielen amerikanischen und japanischen Touristen besucht wird. Beim Überfliegen der Inseln sticht uns sofort das üppige Grün der Vegetation sowie das Schwarz des vulkanischen Erdbodens und des Sandes ins Auge. Das Haupteinkommen der Inseln wird heute durch die amerikanische Verteidigungsindustrie, den Zuckerrohr- und Ananasanbau und natürlich durch den Tourismus gesichert. Die ungefähr eine Million Einwohner Hawaiis bilden ethnisch gesehen die am stärksten gemischte Bevölkerung in den gesamten Vereinigten Staaten. Kurz gesagt, Hawaii ist eine gelungene Ergänzung zu dem kulturellen

und topographischen Mosaik, das die Vereinigten Staaten ausmacht.
Die USA zeigen auch heute einen Querschnitt der Kräfte, die sie einst erschufen. Indianer, von Sklaven abstammende Schwarze, Hispanier, die Nachfahren der Conquistadores, Menschen, deren Vorfahren 1620 mit der Mayflower hierher kamen und auch diejenigen, die gerade erst vor einer Woche amerikanische Bürger wurden: Sie alle fanden und finden Platz in diesem bemerkenswert vielfältigen Land.
Aber die Vereinigten Staaten sind nicht nur eine Nation von Einwanderern, sondern auch eine sehr ruhelose Nation, in der schon immer viele Menschen ihren Wohnort wechselten. Dieser Trend steigerte sich noch in der zweiten Hälfte des 20. Jahrhunderts, als die landwirtschaftlichen Gegenden mit ihren Kleinstädten immer leerer und die Städte mit ihren Vororten immer größer wurden. Eine weitere Bevölkerungsverschiebung begann in den 60er Jahren, nämlich die vom rauen Nordwesten hinunter zum warmen Süden. In Texas, Alabama und Florida entstanden neue große Industrie- und Freizeitgebiete und bewirkten eine geradezu dramatische Veränderung der „alten" Südstaaten. Die schnelle Verstädterung, in deren Schlepptau sich stets die allgegenwärtigen Franchise-Geschäfte und Fast-Food-Restaurants befinden, beschleunigt, zusammen mit der nicht immer hochwertigen Qualität der Mas-

senunterhaltung, den Verfall der regionalen Kultur in den gesamten Vereinigten Staaten. In vielen Gebieten verblassen allmählich die regionalen Eigenheiten unter dem Einfluss der zuziehenden Menschen aus anderen Teilen der Nation oder gar aus anderen Ländern. Und deshalb ist die Geschichte der Vereinigten Staaten noch nicht zu Ende, auch wenn dort heutzutage weniger Waren als vielmehr Unterhaltung, Information und Technologie produziert werden. Dieses Land verbraucht pro Kopf mehr natürliche Ressourcen als irgendein anderes Land dieser Erde. Gleichzeitig versucht es jedoch, angesichts des Bevölkerungswachstums und im fortwährenden Kampf zwischen Verbrauchen und Erhalten seine eigenen Ressourcen zu schützen. Der Flickenteppich seiner

43 Mitte links und rechts *Die Hawaii-Inseln sind ein Paradies im Pazifik und mit keinem anderen Ort der USA zu vergleichen. Mit ihrer bunten Völkermischung, die ebenso wie New York City, Chicago, Florida oder Los Angeles unter der amerikanischen Flagge vereint ist, tragen sie zur Einzigartigkeit und Stärke der Vereinigten Staaten bei. Die Fotos zeigen zwei verschiedene Ansichten der Insel Oahu.*

43 unten *Der Naturschützer John Muir kam 1879 in die Glacier Bay, Alaska, um dort die Gletscher zu bewundern und wurde nicht enttäuscht. Auch heute noch staunen Besucher über die riesigen Eisfelder, die sich langsam in Richtung der Bucht bewegen und Wissenschaftler studieren die immensen natürlichen Kräfte, die hier in der Glacier Bay walten.*

44 oben *Der Jachthafen von Santa Barbara, Kalifornien, erinnert an den spanischen Entdecker Sebastian Vizcaino, der 1602 am Santa-Barbara-Tag hier in der Nähe vor Anker ging und der Stadt ihren Namen gab.*

44 Mitte links *Durch künstliche Bewässerung kann Kalifornien das ganze Jahr über einen erheblichen Anteil zur Nahrungsmittelproduktion der USA beitragen.*

44 Mitte rechts *Die Wolkenkratzer von Los Angeles, Kalifornien, stehen auf dem Fundament einer alten Stadt, die 1781 von den Spaniern gegründet worden war. Heute leben hier 3,5 Millionen Menschen.*

Landschaften hat sich in den letzten 200 Jahren stark verändert: Aus den mit hohem Gras bewachsenen Prärien wurden endlose Felder, große, seit Urzeiten dort wachsende Wälder verwandelten sich in kahle Flächen. Zum Glück wurden weite Teile inzwischen wieder aufgeforstet, so etwa in den Blue Ridge und den Great Smoky Mountains. Westlich der Rockys, vor allem in Kalifornien, ist eine wesentlich sensiblere Landschaft von den sich rasch ausbreitenden Städten bedroht. Auch das Bevölkerungsmosaik wird mit den ständig ins Land strömenden Menschen immer undeutlicher. Ironischerweise gleichen sich diese unterschiedlichen Gruppen durch den Einfluss der modernen Kultur relativ gut aneinander an. Aus der Nähe lassen sich die Vereinigten Staaten als Gesamtbild oft nur schwer erfassen. Man muss ein paar Schritte zurücktreten, um die Großartigkeit seiner Landschaften zu sehen. Man muss die Menschenmengen aus der Ferne betrachten, um zu verstehen, wie so viele verschiedene Individuen eine vereinte Nation bilden können. Landschaften und Menschen haben sich vereint um das Mosaik einer riesigen Nation zu bilden. Aber nur aus der Luft bekommt der Besucher – oder der Leser – eine Ahnung von den wahren Ausmaßen, von der Großartigkeit, Schönheit und Macht der Vereinigten Staaten.

44 unten *Die Küste von Daytona Beach, Florida, wird von Menschen bevölkert, die nicht nur aus allen Teilen der USA, sondern auch aus Überseeländern hierher gekommen sind.*

45 *Blick auf das staatenverbindende Highway-System in der Nähe von St. Louis. Mit der Bevölkerungszahl ist auch der Bedarf an einem reibungslos funktionierenden Straßennetz gestiegen.*

46-47 *Die Skyline von Chicago, die von dem schwarzen John Hancock Building in der Mitte dominiert wird, blickt auf den riesigen Michigansee.*

$25,000,000

__48__ Blick auf Hawaii, die größte der sechs hawaiianischen Hauptinseln. Eine kleine Rauchwolke schwebt über dem aktiven Vulkan Kilauea, direkt über dem helleren weißen Wolkenband an der Ostküste. Die schwarzen Linien, die nach rechts verlaufen, sind Lavaströme.

__48-49__ Die dunkle Form der Halbinsel Florida, erhellt vom Sonnenlicht, das vom Atlantik und dem Golf von Mexiko reflektiert wird. Im mittleren Teil des Staates, in der Nähe von Orlando, erkennt man eine Reihe kleinerer Seen, im Süden dagegen den großen Lake Okeechobee. Die Bucht an der Westküste markiert das Gebiet um Tampa und St. Petersburg.

Die USA aus dem Weltall betrachtet

49 oben *Ein Blick aus dem Space Shuttle auf den Pazifik. Die Ansicht ist um 180 Grad gedreht, sodass sich Norden auf diesem Foto unten befindet. In der Ecke unten rechts liegt Vancouver Island, British Columbia, Kanada. Zwischen der Insel und der Washingtoner Küste verläuft die Juan-de-Fuca-Straße, die zum Puget Sound und nach Seattle in der Mitte oben führt.*

49 unten *Diese Aufnahme der Erde wurde im April 1972 von der Besatzung von Apollo 16 gemacht. Die Pazifikküste von Mexiko und Niederkalifornien ist deutlich erkennbar, ebenso wie das Rückgrat des Kontinents entlang der Rocky Mountains. Am Erdrand zwischen zwei Wolkenbändern sind der Lake Superior (Oberer See) und der Michigansee zu sehen.*

Die tief eingegrabenen Falten eines Landes, das von Wind, Wasser, tektonischen Kräften und Vulkanen geformt wurde, liegen da unten, als hätte man eine gigantische Landkarte ausgebreitet. Aber diese hier ist nicht aus Papier – sie ist real! Das Raumfahrzeug schwebt schwerelos über dem zerklüfteten Land, bewegt sich mit Geschwindigkeiten, die auf der Erde undenkbar wären, über den Wolken, ja sogar jenseits der Atmosphäre. Weit unten ändert sich die Landschaft unter der Wolkendecke von Blau zu Grün, von Rot zu Gelb, von Braun zu Weiß, während das Raumschiff über Wasser, Wald, Wüste, Prärie, Berge und Schnee dahingleitet. Außerhalb des Gefährts gibt es weder Sauerstoff noch Schwerkraft, und der Mensch wäre ohne Schutz Mikrometeoriten, extremer Kälte und anderen Gefahren ausgesetzt. In dieser Umgebung wird das Raumfahrzeug unsere Heimat, unser Kokon, der einzige Ort, an dem wir überleben können. Es ist ein seltenes Privileg, die Erde so sehen zu können, hoch genug, um den schwungvollen Bogen zu erkennen, den diese Kugel, jener kleine, zerbrechliche Zufluchtsort für das Leben, wie wir

50 und 50-51 *Satellitenbilder der Vereinigten Staaten bei Nacht lassen die Positionen aller größeren Metropolen erkennen. Im Laufe des 20. Jahrhunderts und mit der Erfindung der Elektrizität sowie dem Bevölkerungswachstum ist die Anzahl der vom Weltraum aus erkennbaren Lichter auf der Erde erheblich gestiegen. Seite 50 oben links zeigt eine detaillierte Aufnahme der Stadt New York bei Nacht.*

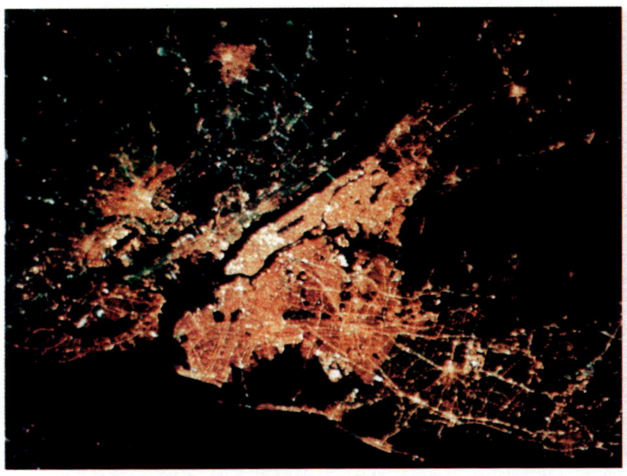

es kennen, in der endlosen Weite des Universums beschreibt. In mancher Hinsicht lässt sich unser Raumschiff mit der Erde vergleichen, denn sie ist in Wirklichkeit nur eine etwas größere Version dieses Aufenthaltsortes. Die Erde versorgt uns mit der richtigen Temperatur und einem atmosphärischen Gemisch von Gasen, die nicht nur das Leben der Menschen ermöglichen, sondern auch das der anderen Lebensformen, die unsere Nahrungsquelle sind. Und trotzdem fragt sich der Mensch schon seit Anbeginn der Zeit, wie es wohl wäre, die Erde zu verlassen, einen Blick aus weiter Ferne auf seinen Heimatplaneten zu werfen oder vielleicht sogar zu einem anderen Himmelskörper zu reisen.

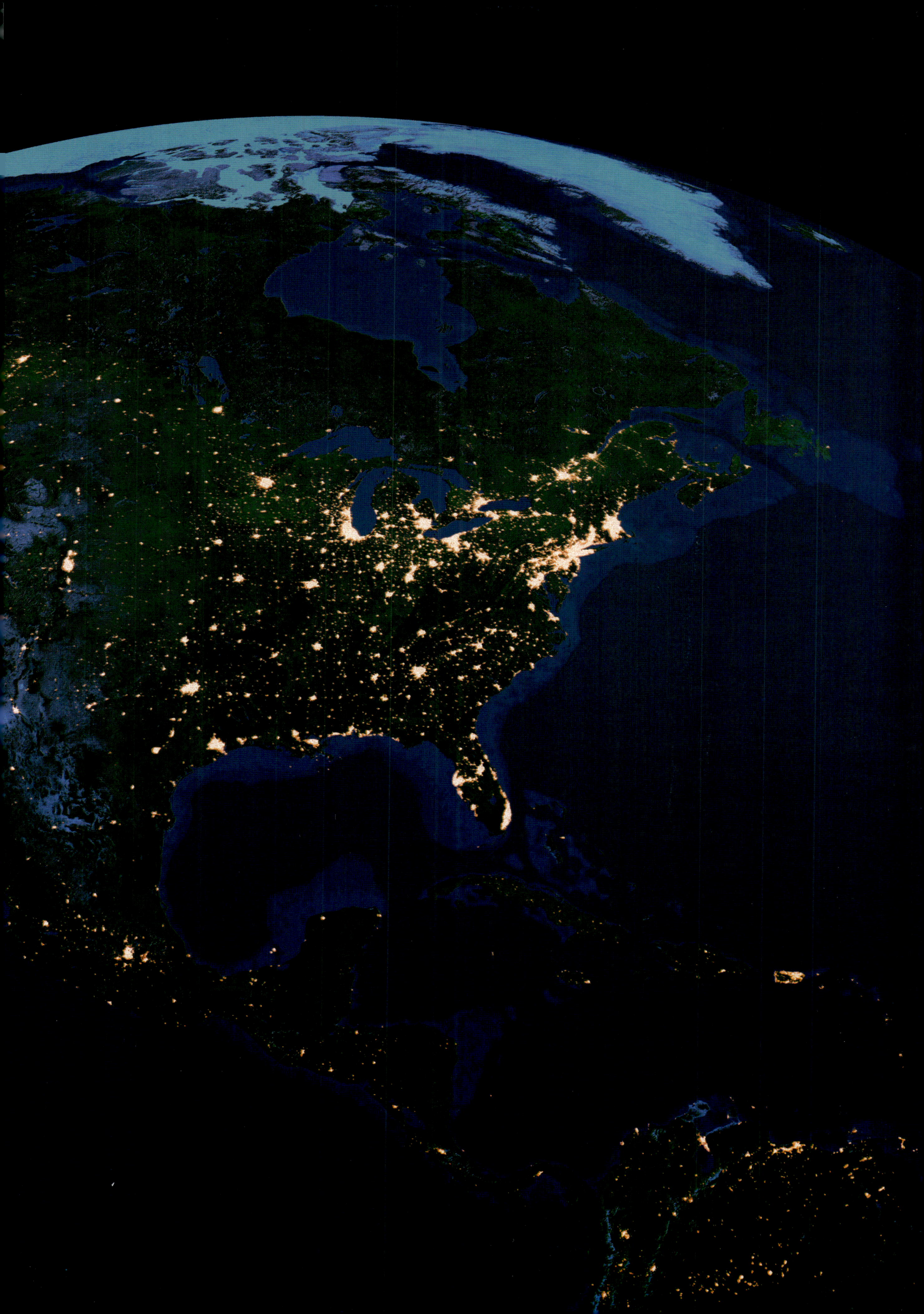

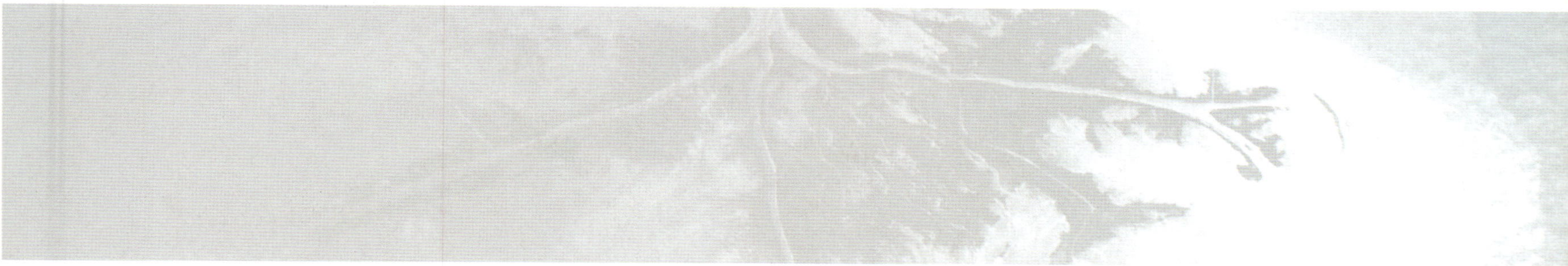

52 *Dieser herrliche Blick auf Neuengland wird durch den Schnee noch unterstrichen. Unten erkennt man die Inseln Martha's Vineyard und Nantucket mit dem vertrauten Bild von Cape Cod darüber. Die Einbuchtung auf der Innenseite von Cape Cod ist Plymouth Bay, wo die allgemein als „Pilgerväter“ bekannten englischen Kolonialisten 1620 die erste Kolonie gründeten. Die nächste größere Bucht weiter nördlich ist Boston Harbor mit Gloucester und Cape Ann ganz rechts. Die linke Bucht ist die Narragansett Bay mit Newport, Rhode Island und Providence.*

53 oben *Dieses spektakuläre Bild von Cape Hatteras, North Carolina, zeigt deutlich die lange Reihe vorgelagerter Inseln, die von heftigen Ozeanströmungen und Stürmen geformt wurden. Der Golfstrom passiert die Küste mit einer Geschwindigkeit von drei bis fünf Seemeilen pro Stunde. Diese Bewegung ist an den Strudeln im funkelnden Sonnenlicht erkennbar. Das Sonnenlicht erleuchtet auch die schmale Insel, auf der die Gebrüder Wright 1903 ihren ersten Flugversuch unternahmen.*

53 unten links *Die Chesapeake Bay bildet eine Art natürlichen Eingang zum Osten der USA. Die Halbinsel endet in Cape Charles und Fisherman's Island und wird durch den Chesapeake Bay Bridge Tunnel mit dem Festland verbunden. Die abgerundete Halbinsel in der Mitte unten ist Cape Henry, wo 1607 die ersten englischen Jamestown-Siedler an Land gingen; links die Städte Norfolk und Hampton. Die von der Sonne erleuchteten Bereiche zeigen Strudel, in denen das Wasser der Bucht sich mit den Ozeanströmungen vermischt.*

53 unten rechts *Aus dem Weltraum betrachtet sieht das Mississippi-Delta am Golf von Mexiko wie ein versteinerter Zweig aus. Da die Gezeiten und die Wellen in diesem Teil des Golfes nicht sehr ausgeprägt sind und Schlamm aus 31 anderen Flussstaaten hier abgeladen wird, breitet sich das Delta immer weiter aus. Kurz bevor sich das Delta in seine drei Hauptarme teilt, liegt die Stadt Venice, Louisiana.*

54 oben *Diese Ansicht (Norden ist unten) zeigt die Stadt Galveston in Texas. Die vorgelagerte Inselbarriere zieht sich bis zur Golfküste hinab. In der Mitte des Fotos, auf dem Festland, liegt Texas City, auf der Insel darüber Galveston. Die Aufnahme, die vom Space Shuttle Endeavour aus gemacht wurde, ist so deutlich, dass man sogar die staatenverbindende Route 10 sowie die San Luis Pass Bridge und die Baytown Bridge erkennen kann.*

54 unten *Die Hakenform von Cape Cod, Massachusetts, ist auf diesem Foto deutlich sichtbar. Die gekrümmte Spitze des Kaps zeigt nach Westen zu Boston hinüber. Im Süden dagegen liegen die Inseln Martha's Vineyard und Nantucket. Durch die ungewöhnlich helle Sonnenreflexion lassen sich viele Details erkennen. Die dunkleren Ozeanbereiche sind ruhigere Gewässer. Auch ganz besondere Wellen, die einige Meter unter der Wasseroberfläche dahinrollen, sind zu sehen.*

Die Raumfahrt ist Teil eines uralten Traumes, der sich erst im 20. Jahrhundert erfüllte. Er geht zurück auf die Geschichte des Fliegens, eine Geschichte, die die Träume von Leonardo da Vinci, den Gebrüdern Montgolfier, Octave Chanute und Otto Lilienthal beherrschte; eine Geschichte, die zwischen 1899 und 1903 von den zwei amerikanischen Brüdern Orville und Wilbur Wright zur Realität gemacht wurde. Diesen beiden gelang es nämlich zum ersten Mal, in einer Maschine zu fliegen, die schwerer als Luft war. In späteren Experimenten entwickelten sie sich zu ersten Flugzeugpiloten, das heißt, sie lernten, ihre Flugmaschine in der Luft zu kontrollieren, sie zu drehen und sicher zu landen. Die Menschen der anderen Nationen nahmen die Idee dieser Flugmaschine so begeistert und schnell auf, dass bereits fünf Jahre nach den ersten unsicheren Hopsern der Gebrüder Wright im Sand von North Carolina der englische Ärmelkanal überflogen wurde. Nach fünf weiteren Jahren wurden Flugzeuge während des Ersten Weltkriegs zu Luftschlachten eingesetzt. Mit Gewehren schoss man sich gegenseitig auf die empfindlichen Maschinen aus Holz und Leinwand. 1927 beflügelte ein anderer Amerikaner, Charles A. Lindbergh, die Phantasie der Menschen, indem er im Nonstopflug den Atlantischen Ozean überquerte. Der Zweite Weltkrieg offenbarte die ganze Furcht erregende und zerstörerische Kraft des Luftkriegs und machte Begriffe wie Rakete, Düsenflugzeug und Atombombe in der ganzen Welt bekannt. Kurz nach dem Krieg war es abermals ein Amerikaner, Chuck Yeager, der als erster Mensch schneller als der Schall flog. Durch die Erfindung des Flugzeuges rückte die Welt ein Stück näher zusammen, aber sie nährte auch das Misstrauen und die Angst vor anderen Völkern. Der Überraschungsangriff

54-55 und 55 oben *Die moderne Satellitentechnologie hat den entscheidenden Vorteil, dass sich das Wetter nun wesentlich präziser voraussagen lässt. Diese Aufnahme von 1996 zeigt den verheerenden Hurrikan Fran, wie er gerade auf die Halbinsel Florida zusteuert. Dennoch waren es die beiden Carolina-Staaten, die am meisten unter diesem mit 185 km/h dahinfegenden Wirbelsturm leiden mussten.*

55 unten *Ein Blick aus dem Weltraum auf vier der fünf Great Lakes. Auf diesem Bild liegt Norden in der unteren rechten Ecke. Der oberste See in der Mitte ist der Eriesee, links darunter der Ontariosee. Der größere der beiden Seen rechts vom Eriesee ist der Huronsee. Rechts darüber am Horizont erkennt man gerade noch den Michigansee.*

auf Pearl Harbor am 7. Dezember 1941 zum Beispiel wird sich nie mehr wiederholen, weil die Amerikaner eine zweite derartige Attacke von Feinden, die über nukleare Waffen verfügen, niemals mehr erlauben. Das Resultat war, dass sämtliche Nationen in den so genannten Kalten Krieg verwickelt wurden und Angst davor bekamen, der Feind könne jeden Moment aus der Luft mit der Vernichtung der Welt beginnen.

1957 wurden die Vereinigten Staaten abermals überrascht und schockiert. Was ihnen Angst einjagte, war eine kleine Kugel, die von den Sowjets „Sputnik" genannt und ins All geschossen wurde. Dieser erste künstliche Satellit brachte die Nation, die zuerst das Fliegen „gelernt" hatte und nun begann mit Raketen zu experimentieren, ziemlich in Aufruhr. Die Vereinigten Staaten hatten ihre Vormachtstellung in der Raumfahrt eingebüßt, das Wettrennen war verloren: Die Sowjets waren ihnen nun überlegen, denn sie hatten sich als Erste in den Weltraum hinausgewagt. Umsonst versuchten die USA aufzuholen. Präsident John F. Kennedy stellte 1961 die gewagte Behauptung auf, dass bis zum Ende des Jahrzehnts ein Mensch auf dem Mond landen würde. Die Amerikaner stürzten sich auf diese Herausforderung und es gelang ihnen tatsächlich innerhalb von acht Jahren, als erste Nation zwei Menschen auf den Mond zu schicken. Am 20. Juli 1969 landeten Neil Armstrong und Edwin „Buzz" Aldrin auf dem Mond und erklärten, sie kämen „in Frieden und stellvertretend für die ganze Menschheit".

In den folgenden Jahren verringerte sich die Spannung zwischen den USA und der Sowjetunion so sehr, dass gemeinsame Raumfahrtprojekte möglich wurden, so z. B. Skylab, Space-Shuttle-Missionen und eine russische Raumstation. Die National Aeronautics and

56-57 *Die durch Gletscher entstandenen Fingerseen im Staat New York sind umgeben von Farmen und Feldern (auch bei dieser Aufnahme befindet sich Norden unten rechts). Diese Seen liegen genau südwestlich von Syracuse. Ganz oben erkennt man die Nordausläufer des Keukasees, darunter der 56 km lange Senecasee. Danach kommt der Cayugasee, gefolgt vom Owascosee ganz unten.*

57 links *Eine Aufnahme des aktiven Vulkans Mount St. Helens im Staat Washington. Am 18. Mai 1980 brachte ein Erdbeben einen Teil des Berggipfels zum explodieren, sodass sich die Höhe des Vulkans um 396 Meter verringerte. Durch ausströmende Gase und Lava fanden 57 Menschen den Tod und wurden 595 Quadratkilometer Wald zerstört.*

57 oben rechts *Dieses Foto zeigt den Zusammenfluss von zwei der größten nordamerikanischen Ströme. Die Innenstadt von St. Louis, Missouri, ist in der Mitte des Bildeszu sehen. Etwa 30 km über der Stadt verbindet sich der Mississippi, der breitere, von oben herabfließende der beiden Flüsse, mit dem Missouri, der von links ins Bild kommt.*

57 unten rechts *Eine Aufnahme der Shenandoah Mountains, die den Zusammenfluss des Nord- und Südarms des Shenandoah Rivers bei Front Royal, Virginia, gut erkennen lässt. Auf diesem Bild liegt Norden links, die Flüsse werden durch den Massanutten Mountain getrennt. Der dunkelbraune Bereich oben rechts ist der 1026 Meter hohe Mount Marshall. Die Flusstäler gelten schon seit über 200 Jahren als fruchtbares Ackerland.*

58 Dieses spektakuläre Foto zeigt den oberen Teil von Manhattan mit dem Hudson River auf der linken und dem East River mit der schiffförmigen Roosevelt-Insel auf der rechten Seite. Die riesige Grünfläche in der Mitte ist der Central Park, in dessen Mitte rechts sich das Metropolitan Museum of Art und fast genau gegenüber das Museum of Natural History befinden. Nördlich der beiden Museen liegt das erst kürzlich so benannte Jacqueline Kennedy Onassis Reservoir, ein Lieblingsplatz der früheren First Lady. Nordwestlich des Parks findet man die Columbia Universität und Harlem.

59 oben *Auf diesem aus großer Höhe aufgenommenen Foto des Gebietes um New York befinden sich links New Jersey und rechts New York, die vom Hudson River getrennt werden. Die Insel Manhattan liegt rechts des Hudson River im Inneren der Bucht, während sich Long Island nach Osten erstreckt. Die große Insel an der Küste vor New Jersey ist Staten Island, das noch zu New York City gehört. Die längliche, nach Norden zeigende Halbinsel ganz unten trägt den Namen Sandy Hook und liegt schützend vor der Raritan Bay neben Staten Island.*

59 Mitte links *Das Häusermeer von San Francisco, Oakland und Berkeley gruppiert sich um die San Francisco Bay, auf diesem Foto rechts unten erkennbar. Die Bay selbst erstreckt sich nördlich bis zu der abgerundeten San Pablo Bay oben in der Mitte. Gut sichtbar ist auch, wie sich San Francisco allmählich weiter südlich in Richtung San Jose und „Silicon Valley" ausdehnt. Die dunkleren Bereiche auf der anderen Seite der Bucht sind die Golden Gate National Recreation Area und die Point Reyes National Seashore, deren herrlicher weißer Sandstrand gut zu sehen ist.*

59 Mitte rechts *Auf diesem Foto von San Diego befindet sich Norden links. Die Gewässer der San Diego Bay werden von Cabrillo an der Küste und der langen Halbinsel Coronado umschlossen. Nördlich der Bay liegen die kleinere Mission Bay und die Stadt La Jolla.*

59 unten *Dieser Blick auf Washington zeigt die National Mall, das Weiße Haus, das Kapitol und andere Regierungsgebäude in der Mitte. Im Vordergrund liegt Arlington mit dem Pentagon in der Mitte rechts. Unten links liegen Georgetown und der Rock Creek Park, dessen Wasserläufe sich dem Potomac River entgegenschlängeln. Dieser wiederum fließt quer durchs Bild und vereinigt sich oben rechts mit dem kleineren Anacostia River.*

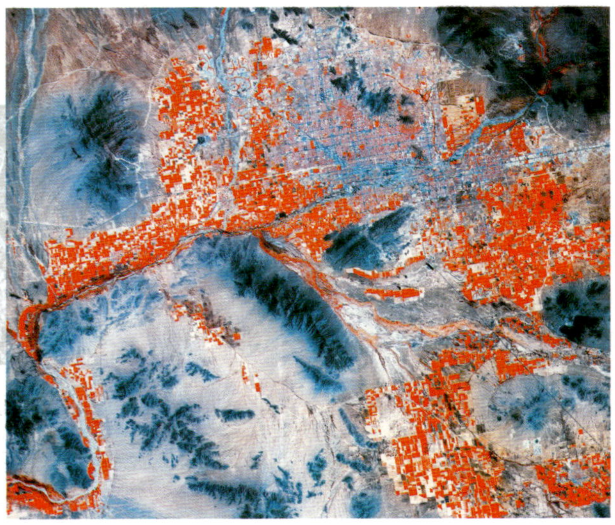

Eine Infrarotaufnahme der kalifornischen Küste von San Diego bis San Francisco. In der Mitte ist Los Angeles erkennbar, davor an der Küste die Channel Islands. Das fruchtbare San Joaquin Valley liegt oben rechts, während sich direkt darunter die Ödnis der Mojave-Wüste ausbreitet.

60-61

60 *Noch eine Infrarotaufnahme, diesmal von dem Gebiet um Phoenix, Arizona. Die leuchtend roten Bereiche sind Stadtgebiete, die kühleren Berge dagegen erscheinen in Blau und Schwarz. Die Stadt Phoenix befindet sich in der Mitte oben, in der Ecke rechts oben ist ein Teil des Tonto National Forest erkennbar. Oben links liegt Sun City.*

Space Administration (NASA) widerstand der Militarisierung des Weltraums und setzte sich all die Jahre hindurch für die friedliche, gemeinsame Erkundung des Weltalls in Zusammenarbeit mit Wissenschaftlern aus anderen Nationen ein.
Heute können Kameras auf die Erde gerichtet werden, die spektakuläre Aufnahmen von unglaublicher Schärfe schießen, jedes topographische Merkmal im Detail und im Zusammenhang zeigen. Satelliten ermöglichen die Kommunikation rund um die Welt und lassen Menschen über das Fernsehen an Ereignissen teilhaben, die im Moment auf der anderen Seite des Globus geschehen. Das Wetter kann nun mit größerer Präzision vorhergesagt werden und die Menschen vor Stürmen, Überschwemmungen und anderen zerstörerischen Phänomenen warnen. Aber natürlich hat auch diese Medaille eine Kehrseite: Satelliten können zu Spionagezwecken eingesetzt werden. Die Technologie ist so weit fortgeschritten, dass man auf einem Foto aus dem Orbit die

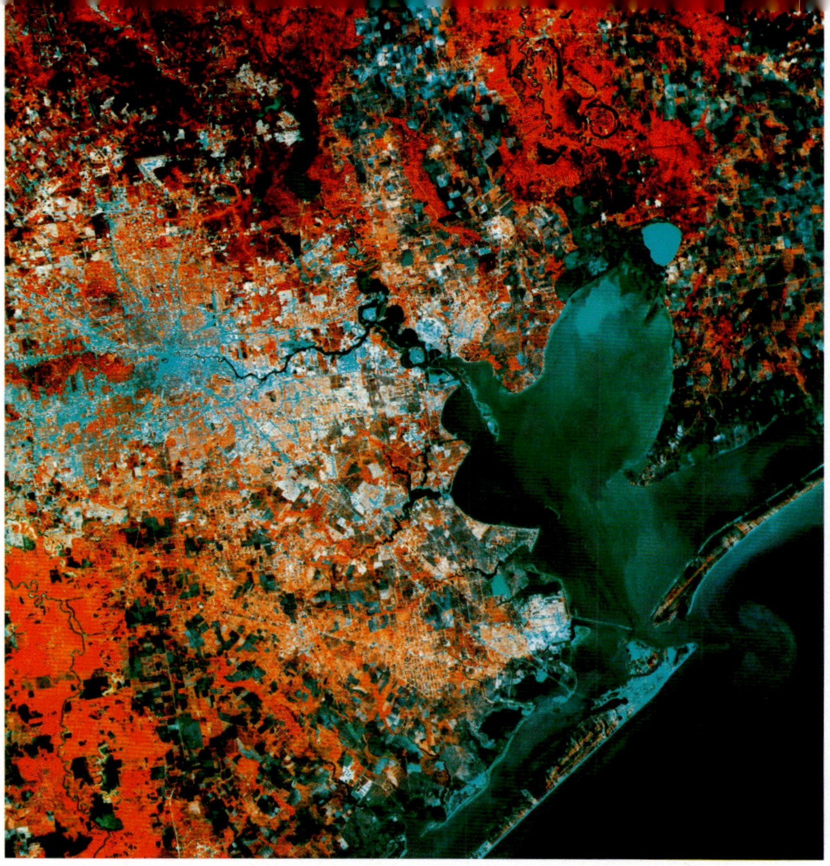

Überschriften einer Zeitung lesen kann. Manche Nationen, darunter auch die USA, erwägen seit einiger Zeit, Waffen in den Weltraum zu schicken (z. B. das „Star Wars"-Programm der Reagan-Regierung).
Aber die Entwicklung schreitet unaufhörlich fort. Einer der ältesten Träume aus Science-Fiction-Storys wurde nun zur Realität. Seit fast 20 Jahren fliegen die Amerikaner mit bemannten, wiederverwendbaren Raumgefährten, den Space Shuttles, ins All. Weltraumsonden haben die äußersten Planeten unseres Sonnensystems untersucht und

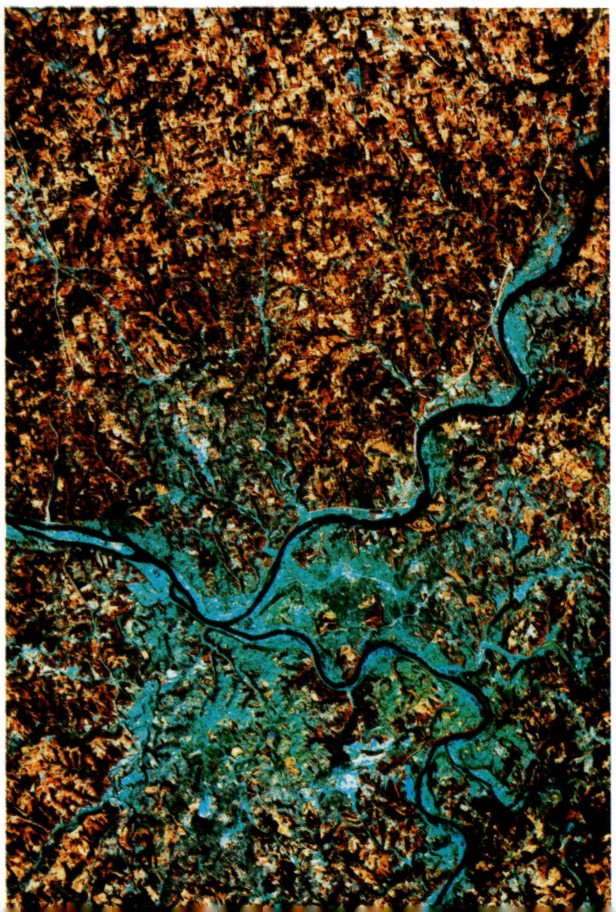

61 oben *Auf diesem Foto liegt oben links die Stadt Houston und rechts die Galveston Bay, die sich in den Golf von Mexiko öffnet.*

61 Mitte links *Auf dieser Infrarotaufnahme von Ocean Park, Virginia, befindet sich Norden unten links. Ocean Park liegt an der Chesapeake Bay, östlich von Norfolk. Das Wasserbecken in der Mitte ist die Lynnhaven Bay. Der Chesapeake Bay Bridge Tunnel beginnt östlich von Ocean Park, am unteren Rand des Fotos.*

61 Mitte rechts *Sacramento, am American River gelegen, ist die Hauptstadt von Kalifornien. In ihrer unmittelbaren Nähe suchte in den 40er und 50er Jahren des vergangenen Jahrhunderts die halbe Welt nach Gold. Später war sie Endstation des Pony Express' und der ersten transkontinentalen Eisenbahn.*

61 unten links *Die Flüsse Allegheny und Monongahela vereinigen sich bei Pittsburgh zum Ohio, der dann weiter nach Westen fließt (auf diesem Foto nach links). Gut erkennbar ist hier auch das zerklüftete Bergland, rund um die Stadt.*

61 unten rechts *Eine Aufnahme von Des Moines, der Hauptstadt von Iowa, die von Feldern umgeben ist. Die Stadt befindet sich in der Mitte von Iowa am Des Moins River, der hier auf diesem Foto von oben herunter- und nach rechts weiterfließt. Des Moines ist die größte Stadt von Iowa.*

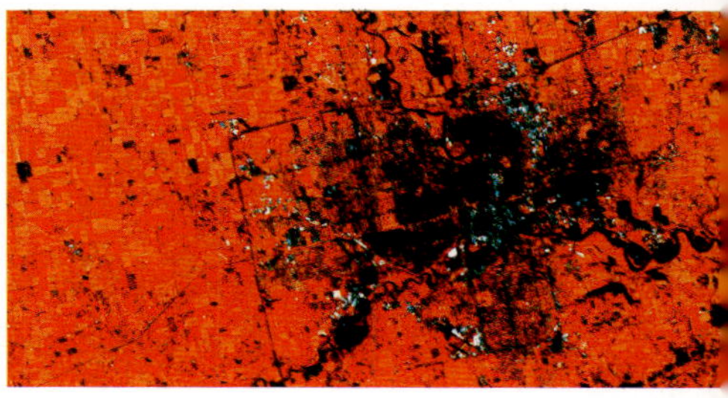

sind auf Venus und Mars gelandet, von wo aus sie geologische und meteorologische Daten zur Erde sandten. Momentan wird ernsthaft darüber nachgedacht, wie man Menschen zum Mars schicken kann. Das im Orbit kreisende Hubble-Weltraumteleskop schickt uns aus den Tiefen des Alls Aufnahmen von weit entfernten Sternhaufen und Galaxien, immer auf der Suche nach Geheimnissen des Kosmos. Und Satellitenfotos zeigen uns die Komplexität, Schönheiten und Fehler unseres eigenen Planeten, wie man sie noch nie zuvor gesehen hat.

Was sieht man denn nun, wenn man vom Space Shuttle oder von einem Satelliten aus auf die Vereinigten Staaten herabschaut? Ein Land, das von der Natur mit unvergleichlicher Schönheit, Vielfältigkeit und Fruchtbarkeit bedacht worden ist. Ein Territorium mit Milliarden von Lichtern, die jeden Abend aufleuchten und ihren Reichtum zeigen – und ihre Energieverschwendung. Ein Staatsgebiet mit Wäldern, Grasländern, großen Strömen, Feldern, Bergen, Seen, Wüsten, unberührter Natur und überfüllten Städten, das beinahe völlig von dem herrlichen Azurblau des Atlantischen und Pazifischen Ozeans umgeben ist.

62 oben *An diesem Foto der Black Mesa in Arizona scheint etwas mit den Farben nicht zu stimmen. Sie sind jedoch korrekt, denn die Mesa ist oben mit Schnee bedeckt. Sie befindet sich im Reservat der Navaho-Indianer, die an dem dortigen reichhaltigen Kohlevorkommen, das größtenteils an ein Kraftwerk in Nevada geleitet wird, ganz gut verdienen.*

62 Mitte *Der Great Salt Lake (Großer Salzsee) von Utah aus dem Weltraum betrachtet, wobei Norden sich ungefähr oben rechts befindet. In der Mitte des Fotos liegt die Große Salzwüste, weiter unten links Salt Lake City. Die Grouse Creek Mountains sind in der oberen rechten Ecke zu erkennen.*

62 unten *White Sands, New Mexico, das mit 777 km² größte Gipsfeld der Welt, ist hier in der Mitte des Fotos erkennbar. Weiter unten links liegen die San Andres Mountains, während sich die Stadt Alamogordo oben rechts in den Sacramento Mountains ausdehnt. Ungefähr 65 km von dieser Gegend entfernt befand sich die „Trinity Site" wo 1945 der erste Atombombenversuch stattfand.*

63 *Eine Aufnahme des Grand Canyon inmitten der Wüsten von Utah und Arizona (Norden liegt ungefähr links). In der Mitte der Colorado River und der Lake Powell. Der Fluss passiert den Glen-Canyon-Damm und windet sich dann durch den spektakulären Grand Canyon (weiter unten rechts).*

64-65 *Eine Satellitenaufnahme der Mojave-Wüste zwischen dem Grand Canyon im Osten und dem Death Valley im Westen. Der See in der Mitte ist der Lake Mead, der durch den Hoover-Damm aufgestaut und vom Colorado River gespeist wird. Die große Stadt links vom Stausee ist Las Vegas. Rechts vom See liegen die Virgin Mountains und über Las Vegas ist die Sheep Range erkennbar.*

66 oben *Eine Aufnahme der Südwestküste von Alaska. Die Inselkette der Aleuten beginnt in der unteren Mitte. Der größte Teil des von dem Foto erfassten Gebietes gehört zu den Naturschutzgebieten Togiak, Cape Newenham und Yukon Delta National Wildlife Refuges. Die Mündung des Yukon in das Beringmeer liegt in der großen Einbuchtung der Küste in der unteren rechten Ecke des Fotos.*

66 Mitte *Blick auf die gesamte hawaiianische Inselgruppe (Norden befindet sich auf diesem Foto unten). Von rechts unten angefangen, liegen hier übereinander: Nihau, Kauai, Oahu, Molokai, Lanai, Maui, Kahoolawe und Hawaii.*

66 unten *Auch auf dieser Aufnahme der Insel Oahu liegt Norden unten. Auf der Insel links oben erkennt man Honolulu und Pearl Harbor. Wolken bedecken die Koolau-Bergkette an der Nordostseite der Insel.*

66-67 *Die Gletscher des Glacier Bay National Park bewegen sich alle zum Meer hin. Mount Fairweather, oben rechts, liegt schon jenseits der kanadischen Grenze in British Columbia. Mit seinen 4633 Metern ist er der höchste Gipfel dieser Provinz.*

67 unten *Der Malaspina-Gletscher in Alaska liegt an der Südküste des Staates, in unmittelbarer Nähe zur Verbindung des Alexanderarchipels mit dem Festland. Der größte Teil des Gletschers gehört zum Wrangell-St. Elias National Park. Man sieht, wie kleinere Gletscher von allen Seiten sich zu einem großen Eisfeld an der Küste vereinigen.*

Städtisches Treiben und ländliche Ruhe:

68-69 *Ein wunderschöner Herbsttag bringt die Häuser von Pittsfield in den Berkshire Mountains an der Westküste von Massachusetts zum Leuchten. Die Berkshires sind durchschnittlich zwischen 300 und 450 m hoch. Ihr höchster Gipfel ist der Mount Greylock, mit 1064 m der höchste Berg von Massachusetts, von dem aus man fünf Staaten überblicken kann.*

Der Nordosten

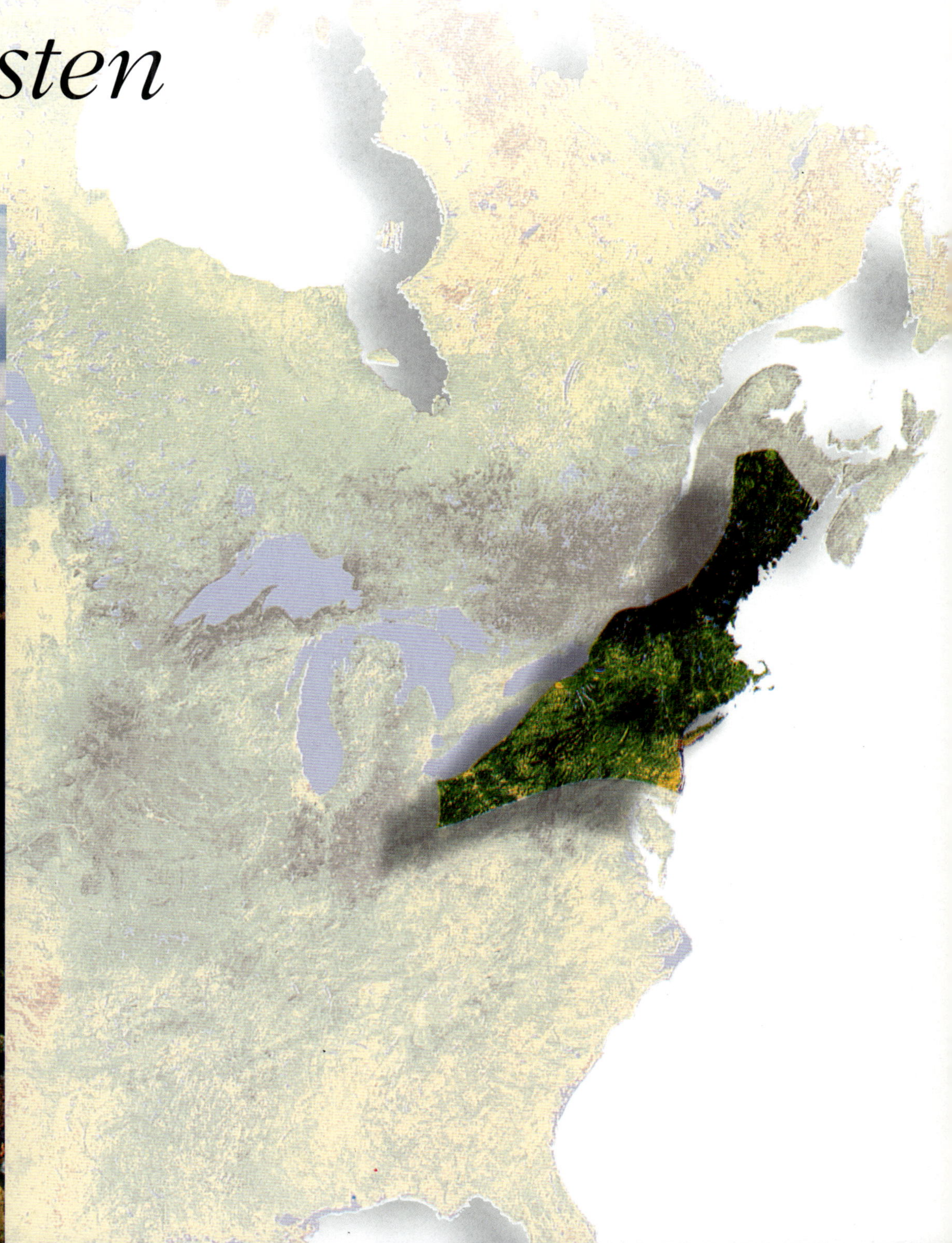

68 unten *Die berühmten gelben Taxis, hier an der Fifth Avenue, gehören zum Stadtbild von New York City. Seit ihrer Gründung durch die Holländer im Jahr 1624 ist diese Stadt ein Zentrum für Handel, Manufaktur und Schifffahrt. Heute leben hier ca. 7 Millionen Menschen, die New York City zum größten Stadtgebiet der gesamten USA machen.*

69 *Segelboote im Hafen von Newport, Rhode Island, einer der wohlhabendsten Gemeinden der Vereinigten Staaten. Sie wurde 1639 von religiösen Separatisten gegründet und lockte im Verlauf des 17. Jahrhunderts viele Quäker, Juden, freie und versklavte Schwarze an. Heute findet in der etwa 29 000-Seelen-Gemeinde einmal im Jahr das Newport Jazz Festival statt.*

70-71 *823 Kilometer vom hektischen Manhattan entfernt, ist der Atlantik vor der Küste mit bewaldeten Inseln übersät. Malerische Fischerdörfer wie dieses hier in der Nähe des Acadia National Park in Maine verleihen der Gegend einen unvergleichlichen Charme.*

70 unten *Die Dörfer an der Küste von Maine bieten viele Erholungsmöglichkeiten und eine friedliche, etwas verträumte Atmosphäre. Die Menschen, die ihren Lebensunterhalt durch das Meer verdienen, etwa als Fischer oder als Bootsverleiher, wohnen das ganze Jahr über hier.*

***71 oben links** Der Acadia National Park umfasst Mount Desert Island, Isle au Haut und die Halbinsel Schoodic in Maine. Dort findet man Waldflächen, küstennahe Berge, Schelfinseln, Gezeitenbecken sowie eine Vielzahl an heimischen Tier- und Pflanzenarten.*

Alte Ziegelfabriken, weiß verschalte oder mit Schindeln verkleidete Häuser, ein zugefrorener Teich, Schnee auf den Zweigen eines immergrünen Baumes. Wolkenkratzer aus Stahl und Glas, die bis zum Himmel reichen, die Villen der Reichen, die Slums, in denen die Armut zu Hause ist. Die prachtvollen Farben der Ahornbäume auf den sanft gewellten Hügeln, der Anblick eines Elchbullen zwischen den Bäumen, der Ruf eines Seetauchers in einer warmen Sommernacht, der über die schimmernde Oberfläche eines Gletschersees hallt. Frustrierende Verkehrsstaus, ungeduldige Hände, die Mautgebühren kassieren, und endlose Vorstädte ohne Identität. Die Geister der Irokesenkrieger wandern mokassinbeschuht durch die Wälder, treffen sich mit dem legendären Natty Bumppo aus James Fenimore Coopers Phantasie, während Landschaftsmaler das spektakuläre Hudson River Valley verewigen. Rip Van Winkle schlummert gegen einen Baum gelehnt, während der Kopflose Reiter hinter Ichabod Crane herjagt und Kapitän Ahab noch immer auf der Suche nach Moby Dick in See sticht. Dies sind die Mythen und die Realität des amerikanischen Nordosten. Dieses von Gletschern ausgehöhlte Land bietet dem Besucher viele Ausflugs- und Erholungsmöglichkeiten: Meeresstrände, stille Berggipfel, eine der größten Städte der Welt und Naturschutzgebiete. In diesem Land weht der Atem der Geschichte, denn hier trafen einige der mächtigsten Indianerstämme auf die ersten europäischen Kolonialisten. Es ist das Land der Mayflower-Pilgerväter, der ersten Historiker, Poeten und Autoren der Vereinigten Staaten und des industriellen Wachstums. Schon sehr früh erreichten diese Region die ersten Einwandererwellen, die bis heute noch nicht verebbt sind. Ein gemäßigtes Klima ermöglicht alle Arten von Landwirtschaft, darunter Milchwirtschaft, die Kultivierung von Maisfeldern und Apfelplantagen. Allerdings verhindert der steinige Boden und die hügelige Landschaft die Landwirtschaft im großen Stil. Die ersten Bewohner dieser Region lebten deshalb von dem, was das Meer zu bieten hatte.
Die andere Seite des Lebens im Nordosten wird diktiert von dem schnellen Pulsschlag

***71 oben rechts** Der französische Entdecker Samuel de Champlain, der 1604 der Mount Desert Insel ihren Namen gab, lief dort an der Felsküste mit seinem Schiff auf Grund. Nach dem Bürgerkrieg wurden Nebelhörner und Leuchttürme installiert, die die Navigation etwas sicherer machen sollten. Im Acadia National Park gibt es vier Leuchttürme, die von der US-Küstenwache bedient werden.*

***71 Mitte rechts** Die klaren, kalten Ozeangewässer, die üppige Natur und die Schönheit der Landschaft, locken jeden Sommer viele Besucher nach Maine. Die gestressten Stadtbewohner erholen sich dann beim Tiefseeangeln, Wale beobachten, Bootfahren, Schwimmen und anderen Freizeitaktivitäten von ihrem hektischen Alltag.*

***71 unten rechts** Die herrlichen Ausblicke im Acadia National Park, wie hier auf diese grünen Inseln, inspirieren Künstler, Schriftsteller und Liebespaare schon seit dem 19. Jahrhundert, als die Insel Mount Desert als Erholungsgebiet in Mode kam.*

72 oben links *Acadia National Park umfasst eine Fläche von ungefähr 120 km². Dazu zählt auch Mount Desert Island mit seinen Dörfern, Museen, und der stolzen Einwohnerschar, die die Küste von Maine über alles liebt. Der Sonnenaufgang im Acadia National Park lässt ahnen, wie wunderschön die Stimmung in dieser Natur ist.*

72-73 *Ein prächtiger Viermaster segelt im Sonnenuntergang am Acadia National Park vorbei. Bilder wie dieses erinnern an die Blütezeit von Mount Desert Island und ihre damalige Rolle als Zentrum des Schiffsbaus.*

72 unten *Bald Porcupine Island liegt direkt vor Mount Desert Island, dessen größte Stadt Bar Harbor man oben erkennen kann. Bar Harbor liegt am Fuße des 466 m hohen Mount Cadillac. Die kleinere Insel oben rechts ist Bar Island.*

der Stadtgebiete und deren großer Bevölkerungsdichte. Schon immer galt der Nordosten als die am stärksten bevölkerte Region der Nation. Mag sein, dass sich einzelne Städte entlang des Boston-Washington-Korridors ihre historischen Namen und Grenzen bewahrt haben, meist gehen sie inzwischen aber ineinander über und man erkennt nur noch am Ortsschild, dass man von einer Stadt in die nächste kommt. Bei einer Fahrt durch die Vororte von New Jersey zum Beispiel wird man feststellen, dass die Kette von Häusern, Fast-Food-Restaurants und Tankstellen zwischen New York City und Philadelphia kaum einmal abreißt. In jeder Stadt verbinden sich Beton, Stahl, Asphalt, Ziegelsteine und Glas zu einer

Szenerie ohne natürliche Elemente. Gebäude, Geschäftszentren, Kirchen, Brücken und Monumente, manche genial, die meisten jedoch eher einfallslos, stehen hier nebeneinander und bilden eine Stadtlandschaft, in der von Menschen errichtete Bauwerke in den Himmel ragen wie Bäume und der stetig strömende Verkehr die Flüsse ersetzt. Je größer so eine Stadt ist, desto hektischer ist auch das Leben in ihr. Viele reden von Flucht und träumen davon, alles hinter sich zu lassen und eines Tages ein kleines Haus auf dem Land zu besitzen, aber nur wenige schaffen den Absprung wirklich. Tatsächlich steigt die Zahl der in Städten lebenden Amerikaner weiterhin an, während der Anteil der Landbevölkerung immer geringer wird.

73 oben links *An einem nebligen Sommermorgen. Blick auf die Stadt Bar Harbor ganz rechts mit den Bergen Champlain und Cadillac dahinter. Die drei kleinen Inseln davor sind von links nach rechts: Bald Porcupine, Sheep Porcupine und Bar.*

73 oben rechts *Nach dem Sieg der Briten über die Franzosen in Kanada besiedelten die Engländer 1759 Mount Desert Island. An der Küste von Maine lebten in jenen Zeiten die Abnaki-Indianer vom Fischfang. Die Hauptbeschäftigungen der neuen Inselbewohner wurden Ackerbau, Holzverarbeitung, Schiffsbau und Fischen. In den 50er Jahren des 19. Jahrhunderts brachten die Dampfschiffe Künstler, Schriftsteller und auch viele Neureiche nach Mount Desert.*

73 unten *Die Berge Cadillac und Champlain kurz vor Sonnenaufgang. Diese Gipfel wurden, ebenso wie die gesamte Mount-Desert-Insel, in Urzeiten von Gletschern erschaffen, die stellenweise bis zu 3 Kilometer dick waren. Sie formten die langen Täler, Seen und runden Hügel, die unser Auge noch heute erfreuen.*

74 oben *An der Küste von Neuengland stehen heute noch viele Kapitänshäuser, die von „Widow's Walks" überragt werden (auf dem Foto an der Spitze der Halbinsel zu sehen). Eine Wache in diesen Aussichtstürmen sollte den Ehefrauen die Rückkehr der Männer vom Meer melden.*

74-75 unten *Boston, auf diesem Foto in der Mitte oben, schmiegt sich mit seinen Vorstädten an die Atlantikküste. Im Vordergrund liegt Cohasset mit Nantasket Beach, Allerton und Hull auf der länglichen Halbinsel in der Mitte des Bildes.*

74 unten *Eine gewundene Straße führt die felsige Küste von Neuengland entlang. Die herrliche Landschaft mit ihren wunderschönen Aussichtspunkten, wie hier in Cape Ann, lädt zu Spaziergängen, Radtouren und Picknickausflügen ein.*

75 links *Die Halbinsel Cape Ann nördlich von Boston liegt an der Nordgrenze der Massachusetts Bay und ist auch wegen ihrer Steinbrüche bekannt.*

75 oben und Mitte rechts *Die Stadt Gloucester in Massachusetts verfügt über einen bekannten Fischereihafen. Die Schoner, die von Gloucester aus in See stachen, hat Rudyard Kipling in seinem Roman „Captains Courageous" unsterblich gemacht. Die Bronzestatue eines Fischers im Hafen soll an die Menschen erinnern, die auf hoher See ihr Leben verloren haben.*

75 unten rechts *Die Küste von Neuengland hat viel zu bieten: schöne Landschaften, malerische Städtchen und Künstlerkolonien, aber auch alte Fischerwerften und historische Gebäude.*

Zum Glück gibt es zumindest noch temporäre Ausweichmöglichkeiten: Die Ränder der Megalopolis bieten Ruhe. Das südliche New Jersey zum Beispiel ist nur wenig bevölkert, im Gegensatz zum nördlichen Teil dieses Staates, und lockt jeden, der den Menschenmassen entfliehen will, mit seinen wunderschönen ländlichen Gegenden und seinen Stränden. Trotz der permanenten Überfüllung findet man auch auf Long Island herrliche Strände an der Südküste. Die Berge im Staat New York und im Osten Pennsylvanias werden wegen ihrer klaren Luft, den Gewässern und den guten Ski-Bedingungen gerühmt. New Yorks St.-Lorenz-Strom und die Gletscherseen bieten Schwimm- und Rudermöglichkeiten für jeden. Und noch weiter die Küste hinauf liegt Maine,

das weniger stark bevölkert ist und in dem viele Städter gerne ihre Ferien verbringen, nicht zuletzt wohl auch wegen des circa 166 km^2 großen Acadia National Parks. Von Flechten überzogene Felsen und windige Anhöhen, deren Baumbestand sein farbenfrohes Blätterkleid meist schamhaft von Nebel verhüllt zeigt – Acadia liebkost die Küste, während er gleichzeitig im Nordosten die wunderschönen Extreme der Natur zur Schau stellt.
Im Gegensatz dazu gibt es in den Landschaften der Städte beinahe ausschließlich von Menschenhand gefertigte Wahrzeichen. New York City ist mit 7,5 Millionen Einwohnern die größte Stadt der USA. Ihr Großraum erstreckt sich inzwischen bis ins Hinterland des Staates New York, bis Long Island, Connecticut sowie New Jersey und ist Heimat von beinahe 20 Millionen Menschen. Aber das Herz von New York schlägt nach wie vor auf Manhattan Island mit seinen bekannten Wahrzeichen. Viele davon sind Brücken, da Manhattan ja Verbindungen zum Festland und den anderen Stadtteilen braucht. Seit mehr als 100 Jahren stellen die Transportbedürfnisse und die breiten Wasserarme in New York die Ingenieure vor eine große Herausforderung. Die bemerkenswertesten Ergebnisse sind die Brooklyn

76 oben *Boston besteht nicht allein aus modernen Gebäuden, auch wenn es auf diesem Foto so erscheint. Sieht man jedoch genauer hin, erkennt man in der Ecke unten links beispielsweise Faneuil Hall, ein Ziegelsteingebäude mit einem vergoldeten Kuppeltürmchen. Das 1742 erbaute Haus dient als Markthalle und war einst der Versammlungsort amerikanischer Patrioten.*

76 Mitte *Der innere Hafen von Boston ist nach Süden ausgerichtet und zeigt, wie das Wasser die Stadt teilt. Auf der linken Seite des Fotos sieht man Logan Airport und den östlichen Teil von Boston, unten rechts die Charlestown-Marinebasis und oben rechts die City von Boston mit ihren nördlichen Ausläufern im Vordergrund. Das Nordende ist bekannt für seine italienische Gemeinde und für die Old North Church, deren Turm am äußersten rechten Rand des Bildes noch sichtbar ist.*

Bridge (1884), die George Washington Bridge (1931) und die Verrazano-Narrows Bridge. Die beengten Ausmaße der Insel ließen die Häuser in die Höhe wachsen, da jeder freie Fleck so effektiv wie möglich ausgenutzt werden musste. Im Laufe der Jahre wurden die Gebäude auch immer höher: das Flatiron Building (1902), das Woolworth Building (1915), das Chrysler Building (1931), das Empire State Building (1931), das Rockefeller Center (1935) und die Zwillingstürme des World Trade Centers (1977). Jeder New Yorker hat seinen speziellen Favoriten unter den Wahrzeichen der Stadt und viele bevorzugen die kleineren, aber deshalb nicht weniger bekannten, wie die New York City Hall, das Frank Lloyd Wright's Guggenheim Museum, das Plaza Hotel, die Federal Hall, die New York Public Library oder die Grand Central. Mehr als durch jedes andere Bauwerk jedoch werden New York und sein Hafen von einer bestimmten Statue symbolisiert – der 93 Meter hohen Freiheitsstatue, die 1886 als Geschenk von Frankreich hier errichtet wurde.

Obwohl Maße und Gewichte in den USA einheitlich sind, werden Entfernungen in jedem Teil der Staaten unterschiedlich wahrgenommen. 100 Kilometer sind für jemand aus dem Nordosten eine ziemlich weite Strecke, während die Menschen aus dem Westen einmal pro Woche 100 oder mehr Kilometer zurücklegen, nur um Lebensmittel zu kaufen. Die Menschen aus dem Nordosten sind es auch eher gewöhnt, für längere Strecken öffentliche Verkehrsmittel zu benutzen, aber sie lieben kurze Abstecher mit dem eigenen

76 unten *Der Charles River trennt Boston (links) von Cambridge (rechts). Cambridge ist bekannt für seine Bildungsinstitute, wie z. B. Harvard University. Außerdem ist es der Sitz des Massachusetts Institute of Technology (ungefähr in der Mitte des Bildes).*

76-77 *Das Herz der Bostoner City besteht sowohl aus alten als auch aus neuen Gebäuden. Im Vordergrund am Hafen befindet sich das Aquarium. Die Grünfläche links oben ist ein Park namens Boston Common, durch den in den siebziger Jahren des 18. Jahrhunderts die britischen Truppen marschierten.*

77 unten links *Die Gebäude der Harvard-Universität in Cambridge, darunter auch die Kuppel der Widener Bibliothek, erinnern an vergangene Zeiten. Harvard wurde schon 1636 gegründet und ist somit das älteste Institut für höhere Bildung in den USA. Zu den berühmtesten Absolventen zählen William James, Ralph Waldo Emerson, Henry David Thoreau, Robert Frost, T. S. Eliot sowie die US-Präsidenten John Adams, John Quincy Adams, Theodore Roosevelt, Franklin D. Roosevelt und John F. Kennedy.*

77 unten rechts *Einige der alten, mehrstöckigen Wohnhäuser an der Back Bay in der Nähe des Prudential Tower weisen auf den früheren Wohlstand der Stadt hin. Das Back Bay-Gebiet war ursprünglich Sumpfland, das zwischen 1858 und 1886 trockengelegt wurde. Boston ist heute mit 5,5 Millionen Einwohnern die größte Stadt in Neuengland.*

78 oben *Cambridge, Massachusetts, wurde 1638 nach der gleichnamigen Stadt in England benannt. Wie ihre britische Namensvetterin wurde auch sie bekannt für Studien und Forschung. Stephen Daye veröffentlichte hier 1640 das erste Buch in den englischen Kolonien, das Bay Psalm Book.*

Auto aufs Land. Eine Fahrt durch die ländliche Umgebung des Nordostens kann wirklich traumhaft sein, egal wie kurz die Entfernung ist. Überall trifft man auf historische Orte und wunderbare Ausblicke. Der Nordosten war über hunderte von Jahren ein Schlachtfeld: zuerst für die Indianer, später für die europäischen Armeen im Kampf um die koloniale Vormachtstellung. Im gesamten Gebiet fanden Kämpfe zwischen Engländern und Franzosen und später zwischen amerikanischen Revolutionären und Engländern statt. Immer wieder stößt man auf historische Festungen und Schlachtfelder sowie auf Häuser, die 200 oder 300 Jahre alt sind.
Historisch gesehen war der Nordosten deshalb so bedeutend, weil hier der optimale Ausgangspunkt für Reisen aller Art lag. Zahlreiche Flüsse ermöglichten das Reisen, z. B. von Kanada und dem Nordosten ins Landesinnere auf dem St.-Lorenz-Strom, von Norden nach Süden auf der Verbindung Hudson River Lake Champlain und von Osten nach Westen vom Mohawk River bis zum Ontario- und Eriesee. Diese Ost-West-Route erfuhr 1825 mit der Fertigstellung des Eriekanals eine Verbesserung. Er führte an den Appalachen vorbei und machte New York zum ersten „Tor zum Westen". Auch heute noch werden diese alten Reise- und Handelswege benutzt. Neben dem Eriekanal (der noch mehr ausgebaut wurde) gibt es inzwischen auch Eisenbahnlinien und einen staatenverbindenden Highway, aber sie alle folgen den historischen Pfaden, die vor hunderten von Jahren von den Irokesen ausgetreten wurden.
Der Nordosten ist eine kontrastreiche Region, deren vielfältige Möglichkeiten von Stadt- und Landleben eine große Auswahl an Erholung und Unterhaltung bieten. Die Geschichte vermischt sich hier mit einer Ehrfurcht einflößenden aber subtilen Natur, die Besucher und Anwohner gleichermaßen beeindruckt und erfreut. Der Nordosten, mit seiner natürlichen und von Menschen erschaffenen Schönheit, hat für jeden etwas zu bieten.

78-79 *Die Harvard Business School in Cambridge präsentiert sich im Winter sehr nostalgisch, wenn der Schnee die Dächer der im georgianischen Stil erbauten Gebäude bedeckt. Hier in Cambridge übernahm auch George Washington am 3. Juli 1775 den Oberbefehl über die Kontinentalarmee.*

79 oben *An der höchsten Stelle von Dorchester Heights im Süden Bostons befindet sich ein Mahnmal, das an die Befestigungen im Revolutionskrieg erinnert, mit deren Hilfe man nach jahrelanger Belagerung die Engländer endlich am 17. März 1776 aus der Stadt vertrieb. Dies war George Washingtons erster Sieg als Kommandeur. Im Hintergrund liegt Boston Harbor.*

79 unten *Die Häuserreihe entlang der Massachusetts Avenue gibt Einblick in das städtische Leben. Zu den Wirtschaftszweigen der Stadt zählen Banken, Versicherungen, Druck- und Verlagshäuser sowie medizinische und pharmazeutische Forschung.*

80 links *Das Segelboot in der Narragansett Bay, Rhode Island, erinnert an die maritime Vergangenheit, die Newport den Wohlstand brachte, noch ehe es Ende des 19. Jahrhunderts von Millionären als Sommerresidenz entdeckt wurde. Übrigens fand in Newport von 1930 bis 1983 das America's Cup Wettsegeln statt.*

80-81 *Im späten 19. Jahrhundert kam Rhode Island bei Amerikas Oberschicht als Sommerfrische in Mode. Die Reichsten der Reichen, die ihr Vermögen mit Eisenbahnen, Schiffen, Manufakturen, Stahl, Öl und anderen Dingen gemacht hatten, bauten sich an der Küste von Aquidneck Island „Ferienhäuser" wie diese hier.*

80 unten *An der Küste von Massachusetts südlich von Boston und westlich von Cape Cod gibt es zahlreiche Halbinseln mit netten kleinen Fischerdörfern. Auch New Bedford, das im 19. Jahrhundert für seine Walfischfänger bekannt war, sowie Fall River mit seinen Textilbetrieben sind hier zu finden.*

81 unten Die Newport Bridge ist eine der beiden Verbindungen zwischen Aquidneck Island und dem Festland. Newport ist für seine Schiffswerften und seine Elektronikindustrie bekannt. Außerdem befindet sich hier auch die US-Marineakademie, die 1885 gegründet wurde.

82-83 Die Docks, unmittelbar vor der historischen Altstadt, sind Zeitzeugen von Newports Blütezeit als Zentrum der Rumherstellung im 18. Jahrhundert. Schiffe lieferten hier Zuckerrohrmelasse von den Westindischen Inseln an, die dann in den 22 Destillen der Stadt zu Rum gebrannt wurde.

81 oben Viele Flüsse, die vom neuenglischen Hochland zur Küste hinabfließen, haben dort Teiche, Marschen und geschützte Hafenbecken erschaffen. Neuenglands maritimes Erbe wird durch die zerklüftete Küste erhalten, die von den Flüssen und Strömen geformt wurde.

81 Mitte Die friedvolle Atmosphäre von Newport, Rhode Island, wird nicht zuletzt durch die künstlich geschaffenen Barrieren erzielt, an denen sich die allzu stürmischen Wellen brechen. Mit nur 28 000 Einwohnern hat sich die Gegend ihre Gemütlichkeit bewahrt.

84 oben *Provincetown mit seinem schönen Hafen ist einer der beliebtesten Ferienorte auf Cape Cod. In der Ferne erkennt man den Sandstrand der National Seashore und den Atlantik.*

84 Mitte rechts *Ferienhäuser und Hotels an der inneren Küste von Cape Cod. Der berühmte Strand liegt an der Atlantikseite der Halbinsel.*

84 Mitte links *Diese längliche Halbinsel namens Great Point erstreckt sich nordwestlich der Küste von Nantucket Island, südlich von Cape Cod. Im 19. Jahrhundert war Nantucket für seine Walverarbeitungsindustrie bekannt, an die noch heute ein Museum auf der Insel erinnert. Nantucket, das bereits 1659 besiedelt wurde, ist 23 km lang und 5–10 km breit. Seine Wirtschaft lebt heute größtenteils vom Sommertourismus.*

84 unten links *Die Ostküste von Cape Cod verfügt über traumhafte Sandstrände. Um den 120 km langen, sichelförmigen Arm des Kaps windet sich die Route 6. Zu den beliebtesten Freizeitaktivitäten zählen Schwimmen, Angeln und Bootfahren. Die Cape Cod National Seashore, unter der Verwaltung des National Park Service, umfasst fast den ganzen nordöstlichen Teil der Halbinsel.*

84 unten rechts *Blick über den geschützten Hafen von Nantucket Village auf Nantucket Island nach Norden in Richtung Great Point. Das Nantucket-Walmuseum befindet sich auf der Halbinsel links.*

85 *Das blaue Wasser vor der Küste des sommerlichen Cape Cods zieht seit über hundert Jahren Besucher an. Seinen Namen erhielt das Kap 1602 von Bartholomew Gosnold wegen des dort häufig vorkommenden Kabeljaus (auf Englisch „cod"). Als Erstes siedelten hier die Fischer, dann die Pilgerväter und schließlich kamen die Touristen, die aus der hakenförmigen Halbinsel ein Erholungsparadies machten.*

86-87 *„The Breakers" ist ein Landsitz mit 70 Zimmern, der von William Morris Hunt entworfen und 1895 für 4 Millionen Dollars erbaut wurde. Er war das Sommerdomizil von Cornelius Vanderbilt, einem der reichsten Männer Amerikas. Um die Jahrhundertwende war er zu einer Art Mekka für die High-Society geworden. Heute kann man den Landsitz und etliche andere Häuser dieser Art in Newport besichtigen.*

86 unten *Eine der ersten Villen in Newport war Chateau-sur-Mer, erbaut 1852 von William Wetmore, der durch Handelsgeschäfte mit China reich geworden war. 1872 wurde das Haus im viktorianischen Stil von Richard Morris Hunt umgebaut und vergrößert.*

87 oben *Rosecliff wurde 1902 im eleganten Louis-XV-Stil erbaut. Seine Marmorfassade reflektiert noch lange das schwindende Licht bei Sonnenuntergang.*

87 Mitte oben links *Das Beechwood-Anwesen der Familie Astor in Newport. Die Astors hatten sich ihren Reichtum Anfang des 19. Jahrhunderts durch Pelzhandel erworben und später ihre geschäftlichen Aktivitäten auch auf andere Branchen ausgedehnt. Der Name Astor wurde zum Synonym für Reichtum, Geschmack und Stil.*

87 Mitte unten links *Auch heute noch schätzen reiche Amerikaner einen Sommersitz in Newport, wie an dieser modernen Villa zu erkennen ist.*

87 Mitte rechts *Noch ein Sommersitz an der Bellevue Avenue in Newport. Ein Großteil der Einrichtung solcher Häuser wurde in Europa hergestellt, zerlegt, per Schiff über den Atlantik gebracht und in Amerika wieder zusammengebaut. Holz, Marmor, Steine – alles war vom Feinsten und dementsprechend teuer. Ob damals auch so viele dieser Villen entstanden wären, wenn es schon eine Einkommensteuer gegeben hätte?*

87 unten *Zu Marble House, einer weiteren herrschaftlichen Villa in Newport aus dem Jahr 1892, gehörte sogar dieses japanische Teehaus im Garten.*

88 oben *Die ordentlich aufgereihten Holzhäuser von Pittsfield an einem Herbsttag. Die Stadt, die 1761 gegründet wurde und etwa 49 000 Einwohner hat, ist sowohl im Sommer als auch im Winter ein beliebter Ferienort. Pittsfield ist jedoch auch für seine Plastik- und Papierindustrie bekannt.*

88-89 und 89 oben links *Die baumbewachsenen Berkshire Mountains im westlichen Massachusetts bringen die weiß verschalten Holzhäuser – manche eher bescheiden, andere herrschaftlich wie dieses hier – erst richtig zur Geltung.*

89 oben rechts Prachtvolle Herbstfärbung am Mohawk Trail, der sich im Nordwesten von Massachusetts durch die Ausläufer der Berkshires zieht. Der Trail führt unterhalb des Mount Greylock vorbei, dem höchsten Gipfel des Staates, und nahe an der Stadt North Adams. Hinter der Grenze im Westen liegt der Staat New York.

89 Mitte Herbstliche Stimmung über einem Teil der Stadt Pittsfield, Massachusetts, mit den Berkshire Mountains im Hintergrund. Ein berühmter Bewohner dieser Region war der Autor Hermann Melville, der von 1850 bis 1863 in der Gegend lebte. Im nahe gelegenen Tanglewood findet seit 1937 jährlich das traditionelle Berkshire Music Festival statt.

89 unten Marmeladen, Gelees, Säfte und Saucen sind das Resultat der Cranberryernte in Carver, Massachusetts, einer Kleinstadt ungefähr 13 km südwestlich von Plymouth im Ostteil des Staates. Cranberrys wachsen an niedrigen Reben und werden in sandbedeckten Sümpfen kultiviert, die je nach Bedarf bewässert oder ausgetrocknet werden können. Das Wasser schützt die Beeren nämlich vor Frost und Insekten.

90-91 Ein ruhiger Herbsttag am Onota-See bei Pittsfield, Massachusetts, mit Blick nach Norden auf die Berkshires. In wenigen Monaten wird Schnee fallen und viele begeisterte Wintersportler anlocken, die dann die weißen Hügel bevölkern werden, auf denen jetzt noch buntes Herbstlaub prangt.

92 links und 92-93 *Ein Hubschrauber (rechts) nähert sich dem Abgrund der Niagarafälle auf der kanadischen Seite. Das Wasser stürzt hier tosend über den Felsrand – mehr als 5520 m³ pro Sekunde. Die „Horseshoe Falls“ (kanadischer Teil der Niagarafälle) verkleinern sich durch die Erosion jährlich um 1,5 Meter. Die amerikanischen Niagarafälle, die ein geringeres Wasservolumen mit sich führen, erodieren dagegen nur um 15 cm pro Jahr.*

92 unten *Auf diesem Foto erkennt man gut, warum der kanadische Teil der Niagarafälle auch „Horseshoe (Hufeisen) Falls" genannt wird. Der Halbkreis, den sie bilden, ist 790 m lang und 49 m hoch. Der amerikanische Teil ist zwar etwas höher, dafür aber nur 305 m lang.*

93 rechts *Ein Hubschrauber schwebt über dem Niagara River, oberhalb der Niagarafälle. Die Wasserfälle können von vielen unterschiedlichen Aussichtspunkten betrachtet werden. Die Parkanlagen auf beiden Seiten ermöglichen es den Besuchern, dem donnernden Abgrund ganz nahe zu kommen; Aussichtstürme erlauben einen Blick auf die Fälle von oben, während man mit Booten, die ganz nahe heranfahren, die Fälle von unten betrachten kann.*

93 unten *Noch einmal ein Blick auf den kanadischen Teil der Niagarafälle. Die Wasserfälle befinden sich fast genau in der Mitte des Niagara Rivers, der vom Eriesee zum Ontariosee fließt. Sie entstanden ungefähr vor 12 000 Jahren, als die Gletschermassen nach Norden zurückgedrängt wurden und das Wasser des Eriesees über die Niagarastufe zu fließen begann, die zwischen Wisconsin und New York durch das Gebiet der großen Seen verläuft. Inzwischen hat die Erosion die Wasserfälle fast 18 km flussaufwärts verschoben und so die spektakuläre Niagara-River-Schlucht geformt.*

94 Ein Tourist schießt ein Foto aus dem Fenster in der Krone der Freiheitsstatue. Die vom Sockelfuß bis zur Fackelspitze 93 m messende Figur war ein Geschenk Frankreichs an die Vereinigten Staaten von Amerika, das durch Spenden der französischen Bevölkerung finanziert wurde. Zu einer ähnlichen Spendenaktion wurden anschließend auch die Amerikaner aufgerufen, um genügend Geld für den von Richard Morris Hunt entworfenen Sockel zu sammeln. Die Freiheitsstatue, ein Werk des französischen Künstlers Frédéric-Auguste Bartholdi, wurde 1886 feierlich enthüllt.

95 oben rechts *Die Freiheitsstatue steht auf Liberty Island, wo sie von jedem Schiff aus gesehen werden kann, das in den New Yorker Hafen hinein- oder hinausfährt. Sie war das Erste, was die Einwanderer zu Gesicht bekamen, ehe sie (nach 1892) im Einwandererlager auf Ellis Island verschwanden (links im Hintergrund sichtbar). Aber sie war auch das letzte Stück Heimat, das die vielen amerikanischen Männer sahen, bevor sie in den Ersten und Zweiten Weltkrieg zogen.*

95 oben links *Durch die Türen dieses Gebäudes auf Ellis Island gingen zwischen 1892 und 1954 etwa 20 Millionen Einwanderer. Sie mussten sich dort so lange aufhalten, bis ihre Immigration in die Vereinigten Staaten genehmigt worden war. Eigentlich gibt es heute kaum einen Amerikaner, von dem nicht mindestens ein Vorfahr über Ellis Island kam. Seit 1990 ist das Einwandererlager, das acht Jahre lang renoviert worden war, ein Museum.*

95 Mitte links *Die Staten Island Ferry zieht im Hafen von New York an Manhattan Island vorbei. Links davon mündet der Hudson River in den Ozean. Rechts von der Insel fließt der East River, dessen Brücken Manhattan mit Brooklyn und Queens verbinden. Die Insel unten rechts ist Governor's Island auf dem sich Fort Jay befindet, ein Stützpunkt der US-Küstenwache.*

95 Mitte rechts *Hier sieht man im Vordergrund die Ostseite von Manhattan Island mit der Williamsburg Bridge, die nach Brooklyn führt. Die „Lower East Side", wie dieses Gebiet auch genannt wird, war Anfang des 20. Jahrhunderts ein Einwanderer-Getto, in dem sich Italiener, Iren, Juden und zahllose andere Immigranten aus allen möglichen Ländern niedergelassen hatten.*

95 unten *Die Brooklyn Bridge (vorne) wurde 1883 fertiggestellt und war die erste Verbindung zwischen Manhattan Island und dem Festland. Sie galt damals als ein Meisterwerk des Brückenbaus und war lange Zeit die längste Hängebrücke der Welt. 1903 erbaute man hinter der Flussbiegung die Williamsburg Bridge und 1909 die Manhattan Bridge, die parallel zur Brooklyn Bridge verläuft.*

96-97 *Sonnenuntergang über dem Central Park, einem wunderschönen Stück Natur inmitten der größten Stadt der Vereinigten Staaten. Er wurde 1857 von Frederick Law Olmsted und Calvert Vaux entworfen und umfasst auf 3,4 km² Teiche, Hügel, kleine Wälder, verschlungene Wege und Pfade sowie den großen See, den man auf diesem Foto sieht. Im Hintergrund sind die Triborough Bridge und der Stadtteil Queens erkennbar.*

98 links und 98-99 *Die Skyline vom unteren Teil Manhattans wird von den Zwillingstürmen des World Trade Centers dominiert, die über 110 Stockwerke verfügen und 411 m hoch sind. Das World Trade Center, nach einem Entwurf von Minoru Yamasaki erbaut, wurde 1973 eröffnet. Die Gesamtfläche seiner Büros beträgt 371 606 m².*

98 unten *Die Wolkenkratzer von Manhattan mit dem East River dahinter. New York wird niemals langweilig, es hat für jeden Geschmack und Geldbeutel etwas zu bieten. Egal, ob man ein Broadway-Stück sehen möchte oder durch ein Kunstmuseum wandelt, ob man Straßenkünstlern zuschaut oder gutes Essen aus aller Welt genießen will: New York ist dafür der richtige Ort.*

99 Mitte *Blick auf den mittleren Teil Manhattans bei Sonnenuntergang. Ganz unten rechts erkennt man Madison Square Garden (trotz des Namens ein rundes Gebäude). Der hohe Wolkenkratzer auf der rechten Seite, der sich weit über die anderen Häuser erhebt, ist natürlich das Empire State Building. Links ist der kathedralenartige Turm des Chrysler Building zu sehen.*

99 oben rechts *Der klassische Art-deco-Turm des Chrysler Building, das 1930 als Hauptsitz des Automobilherstellers erbaut wurde. Am Fuß der Turmspitze sind riesige Wasserspeier in Form von Falkenköpfen angebracht.*

99 unten rechts *Das Empire State Building hat 102 Stockwerke und stammt aus dem Jahr 1931. 41 Jahre lang galt es als höchstes Gebäude der Welt und kam durch Kinostreifen wie „King Kong" sogar zu Filmruhm.*

99 unten links *Die hohen Gebäude im unteren Teil von Manhattan leuchten im Sonnenlicht. Dahinter erstrecken sich die zahllosen Apartementhäuser der Lower East Side. Ganz vorne sieht man das Woolworth Building, das 1913 errichtet wurde. Mit seinen 60 Stockwerken zählt es zu den älteren Wolkenkratzern von Manhattan. Das 34 Stockwerke hohe Gebäude der Stadtverwaltung links vom Woolworth-Turm ist ein Entwurf von McKim, Mead und White, der 1914 ausgeführt wurde.*

100 oben links *Ein Blick stadtauswärts über das abendliche Lower Manhattan auf das World Trade Center und den Finanzbezirk. Der leuchtende Strom der Autoscheinwerfer bildet ganz unten am linken Bildrand ein V an der Stelle, wo der Broadway die Fifth Avenue kreuzt. Das dunkle Gebäude in der Mitte des V's ist das Flatiron Building, noch weiter links erkennt man den erleuchteten Turm des Metropolitan Life Building.*

100 Mitte links *Noch eine Nachtaufnahme von Lower Manhattan, diesmal stadteinwärts. In der Mitte sieht man die erleuchtete Turmspitze des Empire State Building, links davon die ebenfalls beleuchtete George Washington Bridge, die über den Hudson River nach New Jersey führt. Das Gebiet im Vordergrund ist Tribecca, ein erst kürzlich wieder belebter Bezirk von New York. Die S-Kurve unten links, die durch die Autoscheinwerfer sichtbar wird, zeigt die Einfahrt in den Holland Tunnel, durch den man unter dem Fluss hindurch ebenfalls nach New Jersey gelangt.*

100 unten rechts *Die nicht endende Lichterkette der Autoscheinwerfer auf der Fifth Avenue beweist, dass New York auch nach Einbruch der Dunkelheit eine belebte Stadt bleibt.*

100-101 *Blick vom World Trade Center aus über den nächtlichen New Yorker Hafen in Richtung New Jersey. Jersey City liegt unmittelbar auf der anderen Seite des Hafenbeckens, dahinter erkennt man die Newark Bay und die Stadt Newark. Im Vordergrund liegen rechts Ellis Island und in der Mitte Liberty Island mit der beleuchteten Freiheitsstatue.*

101 unten *Jersey City, New Jersey, auf der anderen Seite des Hudson Rivers, bei Nacht. Im Norden liegt Hoboken, der Geburtsort von Frank Sinatra. Noch weiter nördlich liegt hoch über dem Fluss Weehawken, früher Schauplatz zahlloser Duelle. Dort starb auch Alexander Hamilton im Jahr 1804 bei einem Duell mit Aaron Burr.*

102-103 *Diese Aufnahme zeigt die Südküste von Long Island in strahlendem Sonnenschein. Inseln wie diese erstrecken sich über 160 km entlang der Küste nach Süden. Sie bilden nicht nur eine natürliche Barriere für das Festland, sondern bieten Erholungssuchenden wunderschöne Sanddünen, salzige Brandung, Wanderwege und Wassersportmöglichkeiten. Fire Island National Seashore verwaltet einen 51 km langen Abschnitt dieser Küste.*

Die Wiege der Freiheit:

104-105 *Das Piedmont von North Carolina ist grün und hügelig. Nicht weit davon entfernt, im Westen, erheben sich die Great Smoky Mountains. Seit der Besiedelung des Piedmonts durch irisch/schottische Einwanderer im 18. Jahrhundert ist diese Region von der Landwirtschaft geprägt. In der Hauptsache werden hier Mais und Tabak angebaut.*

Die mittleren Atlantikstaaten

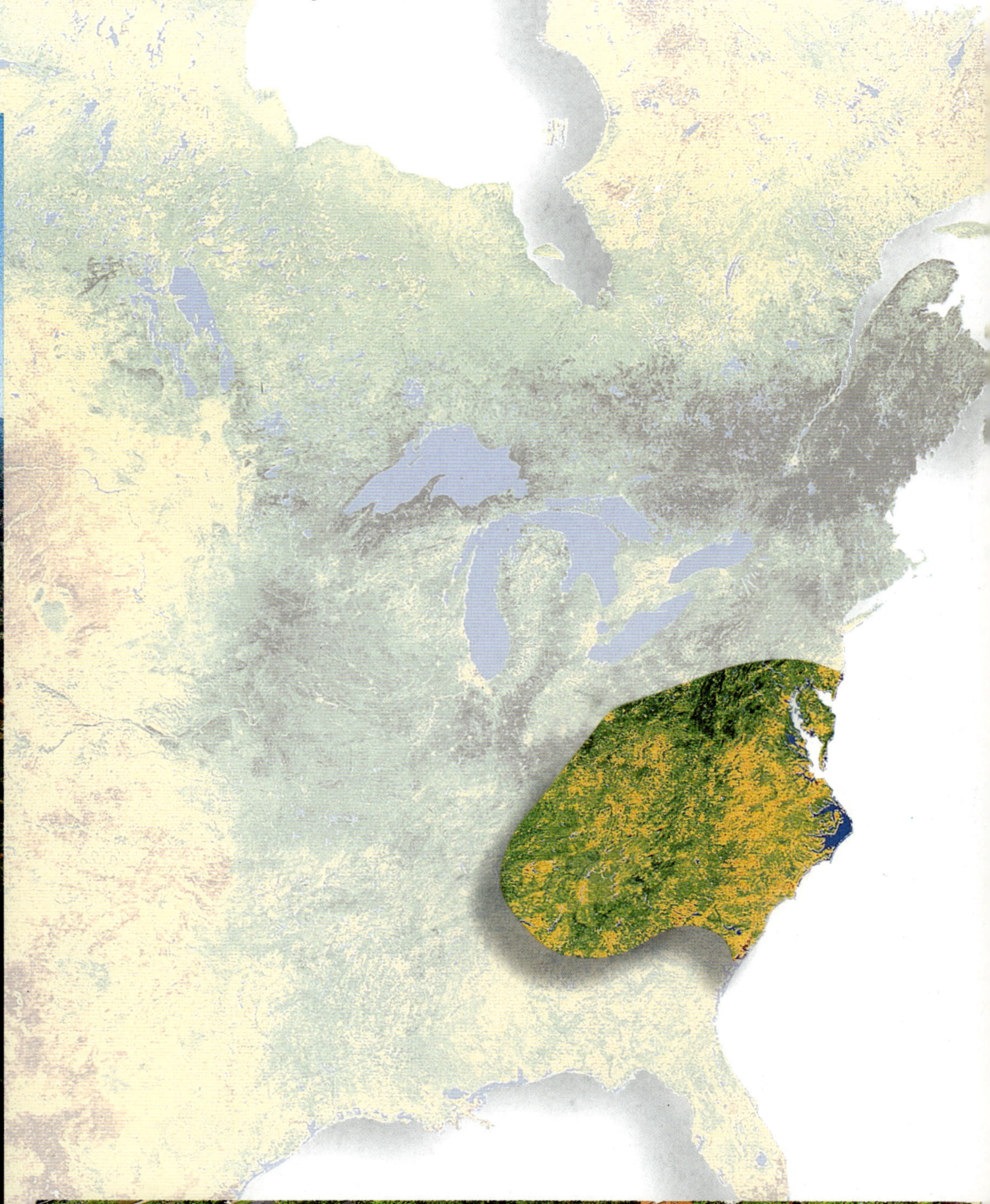

104 unten *Dieses Foto von Washington D.C., aufgenommen an einem goldenen Herbsttag, zeigt einige der wichtigsten Gebäude der Nation. Im Vordergrund steht das Weiße Haus, das seit 1800 das Heim der amerikanischen Präsidenten ist. Links davon befindet sich das U.S. Treasury Department, rechts das Executive Office Building. Aus der Ferne grüßen das 169 Meter hohe Washington Monument und das Jefferson Memorial.*

105 *Ein ständig wachsendes Vorstadtgebiet, das sich bis in die Staaten Maryland, Virginia, West Virginia und Pennsylvania erstreckt, umgibt Washington D.C. Malerische historische Häuser vermischen sich mit neueren Gebäuden im modischen Landhausstil. Das Pendeln zwischen Vorstädten und der City von Wahington D.C. kann zur Qual werden, besonders, wenn man mit dem Auto über die häufig verstopften Highways fahren muss.*

106 oben *Blick auf den East Potomac Park am Potomac River südlich von Washington D.C. Links auf dem Foto befindet sich Hains Point. Der Park bietet viele Erholungsmöglichkeiten und ist Teil des großen Washingtoner Grünflächensystems. Im Hintergrund links, auf der anderen Seite des Flusses, liegt die Stadt Arlington, Virginia. Washington D.C. ist leicht an dem alles überragenden Washington Memorial zu erkennen.*

106 Mitte *Das John F. Kennedy Center für Darstellende Kunst liegt direkt am Ufer des Potomac River nahe der Arlington Memorial Bridge. In diesem Zentrum findet man ein Opernhaus, eine Konzerthalle, eine Fachbibliothek, Restaurants, das Amerikanische Filminstitut-Theater und das Eisenhower-Theater.*

106 unten *Mit dem Jefferson Memorial, in einer wunderschönen parkähnlichen Landschaft gelegen, ehrt die Stadt Washington D.C. den dritten Präsidenten der Nation und den Urheber der Unabhängigkeitserklärung. Das Denkmal, ein Entwurf von John Russell Pope, wurde 1943 fertig gestellt. Im Inneren geben eine große Statue und Jeffersons Worte einen Eindruck von seiner Person und seiner politischen Philosophie. Auf diesem Foto erkennt man in der Ferne außerdem den Ronald Reagan National Airport und die Stadt Arlington, Virginia.*

Die endlose Hügellandschaft der alten Berge in Pennsylvania wird im Herbst von dem schwellenden Rauch der Stahlwerke akzentuiert, während Jäger auf leisen Sohlen mit dem Gewehr im Anschlag durch die Wälder streifen. Dies ist eine historische Region: Hier hallen die Stimmen der revolutionären Patrioten und die Todesschreie des Bürgerkriegs wider. Der Rauch eines wärmenden Feuers steigt sowohl aus der Blockhütte einer Bergfamilie auf als auch aus einer kleinen Fischerhütte am Atlantik. In einer warmen Julinacht erleuchtet ein Feuerwerk die Wahrzeichen der amerikanischen Freiheit in der Hauptstadt der Nation: den Obelisk, der George Washington gewidmet ist, die Imitation eines griechischen Tempels, der die Lincoln-Statue beherbergt, und das Weiße Haus. Eis überzieht Teile eines Wasserfalls in den Great Smokys, während der Frühling versucht, die danebenstehenden

Bäume zum Blühen zu bringen. Der Ozean wirft seine Wellen auf den Strand, während Delphine in der Brandung vor der Küste spielen. In der einzigartigen mittleren Atlantikregion vermischen sich Geschichte, Natur und Kommerz.

Im Herzen von Philadelphia zum Beispiel, der größten Stadt dieser Region, hat man die wichtigsten Kolonialgebäude erhalten und für die Touristen restauriert. Diese wertvollen Bauwerke stehen unter der Verwaltung des National Park Service und im Independence National Historical Park. Unter anderem findet man dort auch die Independence Hall, die zwischen 1732 und 1756 erbaut wurde und Unterzeichnungsort der Unabhängigkeitserklärung (1776) sowie der Verfassung der Vereinigten Staaten (1787) war. Die Nebengebäude der Hall dienten zwischen 1790 und 1800

106-107 *Auf diesem Foto von Washington D.C. dominiert das US-Kapitol. Ein Teil des massiven Bauwerks wurde zum ersten Mal im Jahr 1800 genutzt. In den darauf folgenden Jahren wurde es immer wieder vergrößert, bis es schließlich 1864 die große Kuppel erhielt. Das weiße Gebäude im Stil eines griechischen Tempels ist der U.S. Supreme Court (Oberstes Bundesgericht). An der grasbewachsenen Fläche hinter dem Kapitol sind mehrere Museen der Smithsonian Institution erkennbar, darunter auch das National Air and Space Museum.*

107 unten *Die Watergate-Apartmenthäuser in Washington D.C. scheinen Skandale geradezu magnetisch anzuziehen. 1972 drangen Einbrecher, die von der Nixon-Regierung angeheuert worden waren, in das Hauptquartier des Nationalen Demokratischen Komitees ein, das sich in diesem Gebäude befand. Ihre Verhaftung führte zu einem politischen Skandal, in den schließlich sogar Nixon selbst verwickelt wurde. Im August 1974 musste er deshalb als Präsident zurücktreten. Die damalige Affäre trägt noch heute den Namen „Watergate“.*

108 oben *Georgetown im District of Columbia wurde 1751 von schottischen Tabakhändlern gegründet. Damals dachte noch niemand daran, dass George Washington 1790 fast unmittelbar daneben die neue Landeshauptstadt gründen würde. Heute ist Georgetown mit der Stadt Washington verschmolzen, hat sich jedoch viel von seinem historischen Charme bewahrt, wie man auf diesem Foto an der hübschen dreistöckigen Häuserzeile erkennen kann. Links davon überquert die Key Bridge den Potomac.*

108-109 *Das größte Bürogebäude der Welt, das Pentagon in Arlington, Virginia, bedeckt eine Fläche von 117 334 km² und beschäftigt 23 000 Arbeitnehmer. Der Sitz des US-Verteidigungsministeriums erhielt seinen Namen von seiner fünfeckigen Form, ein Entwurf von George Edwin Bergstrom.*

109 links *Das Robert-F.-Kennedy-Memorial-Stadion in Washington war früher die Heimat des Washington Senators Baseballteam und des Washington Redskins Footballteam. Die Senators gibt es heute nicht mehr und die Redskins sind in ein größeres Stadion umgezogen. Heute finden hier nur noch Fußballspiele und Konzerte statt.*

109 oben rechts *Der Arlington National Cemeter ist wahrscheinlich der bekannteste Friedhof in den USA. Es gibt dort über 253 000 Gräber, die meisten von Militärdienstleistenden und deren Angehörigen. Aber auch John F. Kennedy und sein Bruder Robert sind hier begraben. Der Friedhof wurde 1864 auf dem ehemaligen Besitz des Konföderiertengenerals Robert E. Lee eingerichtet. Hinter dem weißen Kolonnadenbau in der Mitte liegt das Grab des Unbekannten Soldaten. Das sandfarbene Gebäude oben rechts über dem Kolonnadenbau, direkt unterhalb des Horizonts, ist das Pentagon.*

als offizielle Versammlungsräume der US-Regierung. Die berühmte Glocke, die später als Liberty Bell bekannt wurde, ist ebenfalls in diesem Park zu besichtigen. Die Gründerväter der Vereinigten Staaten, Thomas Jefferson, Benjamin Franklin, John Adams, Alexander Hamilton, George Mason und einige andere scheinen in diesem Teil der Stadt noch immer anwesend zu sein. Die Erinnerung an sie wird aufrechterhalten durch ständig wechselnde Ausstellungen und nicht zuletzt auch durch die historisch bewanderten Park Rangers, die jedem geduldig Rede und Antwort stehen.
Im Westen von Philadelphia stößt der Besucher auf Valley Forge, wo George Washingtons Armee den Winter 1777/78 verbrachte. Nicht ganz 150 km weiter westlich liegt eines der großen Schlachtfelder des Bürgerkriegs: Gettysburg. Hier waren innerhalb von drei Tagen

über 51 000 Männer im Kampf getötet, verwundet oder gefangen genommen worden. Drei Monate später erklärte Präsident Abraham Lincoln diesen Ort in einer seiner berühmtesten Reden zum Nationalfriedhof. Er sprach darin von einer Nation, die sich dem Anliegen widmete, dass alle Menschen gleich seien und dass die Kämpfe zwischen dieser entzweiten Nation ein Test seien, ob die amerikanischen Freiheitsgedanken und die Demokratie lange überdauern könnten.
Ein weiterer geschichtsträchtiger Ort, weiter südlich gelegen, ist die Hauptstadt der USA, Washington D.C. Das US-Kapitol, das Weiße Haus, das Lincoln Memorial, das Washington Monument, das Jefferson Memorial und das Vietnam Veterans Memorial im Zentrum sind überlebensgroße Symbole für die Ideale, für die die Vereinigten Staaten eintreten, aber auch für die Schicksalsschläge und Leiden der Vergangenheit. Die Museen, die sich zwischen den Regierungsgebäuden befinden, gehören fast alle zur Smithsonian Institution. Sie interpretieren die reichhaltige Geschichte, Kultur, Kunst und Politik der Nation.
Aber zur mittleren Atlantikregion gehört noch viel mehr als Städte, Architektur und Monumente. Die Strände von Maryland, Virginia und North-Carolina sind spektakulär. Sie wer-

109 Mitte rechts *Die National Cathedral im englisch-gotischen Stil ist eine anglikanische Kirche, die auf dem höchsten Punkt des Districts of Columbia errichtet wurde. Obwohl man bereits 1907 mit dem Bau begonnen hatte, ist die Kathedrale bis heute noch nicht fertig gestellt, da sie in der Bauweise der klassischen Kathedralen, nämlich Stein auf Stein und ohne Stahlgerüst, errichtet wird. Mit einer Länge von 156 Metern ist die National Cathedral der sechstgrößte Dom der Welt und der zweitgrößte der Nation. Neben religiösen Bildern enthält sie auch Kunstwerke, die an bedeutende Persönlichkeiten und Ereignisse in der Geschichte der USA erinnern.*

109 unten rechts *In den Vorstädten von Washington D.C. stößt man immer wieder auf so wunderschöne Häuser wie diese hier inmitten einer geschichtsträchtigen Umgebung. Gemeinden wie Manassas, Fairfax, Leesburg, Monocacy, Frederick und Harpers Ferry litten im Bürgerkrieg immer wieder unter Kämpfen und Besetzungen. Die vielen Parks und Flussläufe erfreuen Erholungssuchende mit einer abwechslungsreichen Flora und Fauna.*

110 oben *Der 462 Kilometer lange Potomac River windet sich durch einige der geschichtsträchtigsten Gegenden der USA. An seinen Ufern stößt man immer wieder auf wunderschöne alte Farmhäuser, die dem Fortschritt der Zeit zu trotzen scheinen.*

110 Mitte *Die Monumente des Gettysburg National Battlefield erinnern an eine der blutigsten Schlachten des Bürgerkriegs. „Little Round Top", der flache Hügel am Horizont, war für die Union die Grenze zum Schlachtfeld.*

110 unten *Die Stadt Charlotte, North Carolina, ist das größte Stadtgebiet der Piedmontregion, 32 km nördlich an der Grenze zu South Carolina gelegen. Die Stadt wurde 1768 gegründet und trägt den Namen der englischen Königin Charlotte, der Frau von König George III. Im Jahr 1775 unterzeichnete eine Gruppe lokaler Patrioten die Mecklenburg Declaration, in der sie gegen die britische Herrschaft protestierten.*

110-111 *George Washingtons Anwesen in Mount Vernon, südlich von Washington D.C. am Potomac in Virgina gelegen, umfasst u. a. auch eine Plantage aus dem 18. Jahrhundert. Heute kann man hier nicht nur diese besichtigen, sondern auch das Haupthaus (nach einem Entwurf von G. Washington), die Nebengebäude und Scheunen, die ehemaligen Gärten, eine Orangerie, die Sklavenquartiere sowie die Gräber von Washington und seiner Frau Martha.*

den dominiert von den Outer Banks, einem Inselgürtel, der sich hufeisenförmig in den Atlantik schiebt. Seit tausenden von Jahren widerstehen diese Inseln nun dem fortwährenden Ansturm von Wind und Meer. Einige ihrer Strände sind völlig menschenleer. Man kann dort spazieren gehen und in Ruhe die Gezeiten und Strandvögel beobachten. Andere wiederum können dem Massenandrang Erholungssuchender – speziell in den Sommermonaten – kaum standhalten. Im Frühjahr und im Herbst fallen große Zugvogelschwärme in diesem Gebiet ein. Die Salzmarschen hinter den Inseln der Outer Banks bieten reichhaltige Nahrung für diese Seevögel, dienen aber auch anderen Tieren das ganze Jahr über als Futterplatz. Die Gezeiten kommen und gehen zweimal am Tag und füllen die „Futternäpfe" der Marschen wieder auf.

Die Gewässer dort sind jedoch relativ

111 oben *George Washington hatte den Besitz am Mount Vernon 1754 geerbt, als er selbst erst 23 Jahre alt war. Er vergrößerte das Haus und ließ den damals 8,5 km² großen Besitz landwirtschaftlich nutzen. Tabak und andere Feldfrüchte wurden über den Potomac River abtransportiert. Washington liebte sein Heim am Mount Vernon sehr, konnte sich dort jedoch während der acht Jahre dauernden Revolution und später während seiner Präsidentschaft nur sehr selten aufhalten. 1799 starb Washington in Mount Vernon. Sein Besitz wurde 1858 von der Mount Vernon Ladies' Association in einem der ersten Restaurationsprojekte der USA renoviert.*

111 unten *Little Round Top in Gettysburg ragt über dem „Tal des Todes" auf, über jenem Ort, an dem viele tapfere Soldaten am 2. Juli 1863 ihr Leben lassen mussten. Die Streitkräfte der Konföderierten hatten damals vergeblich versucht, den Hügel einzunehmen. Die Union hielt dem Angriff jedoch stand, was den Konföderiertengeneral Robert E. Lee am 3. Juli zu einem weiteren vergeblichen Frontalangriff eine Meile weiter nördlich veranlasste. Die Niederlage der Konföderierten bei Gettysburg gilt allgemein als der Anfang vom Ende der Südstaaten. Trotzdem dauerte der Krieg danach noch beinahe zwei Jahre.*

112 oben *Die U.S.S. Olympia liegt in Philadelphia in Penn's Landing am Delaware River vor Anker und erinnert noch heute an den spanisch-amerikanischen Krieg. Neben der Olympia liegt die U.S.S. Becuna, ein Unterseeboot, das schon im Zweiten Weltkrieg, aber auch in Korea und in Vietnam eingesetzt worden war.*

112-113 *Die riesige Statue des Quäkers William Penn, dem Gründer von Philadelphia, blickt von der Kuppel des Ratbausturms (mit einem Gerüst verkleidet) auf die Stadt herab. Im Hintergrund erkennt man die Walt Whitman Bridge, die sich über den Delaware River spannt.*

tückisch. Heftige Winterstürme und tropische Hurrikans haben allein an den Outer Banks schon mehr als 600 Schiffe zum Kentern gebracht. Doch die Stürme in dieser Region waren nicht nicht das einzige, was den Schiffen zusetzte, auch die Kriege forderten ihren Tribut. Während des Zweiten Weltkriegs sanken dort so viele deutsche U-Boote, dass man dem Gewässer vor den Outer Banks den Namen „Torpedo Junction" gab. Um die Küstenlinie für den Schiffsverkehr sicherer zu machen, errichtete man eine Reihe von Leuchttürmen, darunter 1870 auch den auf Cape Hatteras, der mit seinen 63 Metern der höchste in den USA ist. Zusätzlich schlossen sich Ende des 19. und Anfang des 20. Jahrhunderts zahlreiche Anwohner dem U.S. Life Saving Service an und bildeten eine Sondereinheit, die bei der Rettung von Schiffbrüchigen eingesetzt werden konnte.
Am westlichen Rand der mittleren Atlantikstaaten liegen die Appalachen, „Überbleibsel" eines alten Bergmassivs, das vor 300 Millionen Jahren aufgeworfen wurde, als Afrika mit Nordamerika zusammenstieß. Die meisten Felsen dieses Gebirges sind uralte Granit- und umgewandelte Vulkanformationen, manche davon über eine Milliarde Jahre alt. Die Blue Ridge Mountains bilden den östlichen Rand

113 oben *Im Herzen der Altstadt von Philadelphia stehen Alt und Neu in reizvollem Kontrast. Das Gebäude im griechischen Stil vorne ist die Second Bank of the U.S., in der sich heute eine Kunstgalerie befindet. Die steinernen Gebäude dahinter gehören der American Philosophical Society, die dort kulturelle und wissenschaftliche Schätze angesammelt hat. Dahinter liegt die Independence Hall mit dem weißen Glockenturm, in der die Unabhängigkeitserklärung und die Verfassung verkündet wurden.*

113 unten *Das Philadelphia Museum of Art beherrscht hier den Blick auf die Stadt. Die Straße, die vom Museum zum Rathaus führt, ist der Ben Franklin Parkway, der nach dem berühmtesten Bürger von Philadelphia benannt wurde.*

der Appalachen zwischen Pennsylvania und Georgia. Dieses Gebirge verläuft von Virginia aus nach Süden bis hin zu den Great Smoky Mountains in North Carolina. In dieser Region lebten mindestens 9000 Jahre lang Indianer, ehe der erste Engländer aus Virginia im Jahr 1716 die Blue Ridge durchquerte. Im 19. Jahrhundert wurde das Gebiet besiedelt und fast völlig abgeholzt. Erst mit der Einrichtung des Shenandoah National Park 1926 begann man,

die ursprüngliche Schönheit der Landschaft wiederherzustellen. Mit seinem Artenreichtum – unter anderem leben dort Luchse, Bären, wilde Truthähne, Waschbären, Skunks, Opossums und über 200 Vogelarten – verschafft der Park seinen Besuchern einen Eindruck davon, wie der Osten Nordamerikas ausgesehen hat, bevor der Mensch dort seine rücksichtslose Hand walten ließ.
Im Gegensatz zu den dominanten Koniferen in den westlichen Wäldern, werden die Wälder des Ostens von Hartholzbäumen beherrscht, zum Beispiel von der majestätischen Pappel, die bis zu 45 Meter hoch werden kann. Der viele Regen (zwischen 100 und 200 cm pro Jahr) tut sein Übriges, um aus diesem Gebirge einen Ort zu machen, der an Tier- und Pflanzenreichtum auf der Welt seinesgleichen sucht. So gibt es im Great Smoky Mountains National Park 130 Baumarten, 1200 verschiedene Blütenpflanzen, 2000 Pilzarten und 300 Moossorten.
Der Frühling beginnt in den Bergtälern im März, wenn der rote Ahorn blüht. Ungefähr 100 Meter am Tag steigt das Grünen an, so dass Ende Mai auch die Bäume auf den Gipfeln in vollem Blätterkleid dastehen. Der Sommer schwelgt in allen Grünschattierungen von den höchsten Höhen bis hinab in die tiefsten Senken, in denen sich das Echo der mächtigen Wasserfälle fängt. Man kann nistende Vögel und kleine Rehkitze beobachten und blühende Rhododendren bewundern. Im September und Oktober bringt der hereinbre-

114 oben *Pittsburgh, die zweitgrößte Stadt von Pennsylvania, liegt zwischen den Flüssen Allegheny und Monongahela (im Vordergrund), die sich zum Ohio vereinigen. Die erste Niederlassung europäischer Siedler an diesem Ort war Fort Duquesne (1754), das auf der anderen Seite des Flusses gelegen war, genau da, wo sich jetzt die Grünfläche in der Mitte links befindet.*

114 *Die City von Baltimore, Maryland, wurde in den letzten Jahren im Gebiet um das Hafenbecken (in der Mitte) wieder belebt. Am Ufer findet man viele Läden und Restaurants, während sich der fünfeckige Turm des World Trade Centers genau in der Mitte erhebt. Zum kleinen Seefahrtsmuseum gehören auch einige echte Schiffe an den Docks. Rechts vom Trade Center befindet sich das National Aquarium.*

114-115 *Norfolk, Virginia, das 1682 gegründet wurde, ist eine Hafenstadt und der Sitz der größten Marinebasis der Welt. Zugleich ist es nach Richmond die zweitgrößte Stadt von Virginia. Wenn man über Portsmouth (im Vordergrund) und den Elizabeth River nach Norfolk hineinschaut, erkennt man bei dem weißen Gebäude in der Mitte links den Festival Marketplace.*

115 unten *Chattanooga ist eine malerische Stadt in den grünen Hügeln von Tennessee. In ihrer unmittelbaren Umgebung fanden jedoch während des Bürgerkriegs zwei blutige Schlachten statt, in denen der Weg nach Atlanta freigekämpft wurde. Entlang des Tennessee River, der sich um den Norden und den Westen der Stadt herumschlängelt, finden viele Festivals und andere öffentliche Veranstaltungen statt.*

chende Herbst klare, kühle Luft mit sich und natürlich die spektakuläre Verfärbung der Blätter in Gold, Orange und Feuerrot, die etwa Mitte Oktober ihren Höhepunkt erreicht. Der Winter verleiht dem Wald eine strenge Schönheit, wenn die braunen und grauen Stämme der Bäume sich vom blendenden Weiß des Schnees abheben. Shenandoah, der Blue Ridge und der Great Smoky Mountains Park können zwar auch auf extra angelegten Straßen mit dem Auto befahren werden, ihre wahre Schönheit enthüllt sich jedoch nur dem, der sich zu Fuß auf den insgesamt über 1600 km langen Wanderwegen ins Hinterland wagt.
Die Parks bewahren auch die Geschichte dieser Region. Die ersten Menschen, die hier lebten, waren die Cherokee-Indianer. Sie nannten die Berge „Shaconge", den Ort des blauen Rauches, wegen der durchsichtigen Nebelschwaden, die sich hier über die Gipfel erheben. In den 30er Jahren des 19. Jahrhunderts wurden die Indianer jedoch von der US-Regierung brutal vertrieben. Nur einem kleinen Teil von ihnen gelang es, sich in den Bergen zu verstecken. Danach siedelten hier stolze Euroamerikaner. Blockhäuser, Kirchen, Scheunen und Mühlen erzählen von einem Leben voll harter Arbeit und Hingabe, von Leuten, die sich von diesem Land und seinen Gaben ernährten. Die Nachkommen jener Menschen – vom deutschen Farmer bis zum schottisch-irischen Highlander, vom Tabakplantagenbesitzer bis zum Nachfahren ehemaliger Sklaven, von denen, die den Boden pflügten, bis zum Minenarbeiter – alle haben die Liebe zu ihrem Heimatland und seiner einzigartigen Schönheit und Geschichte gemeinsam.

116 *Fahrzeugspuren im Sand eines friedvollen Strandes in North Carolina bei Sonnenuntergang, an dem sich die Wellen des Atlantiks brechen. Entlang der 112 km langen Strände an Cape Hatteras National Seashore hat man immer wieder solche spektakulären Ausblicke. Bereits um 1580 wurde das Gebiet zum ersten Mal von Engländern besiedelt und die Gebrüder Wright entdeckten zwischen 1900 und 1903 in den nahe gelegenen Dünen das Geheimnis des Fliegens. Jedes Jahr erholen sich hier Tausende von Besuchern mit Schwimmen, Angeln oder ausgedehnten Spaziergängen.*

117 oben *Die Entwicklung an der Atlantikküste hat sich stark beschleunigt, seitdem das Gebiet als Erholungs- und Wohnregion in Mode gekommen ist. In der wachsenden Bevölkerung erwacht hoffentlich auch die Erkenntnis, dass die Natur bewahrt und mit ihren Ressourcen vorsichtig umgegangen werden muss.*

117 Mitte rechts *Die Great Smoky Mountains sitzen sozusagen an der Spitze der Appalachen und das dazwischen eingerichtete Naturreservat ist nicht nur ein Refugium für die Tierwelt, sondern beherbergt auch die schönsten Laubbaumwälder der USA. Der Name „Smoky" (rauchig) kommt von dem rauchähnlichen Dunst, der – wie hier – oft die Berge verhüllt. So wie diese Wälder müssen auch jene ausgesehen haben, in denen die Indianer und die ersten europäischen Siedler lebten.*

117 Mitte links *Dieser See im Piedmont von North Carolina ist genau der richtige Ort für ein erholsames Wochenende mit Schwimmen, Picknicks und Angeln. Viele Flüsse im Süden verbreitern sich durch die Errichtung von Dämmen zu Seen.*

117 unten *Die landwirtschaftlichen Flächen in North Carolina werden traditionell zum Anbau von Tabak und Mais genutzt.*

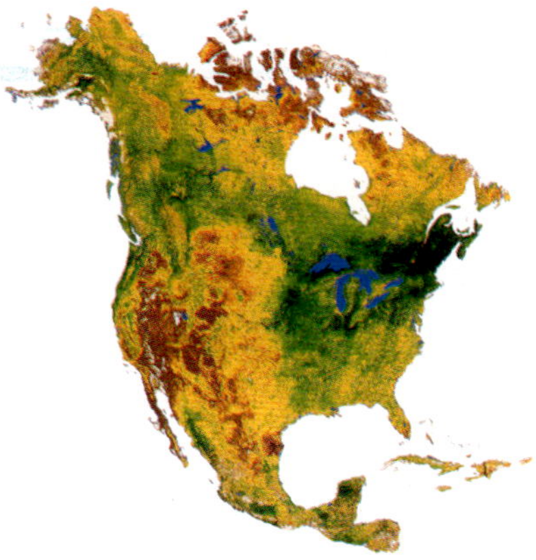

Alt und Neu in einem Land vereint:

118-119 *Canaveral National Seashore bei Titusville, Florida, zwischen Daytona Beach im Norden und dem John F. Kennedy Space Center im Süden, bietet 38 km Atlantikküste mit Sandstränden, Waldgebieten und Salzmarschen. Dort leben u. a. Weißkopfseeadler, Alligatoren, Meeresschildkröten und Wasservögel. Die den Gezeiten ausgesetzten Salzwasserseen oben und rechts auf dem Foto werden Mosquito Lagoon genannt.*

Der Sunbelt

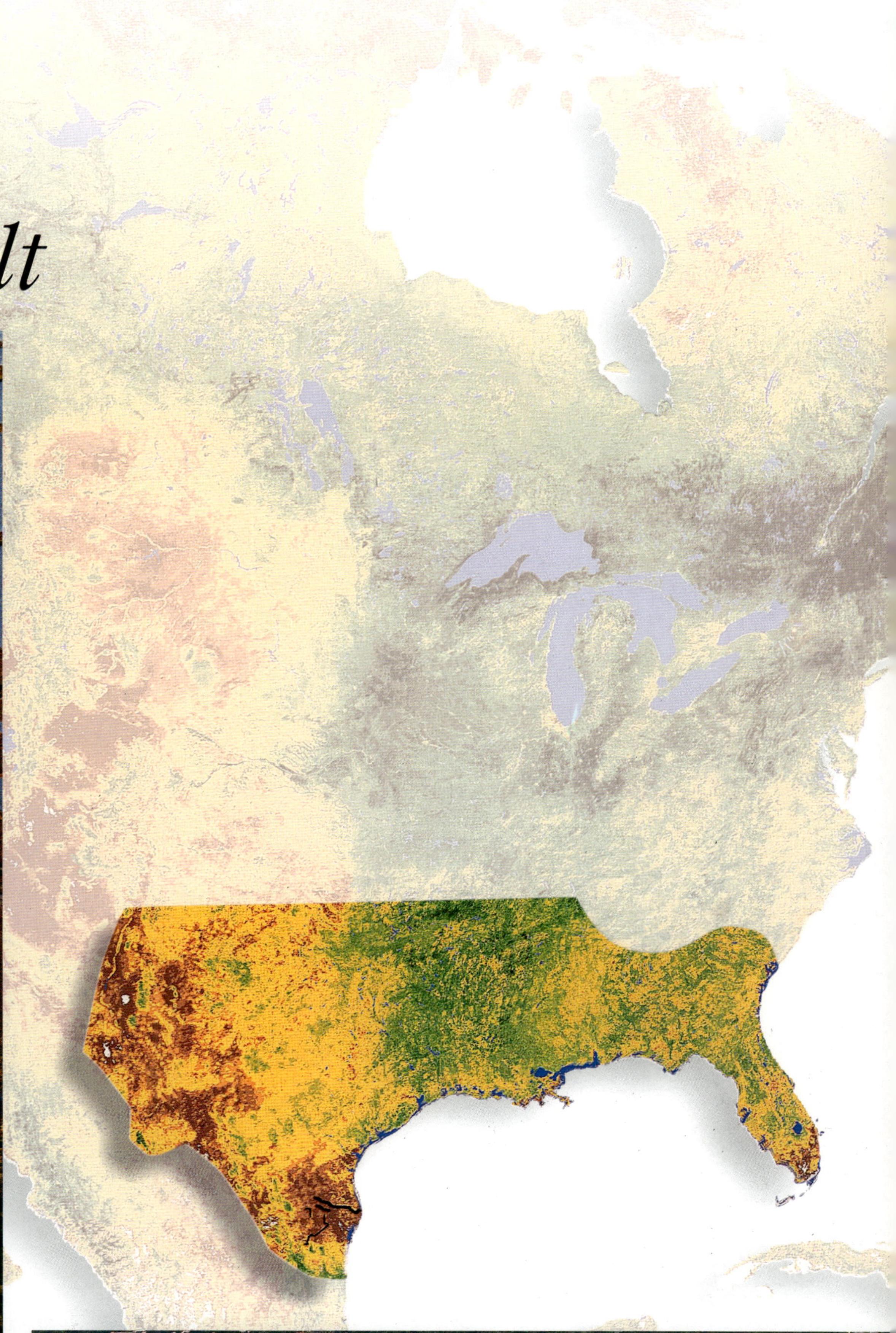

118 unten *In den 20er Jahren erhielt der Bildhauer Gutzon Borglum den Auftrag, in Stone Mountain, Georgia, ein 27 m hohes und 57 m breites Denkmal zu Ehren der konföderierten Soldaten zu erschaffen. Kurz nach Beginn der Arbeiten fiel Borglum bei seinen Sponsoren in Ungnade, sodass sein Werk erst in den 60er Jahren vollendet werden konnte. Das Memorial zeigt den Konföderiertenpräsidenten Jefferson Davis sowie die Generäle Robert E. Lee und Stonewall Jackson.*

119 *Orlando, Florida, ist eine schnell wachsende Stadt mit ca. 200 000 Einwohnern. Momentan versucht man dort, die Palette der Handelsunternehmen etwas breiter zu fächern, denn mit Disney World, Sea World und den Universal Studios dreht sich in Orlando fast alles nur um die Unterhaltungsbranche. In Orlando gibt es aber auch schöne Parkanlagen, Seen, eine grüne Landschaft und ein angenehmes Klima.*

120 oben links *Die vielen Wasserreservoirs in Georgia bieten nicht nur Erholungsmöglichkeiten, sondern liefern auch Energie. Zu den größeren Staudämmen zählen Clark Hill und Hartwell am Savannah River, der Allatoona-Damm am Etowah River sowie der Buford- und der Walter-F.-George-Damm am Chattahoochie River.*

Mickeymaus kommt hinter einem Zaun hervor, um die Besucher in ihrem magischen Königreich willkommen zu heißen. Schöne Frauen winken in einer schwülen Sommernacht lachend vom Balkon eines typischen New-Orleans-Hauses. Stockcars drängeln sich auf einer schlüpfrigen Daytona-Rennbahn aneinander vorbei, während nicht weit davon entfernt an einem Space Shuttle der letzte Check vor dem Start durchgeführt wird. Eine Frau bietet vor einer Kirche in Charleston ihre schön geflochtenen Körbe zum Kauf an, ein junges Paar trinkt Piña Colada in einem von Ernest Hemingways Stammlokalen in Key West. Die schimmernden Mauern eines Großunternehmens in der City von Atlanta bilden einen auffälligen Kontrast zu den stattlichen Säulen eines der restaurierten Plantagenhäuser vor den Toren der Stadt. Vogelschreie hallen durch einen Wald, dessen Bäume von Moos überwuchert sind, während Alligatoren am Ufer neben den Zypressen dösen. Schaufelraddampfer, heute meist mit Dieselmotoren und zu Casinos umgebaut, befahren noch immer den schlammigen Mississippi. Dies ist das Land von Scarlett O'Hara und Rhett Butler, von William Faulkner und Tennessee Williams. Früher einmal war es das Land der Cherokee, der Creek und der anderen, so genannten „fünf zivilisierten Indianerstämme", die in den 30er Jahren des 19. Jahrhunderts mit Gewalt von hier vertrieben wurden.

Der alte Süden, den man heute meistens den „Sunbelt" nennt, ist eine Mischung aus Tradition und Fortschritt, aus unglaublich schönen Naturgebieten und hochmodernen Städten. Überall im Süden stößt man auf Erinnerungen an den Bürgerkrieg. Um Land und Leute hier zu verstehen, muss man auch den Krieg verstehen, die Gründe für seinen Ausbruch und die verbliebenen Animositäten, die er hervorgerufen hat.

120 unten rechts *Charleston in South Carolina ist eine traditionsreiche Stadt. Typisch für die alten Häuser sind die steilen Schindeldächer und die großen, luftigen Veranden. Die Hafenstadt wurde 1670 gegründet und verfügt über eine bedeutende Marinebasis.*

120-121 *Mit seinen zahlreichen Flüssen und Stauseen hat Georgia viele Freizeitmöglichkeiten zu bieten. Der nördliche Teil des Staates, der gut 300 Meter über dem Meeresspiegel liegt, ist mit einem wesentlich milderen Klima gesegnet als das südliche Tiefland und daher für alle Arten von Wassersport bestens geeignet.*

121 oben *Die Schifffahrt auf den Flüssen von Georgia wurde durch die Einrichtung von Schleusen neben den Dämmen stark erleichtert. Die Flüsse und Stauseen sind für die Bewohner vieler Staaten willkommene Ausflugsziele.*

121 unten *Die Flüsse im Tiefland von Georgia fließen langsam durch flache Felder und Sümpfe in Richtung Meer. Der Okefenokee-Sumpf, einer der größten der Vereinigten Staaten, ist in der südöstlichen Ecke von Georgia am St. Mary's River zu finden.*

__122 oben und Mitte links__ Birmingham, Alabama, wurde 1871 in einem landwirtschaftlich genutzten Gebiet gegründet. Im Zweiten Weltkrieg galt es als Zentrum der Kriegsindustrie. In den 60er Jahren gab es in dieser Stadt auffallend viele Unruhen durch Bürgerrechtler, was schließlich in der Einrichtung des Birmingham Civil Rights Institute gipfelte.

__122 Mitte rechts__ Fort Pulaski, östlich von Savannah, Georgia, gelegen, bewachte einst den Zugang zum Savannah River. Es entstand zwischen 1829 und 1847 auf Cockspur Island und war von einem schützenden Wassergraben umgeben. Zum Bau seiner dicken Mauern wurden 25 Millionen Steine benötigt. Um 1845 gab es 69 solcher Festungen an der Atlantikküste. Nachdem Fort Pulaski im Bürgerkrieg von den Konföderierten konfisziert worden war, litt es 1862 stark unter dem Beschuss durch Unionstruppen. Heute ist das Fort ein nationales Denkmal.

Den Ursprung des Bürgerkriegs bildeten regionale Unterschiede zwischen den Nord- und den Südstaaten. Das kühlere Klima im Norden begünstigte die Entstehung kleiner landwirtschaftlicher Betriebe; im hügeligen Terrain gab es genügend langsam dahinströmende Flüsse, an denen sich Mühlen und Fabriken ansiedeln konnten. Im heißen und feuchten Klima des Südens dagegen entstanden große Plantagen, auf denen Tabak, Reis, Zuckerrohr und Baumwolle angebaut wurden. Aber nur wenige Siedler zog es nach Süden, die meisten bevorzugten das gemäßigte Klima im Norden. Daher hielt man im Süden den Einsatz von Sklaven für die Arbeit auf den Plantagen für unumgänglich, während im Norden die als unprofitabel angesehene Sklaverei nach und nach abgeschafft wurde. 1820 waren zwei gänzlich verschiedene Regionen in den USA entstanden. Der Süden fühlte sich von der größeren Bevölkerungszahl des Nordens und dessen wachsender wirtschaftlicher Macht bedroht. Im Norden fragte man sich dagegen,

wie eine Nation, zu deren Grundsätzen der Gedanke gehörte, dass alle Menschen gleich seien, innerhalb ihrer Grenzen weiterhin Sklaverei betreiben könne. Die militanten Gruppen, die sich im Norden formierten und vehement die Abschaffung der Sklaverei forderten, verschärften die Situation zusätzlich. Keine der beiden Seiten war bereit, auch nur einen Schritt aufeinander zuzugehen, sodass es in den 50er Jahren des 19. Jahrhunderts zu erheblichen Spannungen kam.
Als 1860 Abraham Lincoln, der die Sklaverei verdammte, zum Präsidenten gewählt wurde, hatten die Südstaaten endgültig genug. Sie spalteten sich von den Vereinigten Staaten ab

__122 unten__ Sidney Lanier Lake nordöstlich von Atlanta, Georgia, entstand durch den Bau des Buford-Damms am Chattahoochie River zwischen 1953 und 1956. Er überschwemmte eine 235 km² große Fläche Land und verfügt über eine 869 km lange Uferlinie. Der See liefert nicht nur Energie, er kontrolliert auch den Wasserspiegel des Chattahoochie. Außerdem ist er natürlich ein beliebtes Ausflugsziel. Seinen Namen erhielt er von Sidney Lanier, einem Dichter aus Georgia, der im 19. Jahrhundert sehr beliebt war.

122-123 *Der Savannah River mündet bei Tybee's Island, östlich von Savannah, Georgia, in den Atlantik. Die zahlreichen Naturschutzgebiete in dieser Gegend sind die Heimat von Wasservögeln und vieler anderer Tierarten.*

123 unten *Der Savannah River fließt von den Appalachen aus nach Nordosten und bildet die Grenze zwischen South Carolina und Georgia. Savannah und die Kolonie Georgia wurden beide 1733 von dem Engländer James Oglethorpe gegründet. Er legte auch das Straßennetz von Savannah fest, das eine Fläche von 5,7 km² bedeckt und zum Fluss hin ausgerichtet ist. Savannahs Wohlstand stammt vom Baumwollexport.*

und gründeten die Konföderierten Staaten von Amerika. Lincoln weigerte sich, die Sezession anzuerkennen. Er betrachtete diesen Schritt als eine Rebellion der Südstaaten und war wild entschlossen, die Union zu erhalten.
So kam es, dass sich die Bürger dieser Nation vier lange und blutige Jahre bekämpften. Die mächtigeren, industrialisierten Nordstaaten waren in der Lage, die Häfen im Süden zu blockieren und mit ihrer Marine eine ausländische Unterstützung der Südstaaten zu verhindern. Durch eine Reihe von Wasser- und Landfeldzügen gelang es ihnen, die Kontrolle über die wichtigste Handelsstraße des Südens zu

erlangen: den Mississippi. Riesige Armeen, den Südstaatlern sowohl an Soldaten als auch an Ausrüstung überlegen, marschierten durch den Süden und hinterließen überall ein Bild der Verwüstung. Die Südstaaten waren besiegt. Die Sklaverei wurde abgeschafft, aber der gegenseitige Hass aufeinander blieb noch viele Generationen lang erhalten.
Heute wecken die Plantagen die Erinnerung an eine idyllische Vergangenheit – die allerdings niemals existierte – und locken damit viele Touristen in den Süden. Große alte Städte schwelgen in ihrer Vergangenheit als Anführer der Rebellion. Charleston in South-Carolina beispielsweise präsentiert im Hafen stolz Fort Sumter, von wo aus 1861 die ersten Schüsse abgegeben worden waren. Der Bürgerkrieg drückte der ganzen Gegend seinen Stempel auf und es dauerte viele Jahre, ehe die Besiegten sich davon erholten. Früher glaubten die Nordstaatler, dass der Süden durch diesen Krieg auf ewig benachteiligt wäre. Die jüngste Geschichte zeigt jedoch, dass diese Annahme falsch war. In den 60er Jahren fühlten sich plötzlich viele Unternehmen von dem warmen Klima des Südens angelockt und brachen ihre Zelte im Norden ab. Neben längst ortsansässigen Firmen wie Coca-Cola schossen viele Unternehmen wie Pilze aus dem Boden, Klimaanlagen machten es möglich, das ganze Jahr über zu produzieren. Der Süden erlebte daraufhin eine wahre „Invasion" an Firmen, Touristen und Rentnern, die in der Geschichte Amerikas keine Parallelen hat. Und man muss zugeben, dass die Industrie-, Unternehmens- und Freizeitbranchen dem Süden der Vereinigten Staaten zu einem neuen Image verholfen haben.
Die Gegensätze zwischen Alt und Neu treten in Gegenden wie Mittel- und Südflorida am deutlichsten in der Architektur zutage, machen sich aber z. B. auch im wachsenden Umweltbewusstsein bemerkbar. Im Gegensatz zur

124 oben links *Das Atlanta-Fulton-County-Stadion wurde 1965 eröffnet und heißt heute Turner-Stadion, nach dem Besitzer des Atlanta Braves Baseballteam, Ted Turner.*

124 unten links *Das State Capitol in Atlanta, Georgia, wurde 1889 fertig gestellt und ist 83 m hoch. Bei der Innenausstattung wurden 6070 m^2 Marmor verarbeitet Die vergoldete Kuppel erstrahlt in 23-karätigem Gold. Ganz oben auf der Kuppel befindet sich eine 4,5 m hohe und 1000 kg schwere Statue, die den Namen „Miss Freedom" trägt.*

124 rechts *Die Wolkenkratzer und das moderne Straßenbild von Atlanta, Georgia, zeugen vom Reichtum und der Fortschrittlichkeit dieses großen Handelszentrums, das sich inmitten einer Ebene erhebt. Die geschäftige Stadt gilt als Paradebeispiel des modernen Südens.*

124-125 *Das Georgia Dome in Atlanta ist das größte überdachte Stadion der Welt und fasst bis zu 80 000 Zuschauer. 1996 fanden dort die Olympischen Sommerspiele statt. Außerdem ist es das Heimatstadion des Atlanta Falcons Footballteam.*

125 unten links *Stone Mountain in Georgia ist ein geologisch interessantes Gebiet, das zu den Vorstädten von Atlanta zählt. Dort befindet sich der größte freigelegte Granitfels der Welt: 252 m hoch und 300 Millionen Jahre alt. In eine Seite des Berges wurde ein 27 m hohes und 58 m breites Mahnmal zu Ehren der konföderierten Soldaten gemeißelt.*

125 unten rechts *Atlanta ist das wichtigste Handels-, Transport- und Finanzzentrum der südöstlichen Staaten. Die 1896 gegründete Stadt nahm 1992 mit ihren 3 142 875 Einwohnern den Platz als dreizehntgrößte Stadt der USA ein.*

126 Die Inselbarrieren südlich von Daytona Beach, Florida, sind für viele Erholungssuchende der ideale Urlaubsort. Der schiffbare Kanal, der die Inseln voneinander trennt, heißt Ponce Inlet und ermöglicht den Zugang zum Intercoastal Waterway, der sich auf einer Strecke von vielen hundert Kilometern jenseits der Inselbarrieren dahinzieht.

127 oben und Mitte links *Der Ponce Inlet südlich von Daytona Beach ermöglicht kleineren Schiffen wie z. B. Segelbooten den Zugang zum Atlantik. Die Sandstrände gelten das ganze Jahr über als Urlaubsparadies für Liebhaber von Sonne und Meer. In dem malerischen Fischerdorf von Ponce Inlet kann man Boote mieten oder in gemütlichen Fischrestaurants schlemmen.*

127 Mitte rechts *Katamarane an der Küste von Daytona Beach, Florida, einem der bekanntesten Strände der Welt. Nördlich von Daytona liegt der Ormond Beach, die einstige Heimat der Rockefellers und der Flaglers. Die ersten Automobilmagnaten ließen an diesem Strand ihre Fahrzeuge testen. Heute ist das Befahren von Ormond Beach mit dem Auto glücklicherweise nicht mehr erlaubt, was den Erholungswert dieses Strandes erheblich gesteigert hat. Jedes Jahr Mitte Februar findet jedoch in Daytona – neben zahlreichen anderen Rennsportveranstaltungen – das Daytona 500 Autorennen statt.*

Ostküste, die geologisch gesehen sehr alt ist, ist die Halbinsel Florida noch relativ jung. Seltsamerweise hängt das empfindliche Ökosystem der Everglades in dieser von Meerwasser umgebenen Region trotzdem von den Flüssen und vom Niederschlag ab. Dieses dringend benötigte Süßwasser wird ihnen nämlich in zunehmendem Maße von der wachsenden Bevölkerung entzogen oder durch Giftmüll verseucht. Einige der dort heimischen Tierarten, z. B. der Florida-Panther, stehen kurz vor dem Aussterben. Die Bedrohung der Everglades ist eine Gefahr für das Ökosystem der gesamten Region. So ist die Anzahl der Watvögelkolonien beispielsweise seit den 30er Jahren um 93 % zurückgegangen. Der National Park Service bietet Besuchern zwar die Möglichkeit, diese einzigartige Natur in ihrer intakten Form im Everglades National Park zu besichtigen, verbringt aber auch viel Zeit damit, den ursprünglichen Lebensraum der Flora und Fauna zu erhalten oder wiederherzustellen.
Einen Teil der Schuld an der schnellen Zerstörung trägt das Bevölkerungswachstum und die damit verbundenen Forderungen an die Umwelt. Zentralflorida mit Orlando im Mittelpunkt ist zu einem unvergleichlichen Unternehmens- und Unterhaltungszentrum geworden. Die Freizeitparks dieser Gegend zeigen eine Welt, die mit der Realität kaum noch etwas zu tun hat, von Touristen jedoch begeistert angenommen wird. Überall macht sich eine wenig einladende Vorstadtatmosphäre breit, die zudem noch das Ökosystem der

127 unten rechts *Diese Aufnahme zeigt Daytona Beach und den benachbarten Ormond Beach. Die Strände von Florida ziehen sich fast ununterbrochen 80 km lang hinauf bis zur Grenze nach Georgia und 320 km hinunter bis nach Miami. Die vielen Hotels und die extreme Entwicklung in den meisten öffentlichen Gebieten stehen in eigentümlichem Kontrast zu der unberührten Natur der Naturschutzgebiete und Nationalparks an der Küste.*

127 unten links *Das freundliche Rauschen des Ozeans hört man in Daytona Beach immer, egal wo man sich gerade befindet. Besucher und Einheimische genießen hier die zahlreichen Wassersportmöglichkeiten wie Schwimmen, Schnorcheln, Surfen, Segeln, Jetskiing, Hochseeangeln und vieles mehr. Aber auch historische Sehenswürdigkeiten wie der Main-Street-Pier, der Oceanfront Boardwalk oder der Glockenturm im Oceanfront Park sind einen Besuch wert.*

128 oben *Der Eingang zum Epcot Center in Disney World wird von einer achtzehnstöckigen Geosphäre beherrscht, die den Namen „Spaceship Earth“ trägt. Die ausladenden Arme des „Communicore“ sind vollgepackt mit den neuesten Computerzaubereien, während in den Pavillons dahinter Wissenswertes über zukünftige Entwicklungen in Bereichen wie Transport oder Gesundheit in Erfahrung gebracht werden kann.*

128-129 *Die Türme von Cinderellas Märchenschloss bilden zugleich den Eintritt in das Fantasyland von Disney World, das 1971 etwa 30 km südwestlich von Orlando, Florida, eröffnet wurde. Es ist als eine verbesserte Ausführung des kalifornischen Disneylands gedacht. Aus Angst, dass der Park bald von einem Häusermeer umgeben sein könnte, kaufte die Disney Corporation zusätzlich 111 km² Land als eine Art Pufferzone rund um den Park.*

129 oben links *Walt Disney World hat sich seit seiner Eröffnung 1971 ständig vergrößert. Zahlreiche Hotels und Freizeiteinrichtungen in der Architektur und Dekoration verschiedener Nationen oder Zeitabschnitte sollen sicherstellen, dass die Besucher auch während ihres gesamten Aufenthaltes innerhalb des Disney-Parks bleiben.*

129 Mitte rechts *Mit seinen Hotels, Restaurants und Freizeiteinrichtungen ist Walt Disney World mehr als nur ein reiner Vergnügungspark. Unterschiedliche Bereiche, die sich mit verschiedenen Themen befassen, wie Märchen, Disney Cartoons, einem „Zukunftsland“, exotischen afrikanischen und karibischen Orten und einem Dorf aus der Kolonialzeit, versetzen sowohl Kinder als auch Erwachsene in Aufregung und Erstaunen.*

129 unten links *Der Erfolg von Walt Disney World hat auch die Konkurrenz nach Orlando gelockt. So ist zum Beispiel Sea World ein Vergnügungspark, bei dem sich alles um das Leben in Meeren und Ozeanen dreht. Auf dieser Luftaufnahme erkennt man im Wasserbecken die beliebten Killerwale, die ihr Publikum täglich mit erstaunlichen Darbietungen entzücken.*

gesamten Gegend angreift. Das Wachstum von Miami und der Städte an der Atlantikküste (zwischen 1960 und 1990 hat sich die Einwohnerzahl des Staates verdreifacht) verstärken die Probleme der Region. Andere Gebiete im Süden, besonders Atlanta in Georgia, Huntsville in Alabama, Houston, San Antonio und Dallas in Texas sowie die Atlantikküste in South Carolina, erleben übrigens eine ähnliche Bevölkerungsexplosion.

Trotz der hohen Zuzugsrate kämpft die Region darum, sich ihren ursprünglichen Charakter zu erhalten. Der Charme von Städten wie Charleston, Savannah, Mobile und New Orleans entzückt Touristen und Einwohner gleichermaßen. Herrliche Gärten und wunderschöne alte Häuser in typischer Südstaaten-Architektur sind die Zierde dieser Gegend. Zudem beherbergt der Süden einige der führenden kulturellen Einrichtungen der Nation. Nur wenige Amerikaner wissen, dass zur Zeit des Revolutionskrieges das erste Museum von der Nation in Charleston eingerichtet wurde, dass 1831 in South Carolina die erste reguläre Eisenbahnlinie fuhr und dass sich im Süden einige der angesehensten Colleges und Universitäten und Militärschulen des Landes befinden. Heute befinden sich die Hauptsitze großer Forschungs- und Entwicklungszentren von privaten Unternehmen und auch der US-Regierung in einer Gegend, die lange Zeit unfairerweise als sehr traditionsbewusst und rückständig beschimpft wurde.

Der größte Teil des amerikanischen Südens ist flach, ländlich und wird landwirtschaftlich

129 unten rechts *Der Epcot Center eröffnete 1982 als zweiter Themenbereich in Walt Disney World. Als „Experimental Prototype Community of Tomorrow" sollte Epcot den Besuchern die Welt von Morgen vor Augen führen. Die Schauobjekte und Gebäude neben dem Eingang (im Hintergrund) bestätigen dies zwar, aber nach Disneys Tod entwickelte sich Epcot mehr und mehr zu einer Art permanenten Weltausstellung, deren Pavillons sich um die Lagune (im Vordergrund) drängen.*

genutzt. Wie früher werden dort Baumwolle und Tabak angebaut, neuerdings kommen jedoch noch Viehzucht (vor allem Hühner), Erdnüsse und Sojabohnen hinzu. Wirtschaftlich betrachtet aber wird die Landwirtschaft von den Industrie- und Regierungsunternehmen in den Schatten gestellt. Das flache Piedmontplateau, das von bewaldeten Gräben durchzogen ist, führt zum Cumberlandplateau und weiter hinauf zu den schönen Bergen von Alabama, Georgia und Ost-Tennessee. Der Chattahoochee River wurde zu einem viel geliebten (furchtbar überfüllten) Naherholungsgebiet für drei Metropolen: Atlanta, Huntsville und Knoxville. Und nur wenige Gegenden in der Welt können sich so herrlicher scheinbar endloser Strände rühmen, wie sie rund um den Golf von Mexiko bis hin zur Grenze Texas/Mexiko verlaufen. Die wirtschaftlichen Erfolge des amerikanischen Südens während der letzten drei Jahrzehnte werden leider von der Bedrohung der kulturellen Traditionen und der ökologischen Schätze jener Regionen überschattet. Klar ist jedoch, dass der Süden sich endlich von dem Image des wirtschaftlichen Hinterlandes befreit hat, das ihm seit dem Bürgerkrieg anhing. Und gleichermaßen sicher ist auch, dass seine starken und rührigen Bewohner einen Weg finden werden, den Herausforderungen des 21. Jahrhunderts zu begegnen.

130 unten *Ein näherer Blick auf die modernen Hotels von Miami Beach lässt das luxuriöse Ferienleben an den weißen Stränden und dem klaren blauen Meer von Florida erkennen. Tatsächlich ist Miami Beach auch heute noch ein beliebter Ferienort, dessen moderne und historische Hotels Besucher aus aller Herren Länder willkommen heißen.*

131 oben rechts *Strandkörbe und Sonnenschirme sprenkeln die Küste von Miami Beach, wo man neben Deutschen und Briten auch Urlauber aus allen möglichen anderen Ländern treffen kann.*

130 links *Miami, Florida, ist eine Stadt mit 400 000 Einwohnern innerhalb eines Ballungsgebietes, das ungefähr 2 Millionen Bewohner zählt. Als wichtiges Handelszentrum verfügt Miami über zahlreiche Schifffahrtslinien, die vor allem zwischen Nord- und Südamerika hin und her pendeln. In Miami leben viele Exilkubaner und Flüchtlinge aus Haiti. Das milde Klima der Region lockt Touristen und Ganzjahresurlauber gleichermaßen nach Miami.*

130-131 *Der reiche Automagnat Carl Fischer verwirklichte sich Anfang des 20. Jahrhunderts mit Miami Beach seinen Traum von einem Urlaubsort nur für Reiche. In den 20er Jahren entstanden dort wunderschöne Art-deco-Hotels, die in tropischen Pastellfarben leuchten. Auf diesem Foto sieht man Miami Beach, den man einst den „Milliarden-Dollar-Sandkasten" nannte, vom Atlantik aus mit der Stadt Miami im Hintergrund.*

131 Mitte links *Der Städtebau ist in Miami Beach bereits bis an den Rand des Ozeans vorgedrungen. Hier sieht man einen Bereich des berühmten Art-deco-Viertels, einer Gegend mit ungefähr 800 historischen Gebäuden sowie dem berühmten Ocean Drive, der mit seinen Restaurants und Bars vor allem bei Nachtschwärmern hoch im Kurs steht.*

131 unten links *Dieser Blick auf Miami Beach (in südliche Richtung) zeigt die dicht aneinandergedrängten Hotels im berühmten Art-deco-Viertel mit ihren pastellfarbenen Fassaden sowie das Jackie Gleason Theater of Performing Arts und die Miami Beach Exhibition Hall.*

132 unten links *Die Landschaft um Miami ist von Kanälen durchzogen, an deren kühlendem Wasser zahlreiche Häuser stehen.*

132 rechts *An den Kanälen von Florida sind viele schöne Häuser mit Patios und Swimmingpools zu finden. Coral Gables südlich von Miami ist eine Gemeinde, die in den 20er Jahren von einem Architektenteam um George Merrick geplant wurde. Die breiten, von Palmen gesäumten Straßen werden immer wieder von Plätzen und Brunnen unterbrochen. Der Baustil der Häuser variiert in jedem einzelnen der künstlich angelegten „Dörfer".*

133 *Die Häuser der Reichen sind noch immer hauptsächlich um Miami Beach zu finden, wo manche sogar auf privaten Inseln stehen.*

132 oben links *Farbenfrohe Hotels und Gebäude akzentuieren die Innenstadt von Miami in Florida. 1835, als die US-Regierung gerade dabei war, die Seminole-Indianer umzusiedeln, entstand Fort Dallas. Die Stadt Miami selbst wurde 1870 an dem Ort gegründet, wo vorher das Fort gestanden hatte, und ihr Wachstum begann in den 20er Jahren mit Einsetzen des Landbooms in Florida. Die bedeutendste Errungenschaft Miamis in den letzten Jahren ist die Einrichtung des Bay Front Parks mit einem weitläufigen Garten und einem Amphitheater, der die Vorstädter in die City zurücklocken soll.*

132 Mitte links *Das Wasser ist für viele Einwohner Floridas ein mindestens ebenso wichtiger Transportweg wie die Straße. Dieses Foto oben zeigt, wie sich ein reicher Villenbesitzer die C-förmige Bucht auf seinem Besitz als Hafen für seine Boote zu Nutze macht. Die wahrscheinlich schönste Villa von Miami ist jedoch die Villa Vizcaya (unten), die der Industrielle James Deering zwischen 1914 und 1924 an der Biscayne Bay errichten ließ. Der Entwurf dieses herrschaftlichen Hauses im italienischen Stil stammt von F. Burrall Hoffman Jr. und Paul Chalfin.*

134-135 und 134 unten *Dieses besonders schöne Haus steht auf Pfählen im seichten, sandigen Wasser der Biscayne Bay, südlich von Miami. Der nahe gelegene Biscayne National Park umfasst etwa 728 km², von denen 95 % unter Wasser liegen. In den seichten, beinahe transparenten Gewässern leben Korallen und 250 verschiedene tropische Fischarten.*

135 oben *Das warme, klare Wasser in der Biscayne Bay bietet ideale Lebensbedingungen für Meeresschildkröten, Delphine, tropische Fische, Hummer und Seekühe. Hier beginnen bereits die Florida Keys, die sich entlang der Küste in südwestliche Richtung zum offenen Ozean hin erstrecken, wie Schiffe, die aufs Meer hinaus fahren.*

135 Mitte *Das schwimmende Haus und die Docks in der Biscayne Bay erinnern an die profitablen Geschäfte der Region, die allesamt mit dem Meer zu tun haben, so z. B. Segelbootkreuzfahrten, das Hochseeangeln und die kleinen Bootsverleihe.*

135 unten *Ein Segelboot mit auffälligen roten Segeln gleitet durch das ruhige Gewässer der Biscayne Bay. Zum Nationalpark gehört unter anderem das am nördlichsten liegende Korallenriff der Atlantikküste.*

136 Der Anblick der Küste im Everglades National Park erinnert stark an ein abstraktes Gemälde. Die Erhaltung dieses Naturschutzgebietes war bereits 1935 beschlossen worden, der Park eröffnete allerdings erst 1947. Dennoch war er der erste Nationalpark, der hauptsächlich wegen seiner Tier- und Pflanzenwelt erschaffen wurde und weniger wegen seiner historischen oder landschaftlichen Bedeutung.

137 Mitte rechts Im Golfküstenbereich des Everglades National Park drängen sich um die 10 000 Inseln. Auf einer Bootsfahrt durch dieses Gebiet wird man immer wieder von plötzlich aus dem Wasser springenden Delphinen oder kurz auftauchenden Seekühen überrascht. Das Labyrinth der mit Mangroven bewachsenen Inseln ist ein idealer Zufluchtsort für viele Vögel, Pflanzen und Meerestiere.

137 unten Die Besucher des Everglade National Park können angeln, wandern, Vögel beobachten, schnorcheln, schwimmen oder sich von den Rangers die natürlichen und historischen Wunder dieser Region erklären lassen.

137 oben Wie die Scheren eines Hummers ragen Halbinseln vom Everglades National Park ins Meer hinein. Zu dem bereits existierenden Wasserproblem in dieser Region kommt neuerdings noch die Sorge, dass eingeschleppte Tier- und Pflanzenarten aus anderen Teilen der Welt die heimische Flora und Fauna allmählich verdrängen könnten.

137 Mitte links Der Everglades National Park gleicht einem riesigen Tisch, auf dem eine grünblau gemusterte Decke ausgebreitet wurde. An keiner Stelle erhebt er sich mehr als 2,5 m über dem Meeresspiegel. Leider hängt sein Fortbestand ganz und gar von der Regen- bzw. Grundwassermenge ab, die ihn erreicht. Seit dem Bau von Kanälen und anderen Bewässerungssystemen, die ihm das lebenswichtige Wasser entziehen, ist es um seinen Fortbestand allerdings schlecht bestellt.

138 oben *Der Name Key West stammt von dem spanischen Cayo Hueso, was soviel bedeutet wie „Insel der Knochen“. Denn das war es, was der Entdecker Ponce de Leon 1513 auf dieser Insel vorfand: die Knochen von Calusa-Indianern. Heute leben dort Menschen aller Nationalitäten.*

138 links *Wettsegeln ist Teil eines ganzjährigen Unterhaltungsprogramms in Key West, zu dem auch Wettangeln, Kunstfestivals und das Fantasy Festival gehören.*

138-139 *Die Seven Mile Bridge an der US-Highway 1 ist ein Verbindungsglied zwischen den Hauptinseln der Florida Keys, einer Gruppe kleiner Inseln, deren Name sich von dem spanischen Wort „Cayo" oder „Cay" für Knochen ableitet. Der Highway führt von Key Largo nach Key West, die etwa 190 km voneinander entfernt liegen.*

139 oben *Key West, Florida, ist eine kleine Insel mit sehr gutem Ruf. Die ungefähr 25 000 Einwohner sind allesamt sehr gebildet und üben häufig künstlerische Berufe aus. Die Ureinwohner, von denen einige schon in der siebten Generation dort leben, nennen sich selbst „Conchs". Auf Key West gefiel es übrigens auch Ernest Hemingway, John Hersey und Tennessee Williams.*

139 Mitte *Islamorada, eine Stadt auf dem Upper Matacumbe Key, wirbt mit nahe gelegenen Attraktionen wie dem Pennekamp Coral Reef State Park mit seinen exzellenten Schnorchel-Möglichkeiten und der unter Wasser befindlichen Christus-Statue von Dry Rocks. Die Florida Keys bieten ideale Lebensbedingungen für viele Tier- und Vogelarten.*

139 unten *113 km hinter Key West können Besucher auf dem Luft- oder Wasserweg Dry Tortugas erreichen. Leuchttürme wie dieser schützen Schiffe davor, im seichten Wasser auf Grund oder auf eines der Korallenriffe zu laufen.*

140-141 *Fort Jefferson steht auf Dry Tortugas. Der Bau, an dem zwischen 1846 und 1874 gearbeitet wurde, ist bis heute unvollendet und gehört nun zum Dry Tortugas National Park. In der Gegend gibt es kein frisches Trinkwasser, es muss jeden Tag per Schiff angeliefert werden. Der Name Tortugas stammt von Ponce de Leon, der hier 1513 160 Meeresschildkröten (Tortugas) fing.*

142 oben *Wasserdampf verhüllt den Blick auf dieses Feld in Louisiana, das gerade künstlich beregnet wird. Wegen seines immensen Wasservorrats gilt Louisiana als der nasseste Staat der USA.*

142-143 Auf dieser Ansicht des Mississippi-Deltas im Südosten von Louisiana erkennt man den schiffbaren Kanal, der sich diagonal von oben rechts nach unten links durchs Bild zieht. An dieser Stelle trifft der Mississippi zusammen mit seinen Nebenflüssen Missouri und Ohio auf das Meer im Golf von Mexiko. Das Delta ist ungefähr 40 000 km² groß und entstand durch den Schlamm, den die Flüsse mit sich führen.

143 oben *Im Golf von Mexiko bei Louisiana wird nach Öl gebohrt. Die hier abgebildeten Bohrtürme graben sich bis zu 900 m in die Tiefe.*

143 Mitte *Der Mississippi fließt mitten durch die grünen Felder von Louisiana. In diesem Staat werden unter anderem Baumwolle, Zuckerrohr, Sojabohnen und Reis angebaut. Dennoch bildet die Landwirtschaft nicht den Haupterwerbszweig dieses Staates.*

143 unten *Erntezeit bedeutet Mühsal und harte Arbeit für die Farmer und ihre Helfer.*

__144 unten rechts__ Ein Sandstrand am Mississippi. Der Flussschlamm von mehreren tausend Jahren hat in diesem Staat einen ungeheuer fruchtbaren Boden geschaffen.

__144 unten links__ Zypressen ragen in das Gewässer des Devil's Swamp in Louisiana, in dem viele Reptilienarten und andere Wassertiere ihr Zuhause haben.

__144 oben links__ Die kleinen Inselchen im Mississippi sind die letzte Barriere vor dem großen Ozean.

__144 Mitte links__ Devil's Swamp in der Nähe von New Orleans, Louisiana. Insgesamt verfügt der Staat über 8800 km² an Binnengewässern. Der Schlamm in den Flüssen erhöhte im Laufe der Zeit die Flussbetten so sehr, dass es dort, wo keine Schutzdämme errichtet wurden, immer wieder zu großen Überschwemmungen kommt.

__144 Mitte rechts__ Die Häuser in Louisianas Flussdeltas stehen auf Pfählen. Zusätzlich zu dem Wasser aus Flüssen, Seen, Bayous und Sümpfen kommt noch ein jährlicher Niederschlag von 142 cm.

__145__ Die berühmten Bayous von Louisiana bieten hervorragende Möglichkeiten zum Bootfahren. Ein Bayou ist ein seichter kurvenreicher Kanal, dessen Wasser nur träge (oder auch gar nicht) fließt. Der Name Bayou wird hauptsächlich von den Menschen benutzt, die im Bereich des Mississippi in Louisiana, Texas oder Mississippi leben.

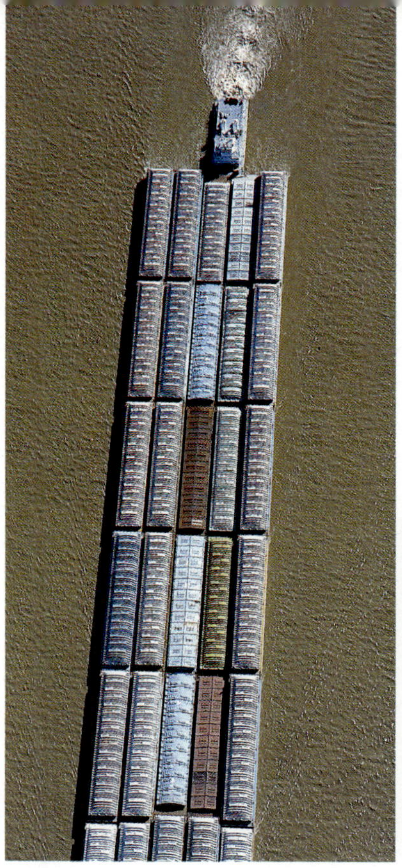

__146__ Riesige Lastkähne wie diese hier sind das häufigste Transportmittel für Waren aller Art auf dem Mississippi. New Orleans, das sich nahe bei der Flussmündung befindet und gleichzeitig leichten Zugang zum industriellen und landwirtschaftlichen Kern der Vereinigten Staaten hat, ist nach wie vor eine wichtige Hafenstadt.

__147 oben links__ Die Lastkähne auf dem Mississippi werden von Schleppern gezogen oder geschoben. Louisiana verfügt über 8000 km an schiffbaren Wasserstraßen.

__147 oben rechts__ Ein Schlepper schiebt seine Fracht bei New Orleans den Fluss hinauf.

__147 Mitte links__ Eine der häufigsten Frachten auf dem Mississippi ist Kohle, die im Norden abgebaut und hinunter nach New Orleans gebracht wird.

__147 Mitte rechts__ In den ruhigen Gebieten der Bayous von Louisiana ersetzen Wasserwege die Straßen. Hier kann man auch professionelle Jäger und Fischer anheuern, die Besucher in die besten Jagd- und Fischgebiete für Freizeitsportler führen.

__147 unten__ Vor der Vertiefung dieses schiffbaren Kanals in den 70er Jahren des 19. Jahrhunderts musste die Fracht auf kleinen Booten zu den im Golf liegenden Schiffen transportiert werden. Heute jedoch können auch seetüchtige Kähne den Mississippi bis nach New Orleans und Baton Rouge hinauffahren.

148 oben links *Das weiße Gebäude in der Mitte des Fotos von New Orleans ist das Westin Canal Place Hotel, das genau zwischen den modernen Häusern der Stadt und dem berühmten French Quarter (rechts) steht. Dieses ungefähr 91 Blocks umfassende Viertel, von dem man auf diesem Bild nur einen Teil sieht, ist die größte Touristenattraktion der Stadt. Jazz, Blues, Cajun-Restaurants und historische Häuser: All dies findet man in den engen Straßen des French Quarter.*

184 Mitte links *Einer der 42 Friedhöfe von New Orleans. Diese „Städte der Toten" sind für ihre wegen des hohen Wasserpegels überirdisch gelegenen Gräber und Mausoleen berühmt. Viele der Gräber sind wunderschön geschmückt und verziert. Auf den größeren Gräbern der älteren Friedhöfe sieht man zwischen Blumen und Votivkerzen auch immer wieder Hoodoo-Geld liegen, das die Toten gnädig stimmen soll.*

148 unten rechts *Louisianas Hauptstadt Baton Rouge ist nicht nur das Zentrum der Flussschifffahrt, sondern auch vieler alter Plantagen. Das hohe Gebäude rechts ist das 34-stöckige State Capitol Building. Bei seiner Fertigstellung 1932 galt dieses Art-deco-Bauwerk als das höchste Gebäude des Südens. Das Kapitol war eines der vielen Modernisierungsprojekte von Gouverneur Huey Long während der Weltwirtschaftskrise. Leider fiel Long 1935 in eben diesem Gebäude einem Attentat zum Opfer.*

148-149 *Auf dieser Ansicht von New Orleans fällt einem sofort das Louisiana-Superdome-Stadion ins Auge. Im Hintergrund erkennt man die Huey P. Long Bridge, benannt nach dem berühmtesten Gouverneur Louisianas, die über den Mississippi führt. Canal Street und das French Quarter sind auf diesem Bild rechts zu finden.*

149 oben *Das World Trade Center, eines der modernsten Bauwerke von New Orleans, direkt am Flussufer gelegen, überragt das alte Kupferdach des Rivergate Building.*

149 unten *Das Schiff „Casino Rouge" in Baton Rouge erinnert an die Blütezeit der Schaufelraddampfer auf dem Mississippi. Im Jahr 1811 befuhren solche Dampfschiffe den Fluss zum ersten Mal und wurden innerhalb von zehn Jahren zu einem vertrauten Anblick. Vorher dauerte es fünf bis sechs Monate, ein Schiff flussaufwärts nach St. Louis zu ziehen, und weniger als eine Woche, um es wieder flussabwärts zu bringen. Die Dampfer benötigten immer gleich viel Zeit, egal in welche Richtung sie fuhren.*

150 links *Die Schlacht von San Jacinto fand am 21. April 1836 in der Nähe des heutigen Houston, Texas, statt. Dieses Monument ehrt die Männer von Texas, die, unter Führung von General Sam Houston, an jenem Tag die mexikanische Armee von Antonio Lopez de Santa Anna besiegten und so die Unabhängigkeit ihres Staates erlangten. Allerdings wurde Texas erst 1845 ein Teil der Vereinigten Staaten.*

150-151 *Houston, die größte Stadt in Texas, ist ein bedeutendes Finanz- und Petrochemiezentrum. Das Handelsviertel, das man hier sieht, ist sozusagen das Herz der nationalen Ölindustrie.*

151 oben *Das Lyndon B. Johnson Space Center südöstlich von Houston steht unter NASA-Verwaltung und ist das Kontrollzentrum für sämtliche bemannten Raumflüge.*

151 oben Mitte *Dieses Foto zeigt die Gebäude der City von Dallas in Texas. Rechts im Vordergrund sieht man Reunion Park und die Reunion Arena, dahinter den Komplex des Convention Center. Genau in der Mitte dieses Fotos, wo sich die drei Straßen unter der Brücke zu einem Highway vereinigen, ereignete sich eine der größten Tragödien in der Geschichte der USA: Am 22. November 1963 wurde hier, an der Dealey Plaza, Präsident John F. Kennedy im offenen Auto erschossen.*

151 Mitte unten *Ein Größenvergleich zwischen verschiedenen Raumfahrzeugen vor dem Johnson Space Center. Mit einer ähnlichen Saturn-Five-Rakete wie diese, wurden zwischen 1969 und 1972 die Apollo-Raumschiffe auf dem Weg zum Mond in die Erdumlaufbahn geschossen. Die kleinere Redstone-Rakete mit der roten Spitze, die aufrecht hinter der Saturn V steht, lieferte von 1961 bis 1963 die Energie für die ersten Merkur-Flüge.*

151 unten *Die Angestellten des Johnson Space Center durchlitten mit den Astronauten schon einige spannende Momente. Besonders kritisch war der Flug von Apollo 13 im Jahr 1970 („Houston, wir haben ein Problem ...").*

152 oben *Die Gebäude der City von Houston, Texas, mit dem Civic Center und dem Texas Commerce Tower. Houston gilt als das nordamerikanische Zentrum der Ölindustrie.*

152 Mitte links *Der Houston Ship Channel führt von der Galveston Bay zum Buffalo Bayou und weiter nach Houston. Dank dieses Kanals können heute auch Hochseeschiffe den Hafen von Houston erreichen.*

152 unten rechts *Das Houston Astrodome wurde 1965 im innovativen Design mit einer 66 m hohen Plastikkuppel errichtet. In diesem Stadion wurde auch zum ersten Mal künstliches Gras verwendet, das den Namen „Astroturf" trägt. Das Astrodome fasst 66 000 Zuschauer.*

152 unten links *Die City von Houston, Texas, erhebt sich hinter der Kuppel des Astrodomes. Zwischen den Wolkenkratzern und dem Stadion finden Stadtbewohner Entspannung im Memorial Park oder dem Hermann Park, in dem sich ein Zoo sowie ein naturwissenschaftliches Museum befinden.*

153 *Diese herrliche Brücke verbindet Galveston Bay mit dem östlichen Teil von Houston.*

Weiter Himmel und endlose Horizonte:

154-155 *Die herrlichen Sanddünen am Michigansee in Indiana stehen unter Naturschutz. Das Südufer des Michigansees, das im Staat Indiana liegt, besitzt zahlreiche Sandstrände und Dünen, die Erholungssuchende aus den benachbarten Städten wie Chicago und Detroit anziehen.*

der Mittlere Westen

154 unten *Dieses Foto vom Ufer des Michigansees zeigt seine enorme Größe. Zwar ist er nur der drittgrößte der fünf Großen Seen, aber der einzige, der sich ganz und gar innerhalb der Grenzen der Vereinigten Staaten befindet. Der Michigansee ist 492 km lang, bis zu 190 km breit und bedeckt eine Fläche von 57 757 km². Er gehört zu einem riesigen Binnenwasserweg-System, das in den USA von Minnesota nach New York City und von Quebec, Kanada, zum Atlantik führt.*

155 *Die City von Detroit, Michigan, liegt direkt am Detroit River, der zusammen mit dem St.-Clair-Fluss und -See den Huronsee mit dem Eriesee verbindet. Detroit wurde zum Zentrum der amerikanischen Automobilindustrie, nachdem Henry Ford Anfang des 20. Jahrhunderts die Autoherstellung am Fließband eingeführt hatte und auf diese Weise viel billiger produzieren konnte. Außer Ford sind in Detroit und Umgebung unter anderem auch Chrysler und General Motors ansässig.*

Ein weiteres Auto rollt von einem Detroiter Fließband, während in Iowa gerade ein zerstörerischer Tornado tobt. Ein Spaziergang über Sommerwiesen in Oklahoma bietet einen unvergleichlichen Ausblick auf das üppige Flachland. Der glänzende, 192 m hohe Gateway-Bogen markiert die Stelle in St. Louis, an der sich einst Jäger, Forscher und Pioniere zum Aufbruch nach Westen sammelten. Dies ist das Land von Davy Crockett, Mark Twain, Willa Cather und Laura Ingalls. Es ist das Land von Abraham Lincoln, Dwight Eisenhower und Harry S. Truman. Das Land einer ehrlichen, größtenteils ländlichen Bevölkerung, die

es gewohnt ist, geradeheraus zu sprechen und geradlinig zu handeln. Es ist das Land vieler Indianerstämme, die inmitten einer sich stetig ändernden Nation ihre alten Bräuche und Lebensweisen bewahren. Zum Mittleren Westen gehören auch die Wolkenkratzer von Chicago, die riesigen Großen Seen und der weite Horizont über der sanft gewellten Landschaft.

Das Herz Amerikas, der Mittlere Westen, wird vom Mississippi beherrscht, der sich durch seine Mitte schlängelt. Kurze Zeit nachdem Thomas Jefferson 1801 zum Präsidenten gewählt worden war, schickte er einen Abgesandten nach Frankreich, um mit Napoleons Ministern über den Kauf des Hafens von New Orleans zu verhandeln. Jefferson wusste zu diesem Zeitpunkt nicht, dass Napoleons ehrgeizige Pläne in der Karibik gescheitert waren und er nun wegen drohender Feindseligkeiten mit Großbritannien dringend Geld benötigte. Aus diesem Grund bot er den Amerikanern nicht nur New Orleans, sondern ganz Louisia-

156 oben links *Die Türme der City von Chicago erheben sich hinter einer Reihe von Hotels mit Blick auf den Grant Park und den Hafen des Chicagoer Yachtclubs am Michigansee. Im Vordergrund ganz links erkennt man das Field Museum of National History, das unter anderem eine der schönsten Fossiliensammlungen der Welt beherbergt. Vorne in der Mitte liegt das Shedd Aquarium, eine weitere Attraktion für die Besucher dieser Stadt.*

156 Mitte links *Die Bebauung der City von Chicago reicht auf diesem Foto bis zum Horizont. Oben links säumt das grüne Band des Lincoln Parks den See. Im nördlichen Teil der Stadt sind neben etlichen alternativen Theatern auch die DePaul University Wrigley Field zu finden, das Heimatstadion des Chicago Cubs Baseballteam.*

156 unten links *Diese Aufnahme zeigt das Südufer des Chicago River und die Häuser der City. Über die Eisenbahnbrücke im Vordergrund bringen Züge, die Teil des großen Massentransportsystems von Chicago sind, ihre Passagiere Richtung Westen.*

156 unten rechts *Der Sears Tower dominiert das Stadtbild der City von Chicago. Er wurde 1974 fertig gestellt und ist mit schwarzem Aluminium verkleidet. Seine Fassade umfasst 16 000 bronzefarbene Fenster. In den 90er Jahren des 19. Jahrhunderts verwendete Louis Sullivan in Chicago zum ersten Mal bei der Errichtung eines Wolkenkratzers den Baustoff Stahl.*

156-157 *Chicago erstreckt sich entlang des Michigansees in Richtung Westen. In der Mitte links taucht die Sonne den Chicago River, der die City von der Nordseite trennt, in gleißendes Licht. Im Vordergrund rechts ragt das Navy Pier mit seinen Vergnügungsattraktionen in den See hinein, schräg dahinter erhebt sich das 337 m hohe John Hancock Center über die anderen Wolkenkratzer entlang der Michigan Avenue.*

157 unten *Lincoln Park's Belmont Harbor südlich von Montrose Harbor ist ein weiteres natürliches Hafenbecken für die Boote am Michigansee.*

na für 15 Millionen Dollar zum Kauf an. Dieser Handel ging unter dem Namen „Louisiana Purchase“ als wahrscheinlich größter Landverkauf in die Geschichte ein. Die ersten Landerkunder lobten die Schönheit des neu erworbenen Gebietes, hielten es jedoch nicht für möglich, dass die flachen, baumlosen Weiten von Louisiana den amerikanischen Farmern nützlich sein könnten.
Die Prärien, jene scheinbar endlosen, mit Gras bewachsenen Ebenen, die Forscher wie Lewis und Clark sahen, bedeckten einst mehr als 3 Millionen Quadratkilometer des Mittleren Westens. Der größte Teil davon fiel jedoch dem Pflug zum Opfer und offenbart sich uns heute in ordentlich abgeteilten landwirtschaftlichen Nutzflächen. Die ehemals riesigen Steppen ließen sich in drei verschiedene Prärietypen unterteilen: die Hochgras-Prärie im Osten, die Gemischte Prärie und die Kurzgras-Prärie im Westen. Die Gräser bildeten ein komplexes pflanzliches Ökosystem. Die Hochgras-Prärie zum Beispiel bestand aus 150 mehrjährigen Pflanzen, die jedes Frühjahr neue grüne Stängel produzierten. Nach der Blüte im Sommer starben die Stängel ab, die Wurzeln der Pflanze überdauerten jedoch den Winter, um im folgenden Frühling wieder neu auszutreiben. Die Kurzgras-Prärie setzte sich aus Pflanzen zusammen, die ihre Stängel länger behielten und daher auf eine längere Wachstumszeit und mehr Niederschlag angewiesen waren. Je weiter man nach Westen kam, desto trockener wurde das Klima.
Die Prärie war einst die Heimat des amerikanischen Büffels oder Bisons; außerdem fühlten sich hier auch Wölfe, Koyoten, Kaninchen, Schwarzbären und sogar die Gobela-Antilope wohl. Kleine Nagetiere, Präriehunde genannt, untergruben den Erdboden mit ihren ausgedehnten Gängen. Klapperschlangen glitten auf der Suche nach Beute durch das Gras, während Fasane und andere Hühnervögel versuchten, den Angriffen der Habichte und Adler aus-

158 *Gebäude säumen den Chicago River, der in den Michigansee mündet. An diesem Ort entstanden in den 70er Jahren des 18. Jahrhunderts die ersten Häuser von Chicago, nachdem ein haitianischer Händler namens Jean Baptiste Point du Sable dort einen Handelsposten errichtet hatte. Im Jahr 1803 ließ die US-Armee fast an der selben Stelle Fort Dearborn erbauen. Die kleine Siedlung Chicago begann jedoch erst zu wachsen, als um 1850 die Eisenbahn dort ankam.*

159 oben links *Diversey Harbor im Lincoln Park ist einer von drei großen Yachthäfen des Parks.*

159 unten links *Die Gebäude am Seeufer erzählen von Chicagos Vergangenheit und von seiner Zukunft. In der Stadt gibt es etliche Einrichtungen für höhere Bildung, darunter die Northwestern University und die University of Chicago. Bekannt sind aber auch das Art Institute of Chicago, die Chicago Historical Society, das Du Sable Museum of African-American History und das Museum of Science and Industry.*

159 oben rechts *Die Nordseite von Chicago wird vom John Hancock Building dominiert. Die Michigan Avenue, die parallel zum See an der Westseite des Gebäudes verläuft, ist das Herz des Geschäfts- und Handelsviertels der Stadt.*

159 Mitte rechts *Das John G. Shedd Aquarium zeigt über 8000 Tierarten, die in Salz- oder Süßwasser leben, in mehr als 200 naturnah gestalteten Becken. Vor allem die farbenfrohen tropischen Fische, die in einem 340 000 Liter fassenden Becken mit Korallenriffs untergebracht sind, locken das ganze Jahr über zahlreiche Besucher an.*

159 unten rechts *Das neue Comiskey-Park-Stadion im Süden von Chicago wurde 1991 eröffnet und fasst 40 000 Zuschauer. Es ersetzte ein altes Stadion auf der anderen Straßenseite, das bereits 1910 errichtet worden war. Comiskey Park ist die Heimat der Chicago White Sox. Neben den Rivalitäten zwischen Chicago und den Sportmannschaften anderer Städte, stehen in Chicago selbst zwei Teams in ständigem Wettstreit, nämlich die White Sox aus dem Süden und die Chicago Cubs im Norden, die in Wrigley Field spielen.*

__160 links__ Die City von St. Louis wächst nach wie vor. Im Vordergrund erkennt man das Thomas F. Eagleton Federal Building, links das Southwestern Bell Building, das drittgrößte Gebäude von St. Louis. Das Hochhaus rechts ist das Famous-and-Barr-Warenhaus.

__160-161__ Die Jefferson Barracks Bridge überquert südlich von St. Louis, Missouri, den Mississippi. Die Stadt liegt in der Nähe des Zusammenflusses von Mississippi und Missouri und wurde 1764 als Pelzhandelsstation erbaut.

__160 unten__ Blickt man in St. Louis den Mississippi flussaufwärts nach Norden, sieht man die City von St. Louis, Missouri, auf der linken und East St. Louis, Illinois, auf der rechten Seite. Als Verbindung zwischen den beiden Städten fungiert die Eads Bridge, die erste Stahlseil-Hängebrücke der Welt, die 1874 erbaut wurde. Direkt oberhalb der Eads Bridge liegt die Dr. Martin Luther King Jr. Bridge. Das weiße Schiff unten links ist die Admiral, ein Ausflugsboot aus dem Jahr 1940, das heute als Casino dient.

__161 oben__ Eine der zahlreichen Brücken über den Mississippi. Der Strom und seine fast 250 Nebenflüsse bewässern eine Region von 3 255 000 km² im Herzen der USA, die immer wieder von Überschwemmungen geplagt wird. Die bisher schlimmste davon ereignete sich 1993.

zuweichen. Die Balance zwischen Niederschlägen und Trockenperioden hielt die Prärien jahrtausendelang im Lot, sodass sich weder die Wälder nach Westen noch die Wüste nach Osten ausbreiten konnten. Buschbrände vernichteten die Bäume, die sich trotzdem zu weit vorgewagt hatten, und verjüngten den Boden.
Die Könige dieser Region waren eindeutig die Büffel, von denen einst mindestens 40 Millionen Exemplare über die Great Plains zogen. Die Indianer machten nur eingeschränkt Jagd auf diese Tiere, da sie ja ursprünglich keine Pferde besaßen und die Jagdgründe zu Fuß aufsuchen mussten. Die Ankunft der Pferde, die von den ersten spanischen Entdeckern ins Land gebracht wurden, veränderte jedoch das Leben in den Great Plains für immer. Im Laufe der Zeit gelang es etlichen Pferden, zu entwischen, und es entwickelten sich richtige Wildpferdherden. Die Indianer fingen die Tiere ein, zähmten sie und bildeten sie für die Büffeljagd aus. Als die europäischen Siedler an der Ostküste immer zahlreicher wurden, trieben sie die Indianer in Richtung Westen. Viele Stämme ließen sich überhaupt nicht mehr nieder, sondern entwickelten sich zu Nomaden, indem sie – mithilfe ihrer Pferde – den Büffelherden hinterherzogen. Aber diese Lebensweise war nur von kurzer Dauer. In etwas mehr als 100 Jahren drangen die Euroamerikaner in die Prärien vor. Zunächst waren es nur Wege wie der Oregon-, Santa Fé-, California- und

161 unten links *Die Dr. Martin Luther King Jr. Bridge führt bei Laclede's Landing, einem historischen Stadtviertel von St. Louis, über den Mississippi. Alte, im Gittermuster angelegte Straßenzüge mit Kopfsteinpflaster und liebevoll restaurierten Häuser halten hier die Vergangenheit der Stadt lebendig.*

161 unten rechts *Die pyramidenförmige Spitze des City Courts Building aus dem Jahr 1930 steht in St. Louis Seite an Seite mit anderen Gebäuden im Stil des Art-deco, Jugendstil und der Postmoderne. Das Stadtgebiet von St. Louis hat insgesamt 2,5 Millionen Einwohner, von denen jedoch weniger als 400 000 innerhalb der Stadtgrenzen leben.*

162-163 *Die City von St. Louis wird vom Gateway Arch dominiert, ein Entwurf von Eero Saarinen aus rostfreiem Stahl, der mit 192 m das höchste Bauwerk der Stadt ist. Der Bogen wurde zwischen 1963 und 1965 erbaut und soll daran erinnern, dass St. Louis in den Zeiten der Expansion als „Tor zum Westen" galt.*

MERCANTILE
FAMOUS-BARR

164 oben links *Das Climatron im Missouri Botanical Garden ist ein Entwurf von R. Buckminster Fuller und beherbergt einen tropischen Regenwald.*

164 oben Mitte *Blick auf die schön angelegten Wege und gepflegten Pavillons des Zoos von St. Louis. Mit dem Bau wurde bereits Ende des 19. Jahrhunderts begonnen. 1916 führte man zur Erhaltung des Zoos eine spezielle Steuer ein; dafür wird kein Eintrittsgeld erhoben.*

164 oben rechts *Das Saint Louis Art Museum diente während der Weltausstellung im Jahr 1904 als Palast der schönen Künste*

164 unten *Der „Living World"-Pavillon des Zoos von St. Louis liegt im 5,2 km² großen Forest Park, einem der größten städtischen Parks der Welt. Forest Park wurde 1876 eröffnet und war 1904 der Schauplatz der legendären Messe von Louisiana. „Living World" ist eine Ausstellungshalle mit angeschlossenem Freigehege.*

165 *Der Blick auf den Missouri Botanical Garden im westlichen Teil von St. Louis wird beherrscht vom Landhaus Henry Shaws, der 1859 das Land zur Verfügung stellte. Er war einer der ersten botanischen Gärten der Vereinigten Staaten. Zu den restaurierten Anlagen gehören Gärten im viktorianischen Stil und ein Irrgarten.*

Mormon Trail, die jedoch die Büffelherden trennten und quer durch die Jagdgründe der Indianer führten. Im Jahr 1869 war die Prärie von Eisenbahnschienen durchzogen und das Abschlachten der Büffel, das von den Oregon-Emigranten eingeleitet worden war, wurde von professionellen Jägern fortgesetzt. Etwa zur gleichen Zeit begannen auch die Farmer, sich die Prärien für ihr Vieh zu Nutze zu machen. In den 80er Jahren des 19. Jahrhunderts ermöglichten es Bewässerungsmethoden und landwirtschaftliche Maschinen, die Prärien in Ackerland umzuwandeln. Im Jahr 1900 gab es nicht einmal mehr 300 Büffel in diesem Gebiet. Die Spezies konnte nur durch die rechtzeitigen Bemühungen einiger umweltbewusster Menschen vor dem Aussterben bewahrt werden. Heute grasen wieder ungefähr 200 000 Bisons in Naturschutzgebieten und auf Büffel-Ranches. Es muss wohl nicht erwähnt werden, dass sich durch all diese Eingriffe in die Pflanzen- und Tierwelt das Leben der Indianer grundlegend veränderte.

Aus dem Präriegebiet stammen einige der größten Persönlichkeiten Amerikas, darunter Abraham Lincoln, William Jennings Bryan, die Lakota-Häuptlinge Crazy Horse, Sitting Bull und Red Cloud, der Dichter Carl Sandburg und der Architekt Frank Lloyd Wright. Diese Männer trugen die Ideale, Moralvorstellungen und die Kultur aus dem Herzen Nordamerikas in die Welt hinaus.

Heute hat der Mittlere Westen mit vielen Schwierigkeiten zu kämpfen. Seine Bewohner verlassen die ländlichen Gegenden und ziehen in die Städte. Viele Farmen, die seit Generationen im Familienbesitz waren, verkommen, weil die Erben nicht das Leben eines Farmers führen wollen. Die Städte sind von den gleichen Problemen betroffen wie die großen Stadtgebiete an der Ost- und Westküste. Chicago, Detroit, Cincinnati, Louisville, Kansas City und St. Louis sind die größten Städte der Region. Das Gebiet westlich von Kansas City und Omaha hat jedoch keine größere Stadt vorzuweisen. Es ist ein Flickenteppich aus Äckern und Feldern und seine heimatverbundenen Bewohner halten die traditionellen amerikanischen Werte hoch. Das Landschaftsbild der Ortschaften wird typischerweise von Wassertürmen und Getreidesilos geprägt.

Chicago beherrscht die Region mit seinen kulturellen Einrichtungen, dem faszinierenden Völkergemisch, den Erholungsmöglichkeiten und seiner spektakulären Architektur. Louis Sullivan, der Ende des 19. Jahrhunderts die Technik entwickelte, hohe Gebäude mit einem Stahlskelett zu versehen, beeinflusste viele Zeitgenossen, darunter auch seinen Schützling Frank Lloyd Wright. Das Carson-Pirie-Scott Building in der Chicagoer Innenstadt ist eines der schönsten Beispiele für Sullivans Arbeiten. 1951

wurden die 26 Stockwerke hohen Zwillingstürme von Mies van der Rohe fertiggestellt (die Lake Shore Drive Apartments), die die moderne Architektur weltweit inspirierten. In den letzten 40 Jahren entstanden Bruce Grahams John Hancock Center, Bertrand Goldbergs Marina City und der Sears Tower. Das Hancock Center aus dem Jahr 1970 ist 337 m hoch und beherbergt eine interessante Mischung aus Eigentumswohnungen, kleinen Läden, Büros, Restaurants und Parkhaus. Der Sears Tower, ein reines Bürogebäude, ist 443 m hoch. Bei seiner Fertigstellung im Jahr 1974 galt er als das höchste Gebäude der Welt und ist nach wie vor das höchste Bauwerk der Vereinigten Staaten.

Die Wunder des ländlichen Mittleren Westens sind oft nicht auf den ersten Blick zu erkennen. Obwohl das Land im Allgemeinen sehr flach ist (es gibt keine Berge in dieser Region), verfügt es doch über einige schöne Hügel, die besonders bei Sonnenauf- und untergängen eine herrliche Aussicht bieten. Im Sommer bei Einbruch der Dämmerung eine pfeilgerade Landstraße entlangzufahren, die zwischen endlosen Maisfeldern hindurchführt, ist eines der beruhigendsten Erlebnisse,

die es gibt. Das sanfte Grün des Maisfeldes, das leuchtende Orange der sinkenden Sonne, die überraschenden Aussichten, die sich hier und da zu beiden Seiten auftun, erfreuen Sinne und Gemüt. Ab und zu ein Blick auf Farmhäuser, manche alt, manche neu, aber alle sehr adrett und gepflegt, vereinzelte Teiche, die den Kindern an heißen Tagen Erfrischung beim Baden versprechen, und die Baumgruppen neben den Farmhäusern und Scheunen, die sich hier fern ihrer ursprünglichen Heimat behaupten, bieten dem Auge in dieser endlosen Weite Halt. Und die Flüsse, die an die Farmländer angrenzen – der Wabash, der Illinois, der Ohio, der Mississippi, der Arkansas, der Platte und natürlich der mächtige und scheinbar niemals endende Missouri – helfen dabei, das Gebiet zu unterteilen. Die Bewohner des Mittleren Westens sind ehrlich, fleißig, konservativ und gesellig. Nach über 100 Jahren euroamerikanischer Besiedelung sind sie es, die dieser Region – trotz der unglaublichen ökologischen und landschaftlichen Veränderungen, die hier mit dem Verschwinden der Prärie vor sich gingen – ihre Einzigartigkeit verleihen. Das 21. Jahrhundert wird diese Menschen vor viele Herausforderungen stellen, wenn sie die Balance zwischen ihren Bedürfnissen und denen der Umwelt finden wollen.

166 *Scheunen und Silos stehen am Rand dieses Feldes im ländlichen Süden von Illinois. Das feuchte Klima ermöglicht eine lange Wachstumsperiode von bis zu 180 Tagen im Jahr. Dazu kommen noch etwa 121 cm Niederschlag und weniger als 25 cm Schnee pro Jahr, sodass Illinois die fünftgrößte Menge an landwirtschaftlichen Erträgen in den USA erwirtschaftet.*

167 oben *Diese Farm steht nahe an einem der Schutzdämme, die den Mississippi auch bei Hochwasser in seinem Bett halten sollen. In Illinois werden hauptsächlich Sojabohnen, Mais, Weizen und Hafer angebaut.*

167 Mitte *Die Felder in Missouri unterscheiden sich nicht wesentlich von denen in Illinois, außer dass die Farmer in Missouri aufgrund der etwas hügeligeren Landschaft quer zu den Höhenlinien anbauen müssen, um Bodenerosionen zu vermeiden. Dieses Foto zeigt ein Winterweizenfeld, dessen leuchtendes Grün gut mit den bunten Herbstblättern der Bäume harmoniert.*

167 unten *Neben diesem Farmhaus wird Gemüse angebaut. Als die ersten europäischen Siedler hier ankamen, waren 45 % von Illinois bewaldet. Heute sind es noch 10 %. Die Durchschnittsgröße der Farmen von Illinois beträgt 1,43 km².*

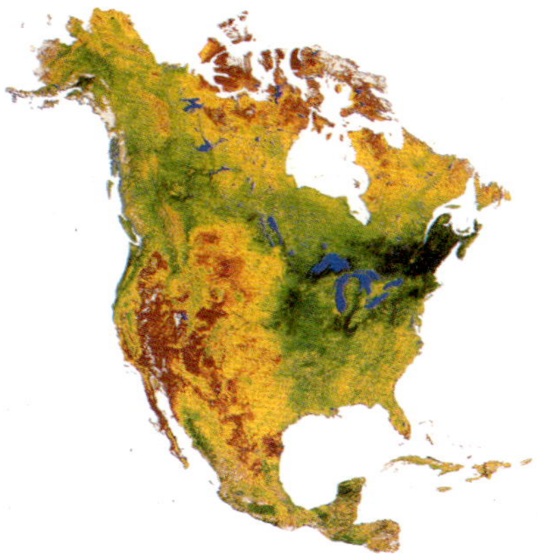

Auf dem Dach des Kontinents:

168-169 *Die Rocky Mountains in der Nähe von Telluride, Colorado, leuchten im schwindenden Tageslicht. Geologisch gesehen sind die Rockys, die vor etwa 65 Millionen Jahren entstanden, noch relativ jung. Die gewaltige Bergkette zieht sich von der Mitte New Mexicos bis hinauf nach British Columbia.*

Die Rocky Mountains

168 unten *Wogende Felder im Osten Wyomings. Obwohl Viehzucht ungefähr 85 % der landwirtschaftlichen Erträge des Staates erbringt, findet man in den östlich gelegenen Flusstälern von Wyoming viele Farmen, die Zuckerrüben, Weizen und Gerste anbauen.*

169 *Die bizarr anmutenden Felsformationen aus Sedimentgestein im Badlands National Park in South Dakota. Die farbigen Formationen sind durch den Wind ständigen Veränderungen unterworfen. In den Badlands gibt es nicht viele Tiere und Pflanzen. In einigen Teilen des Parks findet man jedoch Dickhorn-Schafe, Antilopen und Bisons. Außerdem ist die Gegend für ihren Fossilienreichtum bekannt.*

150 Jahre alte Wagenspuren erzählen noch heute die Geschichte der Pioniere, die mit ihren Planwagen durch die Berge fuhren, während nur einen Steinwurf weit entfernt Autos mit 120 km/h über den Highway brausen. Hoch oben auf einer Bergwiese bedecken zarte blaue Blumen den Boden und ein Wanderer, der gerade die Aussicht auf ein friedliches Tal genießt, versucht sich vorzustellen, wie es bei den jährlichen Trappertreffen zuge-

gangen sein muss, bei denen sich die Fallensteller bis zur Bewusstlosigkeit betranken und fröhlich den Lohn eines ganzen Jahres verjubelten. Im hochmodernen Denver stößt man überall auf Zeichen aus der Vergangenheit. Der neue (und sehr umstrittene) Flughafen ahmt in seiner Architektur die Berge nach, die sich in der Ferne erheben. Der Verkehr kriecht durch den Yellowstone National Park, weil sich die Touristen immer wieder aus den Autofenstern lehnen, um die Umgebung zu fotografieren. Für viele Städter ist dies die intensivste Naturerfahrung ihres Lebens. Erfahrene

170 oben *In die hoch gelegenen, schneebedeckten Täler des Rocky Mountain National Park verirrt sich kaum einmal ein Besucher. Hier leben auch nur noch einige besonders robuste Tierarten.*

170 Mitte links *Bergbau ist im Rocky Mountain National Park nicht gestattet, obwohl er in anderen Teilen dieses Gebirges seit mehr als 200 Jahren betrieben wird. Auch wertvolle Mineralien und Kohle, Kupfer, Zink, Silber, Gold, Eisenerz, Erdgas, Erdöl, Blei und Molybdän sind in den Rockys zu finden.*

170 Mitte rechts *Im Rocky Mountain National Park findet man wunderschöne Bergwiesen, die einen fast an die europäischen Alpen erinnern.*

170 unten *In den tieferen Lagen des Rocky Mountain National Park befinden sich grüne Wälder und klare Flüsse. 1859 ließ sich Joel Estes mit seinem Sohn Milton in diesem Gebiet, genannt Estes Park, nieder. 1909 startete Enos Mills eine Kampagne zur Erhaltung dieser Gegend, worauf 1915 der Rocky Mountain National Park gegründet wurde.*

171 *Im Rocky Mountain National Park erheben sich schneebedeckte Gipfel über leuchtend blauen Bergseen. Ein Drittel des Parks liegt oberhalb der Baumgrenze und präsentiert dem Besucher eine nahezu arktische Tundra und Fauna. Die ersten Europäer, die die Rockys zu Gesicht bekamen, waren Pelzjäger Ende des 18. Jahrhunderts.*

172-173 *Die Maroon Bells, zwei über 4200 m hohe Gipfel in den Colorado Rockys südlich von Aspen im Licht der aufgehenden Sonne.*

Bergsteiger erreichen ausgepumpt den Gipfel eines der weniger bekannten Berge in der Region. Andere wiederum stehen in wasserdichten Anglerhosen in einem klaren Bergfluss und angeln. Dies sind die Rocky Mountains, das Rückgrat Amerikas. Nach einer scheinbar endlosen Fahrt durch die Great Plains erheben sie sich plötzlich vor den Augen des verwunderten Betrachters – eine Reihe von blauen, schneebedeckten Gipfeln in weiter Ferne. Die Sonne geht unter und in den noch immer weit entfernten Bergen beginnt eine aufregende Licht-Show, bei der plötzlich auftretende Lichtblitze lautlos die Dunkelheit durchschneiden. Die Rocky Mountains bieten frische Luft, schimmernde Flüsse, dunkelgrüne Fichtenwälder und hellgrün leuchtendes Espenlaub. Sie sind ein wunderbares Ferienziel und wegen ihrer Natur und ihrer kulturellen Vergangenheit in den Vereinigten Staaten als ein Gebiet für sich zu betrachten.
Woher kamen diese beeindruckenden Gipfel und wie entstanden sie? Die Rocky Mountains brauchten für ihre Entstehung ungefähr 60 Millionen Jahre. In diesem Zeitraum vergrößerte sich der Atlantische Ozean, wobei er die nordamerikanische tektonische Platte über die Farallon-Platte in den Pazifik schob. Dadurch wurde auch die Erdkruste zusammengedrückt, sodass sie sich an einigen Stellen aufwarf und Gebirge bildete. Geologisch gesehen dauerte die Entstehung der riesigen Rockys nicht sehr lange. Ihre

174 *Diese Aufnahme gibt einen Eindruck davon, wie wunderschön die Natur im Yellowstone National Park ist. Geysire, heiße Quellen, saftige Wiesen, Flüsse und eine unglaubliche Artenvielfalt in Flora und Fauna erfreuen hier die Besucher.*

175 oben *Die Bisonherde des Yellowstone National Park war eine der letzten, die zu Beginn des 20. Jahrhunderts noch übrig war. Zur Freude der Parkbesucher hat sich ihr Bestand bis heute wieder auf 2700 Tiere erhöht.*

175 Mitte rechts *Der Yellowstone River fließt nach Süden und stürzt über die Oberen Yellowstone-Wasserfälle, die hier ganz links oben nur teilweise sichtbar sind, herab. Die Unteren Yellowstone-Wasserfälle sind auf dem Foto links zu erkennen.*

175 Mittel links *Im Yellowstone National Park folgen die Besucher ausgeschilderten Wegen und Straßen, von denen jedoch manche nur zu Fuß erkundet werden können.*

175 unten rechts *Einer der stark gewundenen Wasserläufe im Yellowstone National Park, der sich durch üppige Wiesen schlängelt. Yellowstone liegt genau auf der kontinentalen Wasserscheide. Das heißt, alle Flüsse der Nordhälfte fließen zum Missouri und zum Atlantik, während sich die der Südhälfte in den Pazifik ergießen.*

175 unten links *Das Hauptquartier des National Park Service in Mammoth Hot Springs im Yellowstone National Park. Zu dem Gebäudekomplex gehört auch eine frühere Kavalleriekaserne aus dem Jahr 1916, als der Park gegründet wurde. Die 1. US-Kavallerie, die den Park in den ersten Jahren bewachte, war hier im ehemaligen Fort Yellowstone untergebracht. Ganz rechts erkennt man gerade noch einen Teil der heißen Quellen.*

__176 oben__ Der Grand Teton ist mit 4197 m der höchste Gipfel des gleichnamigen Gebirges. Der Name „Teton“ stammt wahrscheinlich von frankokanadischen Trappern, die diese Berge „Trois Tetons“ (drei Brüste) nannten.

__176 Mitte__ Diese Aufnahme zeigt die Grand Teton Range in all ihrer Schönheit. Die Gipfel von links nach rechts sind Nez Perce, Middle Teton, Grand Teton, Mount Owen und Teewinot Mountain. Rechts davon speisen drei Seen den Snake River: der Jenny Lake im Vordergrund, dahinter der Leigh Lake und ganz oben der große Jackson Lake.

kantigen, rauen Formen prägen das Aussehen des gesamten amerikanischen Westens mit seinen spektakulären Nationalparks wie Yellowstone, Rocky Mountain, Glacier und Grand Teton.

Der Rocky Mountain National Park eignet sich besonders gut für das Studium des Ökosystems. Er befindet sich in Colorado, in den südlichen Rocky Mountains also, die sich bis nach New Mexico erstrecken. Ein gutes Drittel des Parks liegt jenseits der Baumgrenze, wo bereits Tundra vorherrscht. Die restlichen zwei Drittel verfügen jedoch über einen prachtvollen Baumbestand. Die weißstämmigen Espen verleihen dem Gebiet eine geheimnisvolle Aura, wenn ihre Blätter im Wind erzittern und dabei das Licht einfangen. Überall auf den Berghängen und in den Tälern wachsen die so genannten Lodgepole-Kiefern. Die Indianer liebten sie einst wegen ihrer langen, schmalen und kerzengeraden Stämme, die als Zeltstangen ideal waren. Die Zapfen dieser Koniferenart benötigen übrigens die Hitze von Waldbränden, um sich zu öffnen und ihre Samen freizugeben. Ab einer Höhe von 2700 m betritt man das Reich der Douglas- und Engelmannia-Fichten mit tief verschneiten Wintern und feuchten Sommern. An der Obergrenze dieser Region nehmen die Bäume seltsam verdrehte und groteske Formen an, dann verschwinden sie ganz und der Kletterer befindet sich in alpiner Tundra, wobei man mehr als ein Viertel der dortigen flach wachsenden Pflanzenarten auch in der Arktis antrifft. Viele Wildtiere sind in dem Park beheimatet, so zum Beispiel Biber, Elch, Puma und andere durch Ausrottung bedrohte Arten. Im Herbst, wenn sich die Blätter der Espen goldgelb verfärben, scheinen die Berge zu glühen. Der Winter beginnt früh, meistens im Oktober, und beschert einen jährlichen Schneefall zwischen 9 und 12 Metern.

__176 unten__ Jackson Lake im Grand Teton National Park. Grand Teton war zwar bereits 1929 zum Nationalpark erklärt worden, aber erst durch die Bemühungen von John D. Rockefeller Jr. wurden auch die umliegenden Täler mit einbezogen. In den letzten Jahren verstärken sich die Forderungen von Naturschützern, eine noch größere Zone um Yellowstone und Grand Teton in die Parks mit einzubeziehen, um das gesamte Ökosystem vor Schaden zu bewahren.

__176-177__ Hermitage Point ragt in den Jackson Lake im Grand Teton National Park, genau südlich von Yellowstone. In der letzten Eiszeit gruben Gletscher große Becken ins Gestein. Als sie später schmolzen, hinterließen sie Unmengen an Geröllhaufen, die Moränen genannt werden. Eine dieser Moränen staute das Wasser im Jackson Lake, der Anfang des 20. Jahrhunderts durch einen Damm vergrößert wurde.

177 unten links *Die zerklüfteten Gipfel des Grand Teton National Park scheinen urplötzlich aus dem Flusstal des Snake Rivers in die Höhe zu wachsen. Mit ihrem Alter von „nur" 9 Millionen Jahren sind sie die jüngsten Berge der USA.*

177 unten rechts *Eine Bucht im Jackson Lake im Grand Teton National Park, zu dessen umfangreichen Tierbestand auch Elche, Gabelantilopen, Bären, Bisons, Adler, Schwäne und Kojoten zählen.*

Die Rocky Mountains erstrecken sich von Colorado aus nördlich nach Utah, Wyoming, Idaho und Montana. Eines der schönsten Erholungsgebiete in dieser Region ist der Grand Teton National Park. Die geologische Geschichte der Grand Teton Range begann vor 10 Millionen Jahren, als sich das Gebirge entlang eines 64 km langen Grabens erhob. Die Ebenen östlich des Grabens sanken ab und bildeten das Tal Jackson Hole. Zerbrochene Sedimentschichten aus altem Sandstein, Schiefer, Dolomit- und Kalkstein bedecken noch immer das Ende und die Rückseite des Teton-Gebirges. Das gesamte Gebiet ist so bröckelig, dass Wind, Wasser, Eis und Gletscher einen Großteil der Oberfläche abtrugen und man heute an den Seiten der Berge Granitgestein erkennen kann, das so alt ist wie die Erde selbst. Die Gletscher bewirkten die größten Veränderungen in den Tetons und das erst vor relativ kurzer Zeit. Sie gruben bei-

178 *Die Unteren Yellowstone-Wasserfälle lassen das Wasser 94 m tief in den Grand Canyon des Yellowstone stürzen. Die außergewöhnlichen Farben des Canyons entstanden durch eine chemische Reaktion zwischen unterirdischem Wasser und Vulkangestein. Dennoch stammt der Name des Flusses nicht von diesem Canyon, sondern von der Farbe der Felsen in der Nähe seines Zusammenflusses mit dem Missouri im Westen von North Dakota.*

179 oben *Mäander eines Flusses im Yellowstone National Park. 1988 wüteten zahlreiche Waldbrände in und um Yellowstone. Doch die Natur hat sich schnell wieder erholt.*

179 Mitte links *Der Grand Canyon des Yellowstone ist, vom Plateau bis hinab zum Fluss gemessen, 304 m tief. Er muss in verschiedenen Zeitabschnitten durch Erosion entstanden sein oder durch Überschwemmungen, die von schmelzenden Gletschern verursacht wurden.*

179 Mitte rechts *Schwefelbecken säumen den Yellowstone River auf dem Weg zum Yellowstone Lake.*

179 unten links *Der Yellowstone River kurz vor der Mündung in den Yellowstone Lake. Der Fluss passiert den See und begibt sich dann auf eine 965 km lange Reise, um sich mit dem Missouri zu vereinigen, der sich wiederum bei New Orleans in den Golf von Mexiko ergießt.*

179 unten rechts *Friedlich grasende Büffel im Yellowstone National Park. Erst seit kurzer Zeit gibt es im Park auch Wölfe. Diese Tierart stand wie die Büffel zu Beginn des 20. Jahrhunderts kurz vor der Ausrottung. In einem äußerst umstrittenen Projekt wurden die Wölfe kürzlich in die Fauna des Nationalparks eingegliedert, sehr zum Entsetzen der angrenzenden Rancher, jedoch zur Freude aller Parkbesucher und Tierschützer.*

spielsweise viele Seen ins Gestein. Der höchste Gipfel ist der 4197 m hohe Grand Teton. Insgesamt sind die Tetons wesentlich jünger als der Rest der Rockys. Zu den dort heimischen Tierarten zählen Elche, Wapitihirsche, Schwarzwild, Büffel und Kojoten. Aber wie viele andere Naturgebiete in den Vereinigten Staaten sind auch die Grand Tetons vom Fortschritt bedroht. Das benachbarte Jackson in Wyoming zum Beispiel hat sich bereits zu einem modernen Erholungsort mit Flughafen und unzähligen Ferienhäusern gewandelt.

Im Gegensatz zu den vereisten Gipfeln der Grand Tetons befindet sich der Yellowstone National Park auf einem elliptischen, von Bergen umgebenen Plateau aus Vulkangestein. Die Wunder dieses Naturparks sind das Ergebnis von drei Vulkanausbrüchen, von denen der letzte vor ungefähr 600 000 Jahren stattgefunden hat. Im Grunde genommen ist Yellowstone nichts anderes als ein kesselförmiger Krater, und zwar einer der größten der Welt. Hier gibt es nicht nur Wiesen und Wälder, sondern auch über 200 heiße Quellen und Geysire. Die unterirdische Hitze bringt im Winter den Schnee zum Schmelzen, sodass die im Park lebenden Tiere auch in der kalten Jahreszeit genügend Nahrung finden. Zu ihnen zählen übrigens auch ungefähr 93 000 Wapitis und 2700 Büffel.

Jackson Hole, Yellowstone und die Tetons wecken zwangsläufig Erinnerungen an die Vergangenheit. Schon bald nachdem Meriwether Lewis und William Clark die Region

180 oben *Geysire und heiße Quellen findet man im Yellowstone National Park an vielen Orten. Beide Phänomene werden von heißem Wasser verursacht, das aber zum Beispiel auch Fumarolen entstehen lassen kann. Dies sind Erdspalten, aus denen Gas- und Wasserdampf aufsteigt. Wenn über solchen Fumarolen säurehaltige Gase den Fels in Schlamm und Lehm verwandeln, bilden sich sogenannte „Mud Pots“.*

180 Mitte links *Die Mammoth Hot Springs im Yellowstone National Park werden von einer heißen Stelle unter der in diesem Gebiet relativ dünnen Erdkruste verursacht. Zwischen 1923 und 1985 hob sich hier der Erdboden um 90 cm, ehe er am nordöstlichen Ende dieser Region um 20 cm absank. Diese mit Erdbeben einhergehenden Erdbewegungen können durchaus ein Hinweis auf zukünftige, neu erwachende vulkanische Aktivitäten sein.*

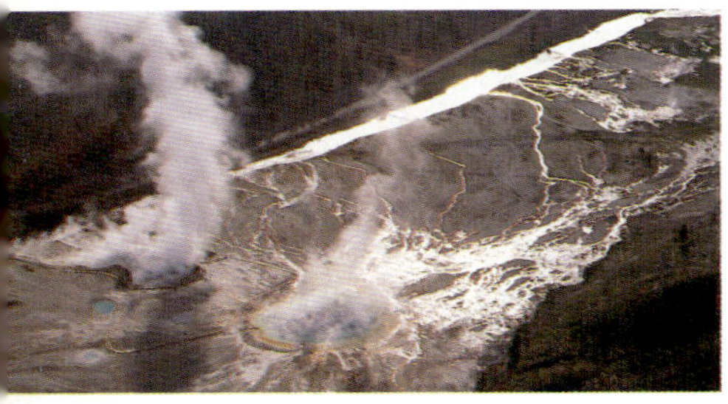

180 Mitte rechts *Old Faithful Geysir ist wohl die bekannteste und beliebteste Besucherattraktion im Yellowstone National Park. Auf dem Foto erkennt man den halbkreisförmigen Gehweg um das Geysirfeld herum mit Old Faithful in der Mitte. Das große Gebäude rechts ist die Old Faithful Lodge, links steht das Old Faithful Inn, das weltgrößte Hotel aus Holz mit einer über 27 m hohen Empfangshalle.*

180 unten *Noch eine Aufnahme der heißen Quellen im Yellowstone National Park.*

181 *Dieses Foto von der Grand Prismatic Hot Spring zeigt die spektakulären Farben, die durch bunte photosynthetische Bakterien erzeugt werden. Oberflächenwasser sickert in das poröse Gestein ein, wo es unter Druck erhitzt wird und als Geysir an die Oberfläche zurückkommt. Heiße Quellen entstehen durch Wasser, das weder überhitzt wird noch unter Druck steht. Die enorme Größe dieser Quelle lässt sich im Vergleich mit dem Gehweg und den darauf befindlichen Besuchern ausmachen.*

182 oben *Dicke Wolken verdecken teilweise den Blick auf den Custer State Park in den Black Hills von South Dakota, einem beliebten Ausflugsziel, bei dem sich sowohl Natur als auch Geschichte gut erkunden lassen.*

182-183 *Scotts Bluff in Nebraska erhebt sich 243 m hoch über das Tal des North Platte River. Diese Region galt bei den Pionieren auf dem Oregon Trail als erste Etappe auf dem 2000 Meilen langen Weg von Independence in Missouri nach Willamette Valley in Oregon. Zwischen 1842 und 1869 bereisten etwa 300 000 Menschen den Oregon Trail. In der Mitte des Fotos ist ein Besuchercenter des National Park Service erkennbar.*

182 unten *Auf diesem Foto kann man sehr gut einen Vergleich zwischen dem ursprünglichen amerikanischen Westen (links) und dem von Menschenhand veränderten Land mit seinen künstlich bewässerten Feldern (rechts) ziehen. Natürlich war die Gegend auf der rechten Seite des Bildes schon immer flach gewesen, aber mit Präriegras bewachsen; während sich das Gebiet rechts als zu steinig, wild und unzugänglich für die Landwirtschaft erwiesen hatte.*

erkundet hatten (1804-1806), ließen sich dort Pelztierjäger nieder, die es vor allem auf den überreichen Biberbestand abgesehen hatten. Ihre Erfolgsquote veranlasste geschäftstüchtige Amerikaner dazu, ganze Trappergruppen, die „Mountain Men", in die Rockys zu schicken. Es spielte dabei keine Rolle, ob sie sich nun innerhalb der damaligen US-Grenzen aufhielten oder nicht. John Colter, der schon vorher an der Expedition von Lewis und Clark teilgenommen hatte, war der erste Euroamerikaner, der die Grand Tetons und das Yellowstone-Gebiet zu Gesicht bekam. Um 1840 war der Biber beinahe ausgerottet. Später, als die Suche nach Mineralien die Pelztierjagd ersetzte, entstanden überall in den Rockys Siedlungen der Minenarbeiter.

Viele davon existieren heute noch (vor allem in Colorado) und sind an Namen wie Telluride, Ouray, Leadville und Silverton leicht zu erkennen. Die farbenfrohen viktorianischen Häuser, hinter deren Dächern sich die atemberaubendsten Berggipfel erheben, erinnern allerdings eher an die Kulisse für einen Hollywoodfilm als an eine authentische Westernstadt. Natürlich locken sie viele Touristen an, die im Sommer in den Bergen wandern und im Winter die Skipisten bevölkern.
Steamboat Springs, Aspen und Vail in Colorado sind weitere berühmte Skiorte. Nachdem über 20 Millionen Menschen jedes Jahr nach Colorado kommen, wurde der Tourismus zu einem der mächtigsten Industriezweige in dieser Region. Obwohl die Gegend weitaus weniger dicht besiedelt ist als anderswo, finden es jedoch zunehmend mehr Menschen hier so schön, dass sie für immer bleiben wollen, was wiederum eine Bedrohung für das Ökosystem mit sich bringt.
Wenn man sich von Yellowstone aus nach Norden wendet, gelangt man in die nördlichen Rockys, die durch Idaho, Montana und den Westen Washingtons verlaufen. Hier gibt es den Glacier National Park im nordwestlichen Montana. Der Name Glacier (Gletscher)

183 links *Felder auf der flachen Ebene am Platte River in der Nähe von Fort Laramie, Wyoming.*

183 oben rechts *Für eine effektive Landwirtschaft ist eine künstliche Bewässerung der Felder unumgänglich. Im Westen der USA (wie hier bei Scotts Bluff, Nebraska) sieht man häufig runde Felder, die durch kreisförmige Bewässerung entstanden.*

183 Mitte rechts *Chimney Rock in der Nähe des Platte River in Nebraska faszinierte die Reisenden auf dem Oregon Trail. Viele von ihnen konnten nicht widerstehen, ihren Namen in den Fuß des Felsens zu ritzen, der seit jenen Tagen durch Erosion stetig an Höhe verlor.*

183 unten rechts *Die Farmer von Scotts Bluff in Nebraska müssen um einige Felsformationen herum pflügen. Je nach Getreideart, benötigter Wassermenge und Lage der Felder werden auch unterschiedliche Pflug- und Bewässerungstechniken verwendet.*

kommt nicht von ungefähr: In diesem Park findet man 50 Gletscher und 200 von Gletschern gespeiste Seen. Mit 3185 m ist der Mount Cleveland die höchste Erhebung. Die Gletscher in diesem Park sind erst 4000 Jahre alt und bewegen sich sehr langsam – ungefähr 9 m pro Jahr. Der Glacier National Park erstreckt sich bis zum Waterton Lakes National Park in Kanada und umfasst eine der schönsten Gegenden der Welt. 1932 wurden beide Parks zum ersten internationalen Friedenspark

vereinigt. In einer einzigartigen Übereinkunft kümmert sich jedes Land um seinen Teil des Parks, kooperiert jedoch in Sachen Besucherservice, wissenschaftliche Forschung und Forstwirtschaft. Dieser Gemeinschaftsgeist könnte übrigens stellvertretend für die Einstellung der Bewohner in der Rocky-Mountain-Region stehen: Eine zupackende Art und freundschaftliches Miteinander sind für diese Menschen charakteristisch.

184 oben *Die 263 m hohe natürliche Felsformation Devil's Tower in Wyoming wurde 1906 von Präsident Roosevelt zum ersten Nationalmonument der USA erklärt. Das Vulkangestein des turmartigen Aufbaus ist wesentlich resistenter gegen Erosion als die umliegenden Felsen, sodass dieser wie ein übrig gebliebener Baumstumpf in der Landschaft steht.*

184 Mitte *In der Nähe der Gesichter von Mount Rushmore ehrt das Crazy Horse Monument den herausragenden Lakota-Häuptling, der 1877 in Gefangenschaft durch die Hand eines US-Soldaten starb. 1984 hatten Lakota-Häuptlinge den aus Boston stammenden Bildhauer Korczak Ziolkowski damit beauftragt, ein Indianerdenkmal als Gegenstück zu Mount Rushmore zu schaffen.*

184 unten *In den Hügeln und Tälern des Custer State Park kann sich nicht nur eine Bisonherde mit 1400 Tieren frei bewegen. Man findet hier auch wilde Truthähne, Damwild, Wapitis, Antilopen, Bergziegen und Dickhornschafe.*

184-185 *Die vier Gesichter von Mount Rushmore in den Black Hills von South Dakota stellen die Präsidenten George Washington, Thomas Jefferson, Theodore Roosevelt und Abraham Lincoln dar. Der Bildhauer Gutzon Borglum meißelte sie zwischen 1927 und 1943 in den Fels.*

185 unten *Dünne Felsnadeln erheben sich im Custer State Park, South Dakota, einem 44 km² großen Gebiet in den Black Hills. Der Park ist der ideale Ort zum Wandern, Klettern, Reiten, Fischen und Radfahren. Der Name stammt von General George Armstrong Custer. Er fiel am 25. 6. 1876 in einem Gefecht mit den Sioux unter Häuptling Sitting Bull mit seiner gesamten Abteilung von über 250 Mann.*

186-187 *Badlands National Park in South Dakota liegt im Osten der Black Hills. In dem 987 km² großen Park sind nicht nur außergewöhnliche Felsformationen zu finden, sondern außerdem die größte unter Naturschutz stehende Mischgras-Prärie der gesamten Vereinigten Staaten. 259 km² der Gesamtfläche sind völlig naturbelassene Wildnis, in der zahlreiche gefährdete Tierarten ein Refugium gefunden haben.*

188 oben *Das frei liegende Sedimentgestein des Glacier National Park ist insofern einzigartig, als dass es seit dem Proterozoikum (vor 1600 bis 800 Millionen Jahren) unverändert blieb. In dem Fels sind noch immer zahlreiche Fossilien und andere Phänomene aus Urzeiten vorhanden.*

188 Mitte *Die Besucher des Glacier National Park können sich an so schönen Aussichten erfreuen wie hier am Lake MacDonald, der von grandiosen Bergen umgeben ist und genau auf der kontinentalen Wasserscheide liegt.*

188 unten *Der Glacier National Park umfasst eine Fläche von über 4000 km² und wurde 1910 gegründet. Viele Tierarten sind hier zu Hause, zum Beispiel Wölfe, Grizzlybären und Pumas. Übrigens ist dies der einzige Ort in den unteren 48 Staaten, in denen diese drei Raubtierarten auch während des 19. und 20. Jahrhunderts niemals völlig ausgerottet wurden. 1932 wurde dieser Park zusammen mit dem Waterton Lakes National Park in Alberta, Kanada, zum ersten internationalen Friedenspark erklärt.*

188-189 *Ein Sommergewitter zieht über den Mount Reynolds im Glacier National Park hinweg. In diesem Park liegen 50 Gletscher, 200 von Gletschern gespeiste Seen und zahlreiche hohe Berge, von denen der Mount Cleveland mit 3184 m der höchste ist.*

189 unten links *Ein Hauch von Schnee bestäubt die Gipfel rund um den Lake MacDonald. Die topographischen Eigenarten dieser Region wurden von den massiven Gletschern während der letzten Eiszeit verursacht.*

189 unten rechts *Die Lewis-Overthrust-Verwerfung im Glacier National Park liefert der Wissenschaft Informationen, die mit weltweit stattfindenden geologischen Vorgängen verglichen werden können. Die Verwerfung entstand vor 170 Millionen Jahren durch eine Kollision tektonischer Platten, bei der sehr altes Gestein über jüngere Felsschichten geschoben wurde, was eine geologische Seltenheit ist.*

190 oben *Die Gletscher im Glacier National Park sind alle vor ein paar tausend Jahren entstanden. Sie schrumpfen, da jeden Sommer mehr Schnee schmilzt, als im Winter ersetzt werden kann. Mit dem wechselnden Klima in den letzten zwei Millionen Jahren sind immer neue Gletscher aufgetaucht und wieder verschwunden.*

190 unten *Gletscher formen die Landschaft. Mit Gestein und Geröll bewegen sie sich wie ein gigantisches Sandpapier über das Land.*

190-191 *Der Grinnell-Gletscher ist einer der über 50 Gletscher im Nationalpark. Ein Gletscher entsteht in Gegenden, in denen der Schnee auch im Sommer nicht schmilzt. Durch den Druck der oberen Schneeschichten werden die unteren Schichten zu Eis zusammengepresst. Das Eis direkt unter der Oberfläche eines Gletschers ist oft hart und brüchig. Durch den Druck der oberen Eisschichten bewegen sich die unteren Lagen aufgrund der Schwerkraft langsam bergabwärts.*

191 oben *Die riesigen Eisfelder längst vergangener Zeiten existieren nicht mehr, aber die kleineren Gletscher im Glacier National Park können uns viel über dieses faszinierende Naturphänomen lehren.*

192-193 *Die grandiosen Gipfel des Flathead Valley's Mission Range erheben sich im Reservat der Flathead-Indianer in der Nähe von Ronan, Montana. Ebenfalls in dem Reservat befindet sich die National Bison Range. Das Flathead-Reservat ist die Heimat der Salish- und Kootenai-Stämme und das drittgrößte seiner Art in Montana.*

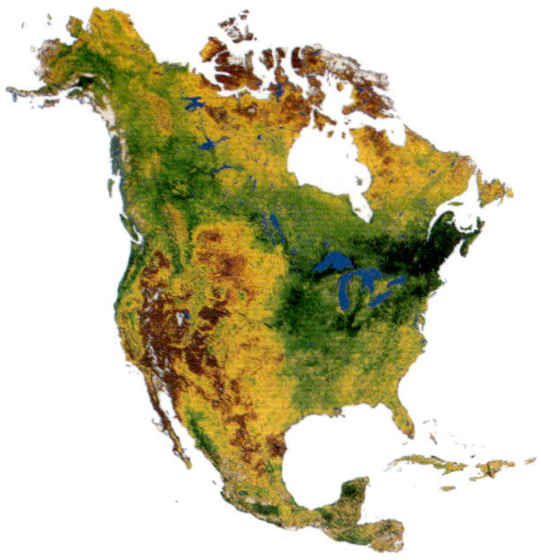

Sonne, Wind und Erde:

194-195 *Lake Powell ist der zweitgrößte Stausee Nordamerikas und besitzt eine Uferlinie von 3153 km Länge. Gespeist wird er vom Colorado River, der durch den Glen-Canyon-Damm aufgestaut wird. Benannt wurde der See nach dem Entdecker John Wesley Powell, der mit seinem Team als Erster die Colorado River Canyons in voller Länge befuhr. Allerdings hat der Stausee die Gegend und den Glen Canyon selbst so verändert, dass sie nichts mehr mit der Landschaft zu tun haben, die Powell 1869 zu Gesicht bekam.*

Das Wüstengebiet im Südwesten

194 unten *Der Eingang zum MGM Grand Hotel in Las Vegas symbolisiert Leo, den Löwen, das Markenzeichen der Filmstudios. Mit 5005 Zimmern ist es das größte Hotel der Welt. Im Jahr 1931 wurde das Glücksspiel in Las Vegas legalisiert und die Stadt erlebte nach dem Zweiten Weltkrieg einen unglaublichen Aufschwung, als große Investoren (teilweise auch Mitglieder des organisierten Verbrechens) hier Casinos und Hotels errichteten. Spielhallen und Shows mit berühmten Unterhaltungskünstlern locken jedes Jahr zahlreiche Besucher in diese glitzernde Stadt inmitten der Mojave-Wüste.*

195 *Der Wüstenort Palm Springs in Kalifornien ist seit den 30er Jahren ein beliebter Wohnort für die Prominenz der Filmindustrie von Los Angeles. Zu den berühmtesten Einwohnern zählten und zählen unter anderem Bob Hope, Frank Sinatra und der frühere Präsident Gerald Ford, der hier das schöne Wetter und die phantastischen Golfplätze genießt.*

196 oben links *Dort, wo sich der Colorado River dem Grand Canyon nähert, gräbt er sich tiefer in das Kaibab Plateau. Im Laufe von Äonen zerbröckelten die Felswände und der Canyon verbreiterte sich. Circa drei bis sechs Millionen Jahre dauerte es, ehe der Canyon sein heutiges Aussehen erhielt.*

196 oben rechts *Auf der gesamten Länge des Grand Canyon erkennt man die Handschrift der Natur. Was dem Wasser nicht ganz gelang, führten Wind, Eis, urzeitliche Vulkane und Erdrutsche zu Ende. Der Grand Canyon ist das Ergebnis aus dem Zusammenwirken sämtlicher Naturkräfte.*

196-197 *Jeder, der den Grand Canyon zum ersten Mal sieht, ist überwältigt von seiner Schönheit. Und die erste Frage ist immer: „Wie ist er entstanden?" Ein Rätsel, das die Wissenschaft schon seit Jahren zu lösen versucht. Wahrscheinlich ist der Grand Canyon das spektakulärste Beispiel für natürliche Erosion. Eine Spalte, die auf 445 km Länge dem Flusslauf folgt und bis zu 29 km breit wird. Unterhalb von Yavapai Point liegt der Grund des Canyons in 1371 m Tiefe.*

Ein Rabe schwebt über den Wänden des Canyons und vertreibt mit seinem schrillen Ruf etwaige Angreifer. Darunter ruht ein Schaf auf einem unglaublich steilen Felsvorsprung. Millionen funkelnder Lichter lassen Las Vegas inmitten der unwirtlichen Wüste aussehen wie eine Fata Morgana. Am Ende einer steilen Straße in Jerome, Arizona, erzählen Originalgebäude von den wilden Tagen des alten Westens. Ein heißer Augusttag endet in einem plötzlich auftretenden Unwetter, das das lang ersehnte Wasser in die Wüste bringt. Boote befahren einen kleinen Seitencanyon des Lake Powell, der zur Rainbow Bridge führt, dem höchsten natürlichen Felsbogen der Welt und ein heiliger Ort für die Navajo-Indianer. Während ein überraschender Schneesturm den Norden Arizonas mit seiner weißen Pracht bedeckt, verwandelt sich der Grand Canyon in ein Märchenland, dessen felsige Erhebungen und Vorsprünge aus gefrorenem Schichtkuchen zu bestehen scheinen. Eine Holzleiter lehnt an einer uralten Indianerbehausung etwa 300 m über dem Tal. Wind pfeift durch die Wacholderbüsche am Rand eines Canyons, dessen bunte Felsen Zeugnis über eine seit Millionen Jahren währende Erosion ablegen. Hitze, Sand, Kakteen – das fällt den meisten Menschen zum Begriff Wüste ein. Wenn sie durch so ein Gebiet fahren, sehnen sie sich nach hohen Bäumen, Seen oder Meeren und Feldern mit wogendem Gras oder Getreide.

197 unten *Es ist äußerst schwierig, die gesamte Schönheit des Grand Canyon mit einer Kamera einzufangen. Auf diesem Foto windet sich der Marble Canyon durch die Painted Desert und bringt den Fluss zu den noch spektakuläreren Wundern des Grand Canyon. Auch wenn der Canyon für ungeübte Betrachter wie eine Ödnis erscheint: Hier leben etwa 70 Säugetier-, 250 Vogel-, 25 Reptilien- und 5 Amphibienarten.*

196 unten *Der Grand Canyon besteht aus einer Reihe verschiedenartiger Gesteinsschichten. Zuunterst im Canyon befindet sich die so genannte Vishnu-Gruppe. Darüber liegt Tapeats-Sandstein, gefolgt von Bright-Angel-Schiefer, Muar-Kalkstein, Redwall-Kalkstein, der Supai-Gruppe, Coconino-Sandstein und ganz oben der Kaibab-Kalkstein. Da der größte Teil des Gesteins als Sediment unter Wasser entstand, nimmt man an, dass sich in dem Canyongebiet früher ein riesiges Binnenmeer befand.*

197 oben *Die Gesteinsschichten des Grand Canyon bildeten sich im Verlauf von Jahrmillionen, in denen sich tektonische Platten und Kontinente verschoben sowie Ozeane entstanden und vergingen. Aber der Canyon selbst entstand erst vor ungefähr 70 Millionen Jahren, als die Ozeane zurückwichen und die Rocky Mountains aufgeworfen wurden. Das von den Bergen herabströmende Regenwasser vereinte sich in einem Flussbett. So entstand der Colorado River, der sich seinen Weg durch eine flache Ebene zu graben begann. Zur selben Zeit wurde durch den Druck im Erdinneren das Colorado-Plateau in die Höhe gehoben, sodass sich der Fluss leichter durch den Fels fressen konnte.*

Aber es gibt auch Menschen, für die die Wüste zu den schönsten Orten der Welt zählt, eine Region mit vielen Gesichtern und einer abwechslungsreichen Flora und Fauna. Sie sehen die Unterschiede zwischen den vielen Felsarten, die Schönheit der überwältigenden Farben, Pflanzen und Blumen, die Heiterkeit der Flüsse und saisonalen Bäche, die sich ihren Weg durch die Wüste bahnen.
In den Vereinigten Staaten gibt es nicht nur eine, sondern drei Wüsten. Die Mojave-Wüste ist die westlichste, kleinste und mit 5 cm Niederschlag pro Jahr auch die trockenste von allen. Die Sonora-Wüste zieht sich von Südarizona bis nach Mexiko hinein. Die dritte ist die Chihuahua-Wüste, die allerdings bis auf einen kleinen Teil, der sich nach Texas und New Mexico erstreckt, in Mexiko liegt. Diese Wüsten entstanden vor ungefähr 40 Millionen Jahren. Damals bildete sich ein heute noch existierendes Hochdruckgebiet, das in Verbindung mit den Bergen entlang der Küste die meiste Zeit des Jahres den Regen daran hindert, ins Landesinnere vorzudringen.
Trotz aller herrschenden Vorurteile ist die Wüstenregion voller Leben. Allein in der Moja-

ve-Wüste gibt es 250 Arten von Wildblumen. In der Sonora wachsen 600 verschiedene Arten und die Chihuahua-Wüste weist immerhin 100 Kaktusarten auf. Hier und da wächst ein Berg aus dem Boden und bietet Schutz für Bären, wilde Schafe und Luchse. Die überraschende Vielfalt dieses Landes erkennt man übrigens am besten während einer Fahrt von Phoenix zum Grand Canyon.
Der Grand Canyon, 1,6 km tief, mit einer Breite zwischen 182 m und 29 km und einer Gesamtlänge von 445 km, ist für die meisten Besucher der Inbegriff dieser Wüstenregion. Das Wasser, das durch den Canyon fließt hat, in Verbindung mit Wind, Schwerkraft und der temperaturbedingten Expansion und Kontraktion des Felsgesteins, im Laufe von Millionen von Jahren diesen Grand Canyon erschaffen. Das Nord- und das Südende sind fünf Stunden Autofahrt voneinander entfernt. Die schnellste Verbindung zwischen diesen beiden Punkten bietet ein Weg, bei dem man allerdings den Colorado River auf einer kleinen Hängebrücke

198 oben *Der Grand Canyon National Park, der 1919 geschaffen wurde, umfasst eine Fläche von 4921 km^2 und 445 km des Colorado River. Wandern, Rafting und die Schönheit der Natur genießen sind die bevorzugten Freizeitaktivitäten am Grand Canyon. Vielleicht aber auch noch ein bisschen mehr, z. B. Nachdenken über den Stellenwert, den der Mensch in einem Universum einnimmt, zu dem etwas derart massives und unendlich faszinierendes gehört wie der Grand Canyon.*

198 unten *Die ersten Menschen, die im Grand Canyon lebten, waren Indianer. Als Jäger und Sammler verbrachten sie den Sommer am Rand des Canyons und den Winter in seinem Inneren. Zu den Spuren, die sie hinterließen, gehören Wohnhöhlen und Überreste von Gebäuden sowie Tonscherben, Sandalen und kleine Figurinen, die Pferden oder Hirschen ähneln. Ihre Welt bestand aus Gesteinsschichten und so faszinierenden Aussichten wie dieser hier auf dem Foto.*

198-199 *Es gibt kaum einen erhebenderen Anblick als einen Sonnenuntergang über dem Grand Canyon. Sehr zu empfehlen ist auch ein Abstieg in den Canyon auf einem speziell ausgeschilderten Weg, der an den verschiedenen Gesteinsschichten vorbei und durch sechs oder sieben Vegetationszonen führt, die von mexikanischer Wüste am Grund des Canyons bis hin zur Alpenregion am Nordrand reichen.*

199 unten *Der erste Europäer, der den Grand Canyon sah, war Don Lopez de Cardenas, der Kommandeur einer Splittergruppe, die 1540 von Coronados Expedition ausgesandt worden war. Der Canyon wurde jedoch erst 1869 von John Wesley Powell vollständig erforscht, der mit seinen Männern die Stromschnellen hinabfuhr. 1872 kehrte er mit einem größeren Team zurück, um die Wunder des Canyons zu malen und zu fotografieren. 1908, gerade als die Goldgräber begannen begehrliche Blicke auf den Canyon zu werfen, erklärte Theodore Roosevelt den Canyon zum nationalen Monument und bewahrte ihn so vor kommerzieller Ausbeutung.*

201 Mitte links Die Wüste ist die Heimat vieler Tiere. Kojoten und Füchse, Ratten und Mäuse – sie alle sparen Energie, indem sie sich tagsüber in ihren Bauten und Löchern verstecken. Eidechsen und Schlangen halten sich jedoch tagsüber im Freien auf.

201 unten links Hohe Felsformationen und rote Klippen bestimmen das Landschaftsbild rund um Lake Powell. Die schroffe Gegend ist so eindrucksvoll, dass sie einem wahrscheinlich noch länger im Gedächtnis bleibt, als der künstliche See in ihrer Mitte.

201 oben rechts Eines der Hauptargumente gegen Lake Powell war und ist die irreparable Beschädigung der Natur. Als Beispiel dafür wird häufig der so genannte „Badewannenrand" zitiert, den man hier auf diesem Foto deutlich erkennt. Dieser weiße Rand um den See entsteht durch den Bleicheffekt, den das Wasser auf den roten Sandstein ausübt. Je nach Wasserstand sind 2 bis 3 m des Randes sichtbar.

201 unten rechts Trotz aller Vorteile, wie Stromgewinnung, Wasserreservoir und Überschwemmungskontrolle, ist kein Projekt der US-Regierung so kontrovers aufgenommen worden wie der Lake Powell und der Glen-Canyon-Staudamm. Umweltschützer kritisieren nicht nur die Flutung des Glen Canyon, sondern auch die Veränderung der Umwelt durch das Ökosystem eines künstlichen Sees und das Ausbleiben der jährlichen Frühjahrsüberschwemmung.

200 Lake Powell, der vom Colorado River hinter dem Glen-Canyon-Damm aufgestaut wird, ist 322 km lang. Der Staudamm wurde von 1956–1964 aus 3,8 Millionen Kubikmeter Beton erbaut. Sein Kraftwerk erzeugt 1,3 Millionen Kilowattstunden.

201 oben links Zu den Pflanzen, die sich neben dem Lake Powell angesiedelt haben gehören Flechten, Kakteen und Yuccas. Wilde Blumen erblühen hier im Frühjahr und im Sommer nach besonders heftigen Regenschauern.

überqueren muss, die gerade breit genug für eine Person und ein Maultier ist. Dennoch bedeutet dieser Weg, dass man mindestens 16 km bergab und dann 24 km wieder bergauf gehen muss, ehe man sein Ziel erreicht hat. Das nördliche Ende liegt durchschnittlich 91 m höher als das südliche und ist von einem dichten Fichtenwald umgeben. Die meisten Besucher bestaunen jedoch vor allem die merkwürdigen Formen der Tafelberge im Canyon sowie das atemberaubende Panorama auf diese unvorstellbar riesige Schlucht. Der Grand Canyon macht die Menschen bescheiden. Es gibt wohl nicht viele Orte auf der Welt, die einem die Bedeutungslosigkeit des Menschen inmitten von Gottes Natur besser vor Augen führen könnten. Und durch diese Schlucht schlängelt sich der Colorado River, jener mächtige Fluss, der mit Leichtigkeit Geröllbrocken von über einer Tonne Gewicht mit sich reißt. Ein Fluss, der genau jenes Paradoxon verkörpert, auf das Uneingeweihte niemals vorbereitet sind: Wasser mitten in der Wüste.

Natürlich gibt es heute, bedingt durch die Eingriffe und Anstrengungen des Menschen, mehr Wasser in der Wüste als ursprünglich. Auf der Fahrt nach Nordwesten in Richtung Las Vegas hat man sich gerade an die Wüstenszenerie gewöhnt, wenn plötzlich ein überraschendes Blau zwischen den Rot- und Brauntönen der

202 oben und 202-203 *Das Lake-Powell-Gebiet war in Urzeiten von Indianerstämmen bewohnt, die Jagd auf mittlerweile ausgestorbene Langhorn-Bisons und Mammuts machten. Als das Klima wärmer wurde und die Gegend sich in eine Wüste zu verwandeln begann, bauten die Indianer Pueblodörfer in natürlichen Felshöhlen oder auf dem Erdboden. Die Blütezeit der Pueblokultur war zwischen 1050 n. Chr. und 1250. Die alten Pueblostämme verließen Ende des 13. Jahrhunderts aus unbekannten Gründen die Region und andere Stämme wie die Paiute, Ute und Navajos zogen hierher und leben heute noch auf dem Coloradoplateau.*

203 oben *Seit dem Einsetzen großer Fischbestände, wie Barsche, Forellen, Hechte und Welse, ist der Lake Powell ein Paradies für Angler geworden. Zu den Rekordfängen der letzten Jahre gehören ein 48 Pfund schwerer Streifenbarsch, ein 24 Pfund schwerer Wels, ein 32 Pfund schwerer Karpfen und eine 17 Pfund schwere Forelle.*

203 Mitte *Zahlreiche Boote bevölkern die Anlegestellen von Wahweap Marina am Lake Powell. Bootfahren gehört zu den beliebtesten Zeitvertreiben am See und die Auswahl an Bootstypen zum Ausleihen ist riesig (auch Renn- und Hausboote sind dabei!). Viele Familien mieten sich z. B. ein Hausboot für eine Woche, schippern über den See und erkunden dabei seine Nebencanyons.*

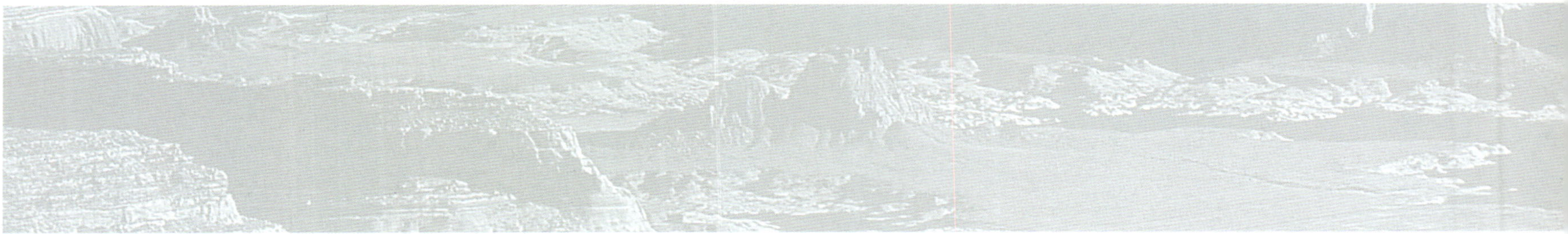

Felsen auftaucht. Und dann, während man eine gewundene Straße hinabfährt, sieht man dieses unglaubliche Menschenwerk: den Hoover-Damm (1935) und dahinter den riesigen Stausee. Durch den 221 m hohen Damm nahe Las Vegas wurde der 176 km lange Lake Mead geschaffen. Dank ihm können die Menschen heute inmitten einer erbarmungslosen Wüste, in der die Temperaturen jeden Tag mindestens 40 °C erreichen, schwimmen, Wasserski fahren, rudern und angeln. Im Nordosten staut der 216 m hohe Glen-Canyon-Damm den 289 km langen Lake Powell. Beide Dämme dienen sowohl der Erholung als auch der Energiegewinnung und beide wurden von Umweltschützern scharf kritisiert. Besonders umstritten war der Bau des Glen-Canyon-Damms, der 1964 fertig gestellt wurde, da er den gesamten Glen-Canyon unter Wasser setzte. Einige Umweltschützer, darunter auch der Schriftsteller Edward Abbey, waren so erzürnt darüber, dass sie drohten, den Damm mit Dynamit zu sprengen.

Auf der anderen Seite gibt es aber auch noch die traurige Geschichte des verschwindenden Colorado River. An seinen Ufern liegen Farmen und Städte, die von seinem Wasser leben. Heute kommt es nur noch selten vor, dass überhaupt etwas Wasser in seinem Flussbett bis nach Mexiko gelangt, denn der Fluss wird in den USA einfach komplett aufgebraucht.

Nördlich der Wüsten befinden sich das Great Basin und das Coloradoplateau, eine Region von über 770 000 km² Größe, in der Wasser knapp ist und der ständige Wind die Felsen in die unglaublichsten Formen zwingt. Das Plateau bietet dem Besucher herrliche Ansichten, z. B. das berühmte Monument Valley und den Arches National Park. In der Mitte des Plateaus liegt der Zion National Park, den man über die Route 1 durch den Pine Creek Canyon und einen kilometerlangen Tunnel erreicht, der wiederum in das unvergleichliche Zion Valley führt. Als die Mormonen zum

203 unten *Manchmal erscheint einem Lake Powell mit seinem blauen Wasser, das von roten Sandsteinfelsen umgeben ist, wie die seltsame Phantasiewelt aus einem Science-Fiction-Film. Das ist auch der Grund, warum seit Fertigstellung des Dammes hier immer wieder Filme (z. B. „Planet der Affen“) gedreht wurden.*

ersten Mal hierher kamen, war ihnen dieses Tal wie Zion, das gelobte Land, erschienen, was man auch heute noch durchaus nachvollziehen kann. Aus jedem der phantastischen Felsen scheint Wasser zu fließen und sich in den Virgin River zu ergießen, der von einem schmalen Canyon eingeschlossen ist. Das Wüstenland besitzt so viele schöne Orte, dass man sie hier gar nicht alle aufzählen kann. Offensichtlich empfinden das sehr viele Menschen so, denn die Staaten Nevada und Arizona sind die am zweit- und drittschnellsten wachsenden Gebiete der USA (an erster Stelle liegt Alaska). Allein in Arizona stieg die Bevölkerungsrate zwischen 1980 und 1990 um 34 Prozent an. Zwar ist diese Region hauptsächlich als traditionelles Bergbaugebiet bekannt (sie liefert auch heute noch die Hälfte des jährlichen Kupferbe-

darfs), aber das Bild des grauhaarigen Goldgräbers mit seinem Muli ist eine historische Phantasie. Das Einkommen in den südwestlichen Staaten hängt heute größtenteils von der Unterhaltungs- und Tourismusbranche sowie von Handelsunternehmen ab.

Die Wüste ist noch immer ein Land voller Geheimnisse. Trotz des Bevölkerungszuwachses, der sich vor allem auf Städte wie Phoenix, Tucson und Las Vegas konzentriert, gibt es noch immer genügend Wildnis in diesem Gebiet. Viele Indianerstämme, darunter Hopi, Zuni, Navajo, Taos, Acoma und Apachen, nennen diese Gegend ihre Heimat. Einst war dies das Land der „Alten", in der Navajo-Sprache „Anasazi" genannt, die dort zwischen 900 und 1200 n. Chr. in Höhlen und auf den Ebenen die erstaunlichsten Bauwerke errichteten. Diese Menschen waren talentierte Architekten, Händler und Goldschmiede, deren Nachkommen, die Hopi und andere Pueblostämme, die alten Traditionen fortführen. Einige der Anasazi – ein Ausdruck, den viele Pueblostämme heute missbilligen – lebten in Gebäuden wie die in Mesa Verde in Colorado, Montezuma Castle in Arizona und Bandelier in New Mexico. Sie bauten aber auch große Dörfer, wie man an den Ruinen von Pueblo Bonito im Chaco Canyon, New Mexico, gut erkennen kann. Dort fanden einst 1000 Menschen in vierstöckigen Häusern Platz, die ohne Mörtel auf einem 12 km^2 großen Stück Land errichtet wurden. Dass heute noch ein großer Teil des alten Dorfes steht, spricht für das Können der Baumeister.

Die Wüste weiß vieles zu berichten und so manches findet sich in den Geschichten der

204 oben links *Lake Mead ist ein Wasserreservoir, das durch den Bau des 221 m hohen Hoover-Staudammes 1935 erschaffen wurde. Wie Lake Powell im Nordosten des Grand Canyon steht auch der Lake Mead im Westen in einem unwirklichen Kontrast zu der ihn umgebenden Mojave-Wüste. Hier gedeihen nur noch Pflanzen und Tiere, die ihre Lebensweise an die unwirtlichen Bedingungen dieser extremen Wüstenregion angepasst haben.*

204 Mitte links Vor der Errichtung des Hoover-Damms verirrte sich kaum jemals ein Mensch in die Gegend um den Fluss, der heute den Lake Mead speist. Die dort ansässigen Indianer bekamen höchstens ein paar Abenteurer oder Trapper zu Gesicht. Heute jedoch lockt der See jährlich tausende von Besuchern in die Wüste. Viele von ihnen fahren mit neuen Erkenntnissen über die strenge Schönheit der Wüste wieder nach Hause.

204 unten rechts Der 177 km lange Lake Mead beginnt am Westende des Grand Canyon und endet am Hoover-Staudamm. Boulder Basin liegt weniger als 35 km von Las Vegas entfernt und bietet den Städtern ein willkommenes Ausflugsziel.

204-205 Trotz der kargen Landschaft rund um den Lake Mead gibt es hier ein reges Tier- und Pflanzenleben. Am Tage ziehen häufig Dickhornschafe zum Trinken an den See hinunter, während sich viele Vogelarten wie Enten, Kormorane, Gänse und Pelikane an den Wasserpflanzen und an dem großen Fischbestand gütlich tun.

205 unten In Callville Bay am Lake Mead findet man neben einer Ranger-Station auch Camping- und Picknickplätze sowie Anlegestellen für Boote. Die Bucht liegt genau gegenüber von Boulder Basin, ungefähr 11 km südlich vom Hoover-Staudamm.

206-207 *Blick über das abendliche Las Vegas inmitten der Mojave-Wüste. Ein Bauboom, der in den 80er Jahren begann, hat Las Vegas spezielle Hotels mit angeschlossenen Unterhaltungsmöglichkeiten beschert, die für die ganze Familie geeignet sind. Zu den großen Hotelkomplexen, die man auf diesem Foto sehen kann, zählen das Bellagio, Treasure Island, Stardust und Circus Circus.*

206 unten *Außer dem Glücksspiel in den Casinos hat Las Vegas noch eine weitere Besonderheit zu bieten: Heiratswillige Paare können sich hier ohne großen Aufwand trauen lassen. Kein Wunder, dass man sich an diese Stadt, die hier inmitten der Wüste aus dem Boden wächst und kaum über eigene Wasservorräte oder Möglichkeiten zur Nahrungsproduktion verfügt, als an einen Ort erinnert, an dem es besonders viele Elvis-Presley-Imitatoren und hunderte von Hochzeitskapellen gibt.*

__207 oben__ Die glitzernden Lichter von Las Vegas verlieren sich hinter dem Palace Station Hotel in der Ferne. Das Palace Station wurde 1976 eröffnet und dient als Modell für den neuen „Look“ der Hotel-Casinos von Las Vegas.

__207 unten__ Zu den Hotels, die sich am „Strip“ drängeln, gehören das grüne MGM Grand, das Mandalay Bay, die bunt erleuchteten Türme des Excalibur, das New York New York im Wolkenkratzerdesign und das etwas traditionellere Flamingo Hilton ganz rechts. Die in den Hotels angebotene Unterhaltung reicht von Glücksspielen bis zu Konzerten. Das MGM Grand Adventures bietet sogar einen Vergnügungspark mit Ponyreiten, Geschäften und Restaurants.

__208-209__ Der Wet 'n' Wild Aquatic Park in Las Vegas bietet jede nur denkbare Vergnügungsmöglichkeit mit dem in der Wüste so seltenen Wasser. Ganz oben links erkennt man dagegen gerade noch, wie die Landschaft hier in Wirklichkeit aussieht.

Indianer und den Possen von Coyote, dem Gauner wieder. Es ist kein Wunder, dass in den Indianermärchen so viele Tiere vorkommen, denn die Fauna dieser Region ist faszinierend. So bietet sich dem Betrachter beispielsweise jeden Sommerabend bei Einbruch der Dämmerung dasselbe Schauspiel: Mexikanische Fledermäuse flattern zu tausenden aus ihren Höhlen und erobern die Wüste. Sie wiegen nur etwa 25 Gramm, haben eine Flügelspannweite von 30 cm und können bis zu 3000 m hoch fliegen. In nur einer Nacht vertilgt eine große Fledermauskolonie, wie die in Bracken Cave oder Carlsbad Caverns, ungefähr 250 Tonnen Insekten, darunter auch Moskitos und andere Schädlinge.

Die Nacht in der Wüste ist aber nicht nur für Fledermäuse etwas ganz Besonderes. Als Mensch staunt man über die Millionen von Sternen und versteht vielleicht zum ersten Mal, woher die Milchstraße ihren Namen hat. Der Himmel erscheint mitten in der Wüste deshalb so klar, weil dort keine Feuchtigkeit die Luft trübt und die Sicht nicht durch das Licht der Großstädte behindert wird. Hin und wieder ertönt der Ruf eines der vielen nachtaktiven Tiere. In der Ferne heult ein Kojote und lässt uns über die Vergangenheit, aber auch über die Zukunft dieser aufregenden Wüstenwelt nachdenken.

FUJIFILM
STOP

__210 oben__ Vor der Glaspyramide des Hotel Luxor liegt eine Nachbildung der ägyptischen Sphinx. Streng genommen befindet sich genau vor dem Hotel eine Lagune, der so genannte Karnaksee mit Schilf, Palmen, Felsformationen und Pharao-Statuen. Die 2526 Gästezimmer befinden sich an den Seiten der Pyramide und sind mit Möbeln im altägyptischen Stil ausgestattet. Einen Hauch von Abenteuer verspricht die Besichtigung der nachgebildeten Grabkammer von Tut-Ench-Amun. Und die Kellnerinnen in dem riesigen Casino sehen mit ihren Perücken aus wie Kleopatra.

__210-211__ Die Fassade des Hotels New York New York mit seinen 2033 Zimmern besteht aus den Nachbildungen berühmter Gebäude und anderer Sehenswürdigkeiten von New York City. Das Casino ist 7800 m² groß und in den Restaurants werden alle Gerichte des typischen New Yorker Völkergemischs serviert. Das vornehme Hotel Monte Carlo wird dagegen von einer etwas anderen Klientel bevorzugt. Seine Räume sind ganz im Stil der Jahrhundertwende gehalten und mit kostbarem italienischen Marmor verziert. Auch hier gibt es ein 9492 m² großes Casino.

211 oben links *Das Hotel Excalibur soll in seinem Aussehen an ein altes englisches Schloss erinnern. Jede Nacht kämpft der Zauberer Merlin in einer Laserlichtshow neben der Zugbrücke mit einem Drachen. Zusätzlich gibt es hier eine kleine mittelalterliche Einkaufsstadt mit Straßenkünstlern, Zauberern und Minnesängern sowie eine Spielzone für Kinder, genannt „der Kerker". Die Hauptattraktion ist jedoch King Arthur's Tournament, ein echtes Ritterturnier, das in einem 900 Zuschauer fassenden Theater stattfindet.*

211 oben rechts *Zum Hotel Bellagio (links) gehören 14 Restaurants und eine Kunstgalerie mit echten Werken von Monet, Van Gogh, Renoir, Picasso und anderen berühmten Malern. Rechts davon liegt Treasure Island, wo jeden Abend eine Seeschlacht zwischen Piraten und der britischen Marine stattfindet, bis eines der Schiffe richtig untergeht. Im Hotel Circus Circus vollführen rund um die Uhr Trapezkünstler und Hochseilakrobaten ihre Kunststücke über den Köpfen der Casinobesucher. Man kann wirklich sagen, dass es auf der Welt keinen zweiten Ort wie Las Vegas gibt.*

211 Mitte *Die Häuser von Las Vegas und die Berge in der Ferne bilden einen angemessenen Hintergrund für den Stratosphere Tower, einem Aussichtsturm, der ein spektakuläres Panorama von Las Vegas und der umliegenden Gegend bietet. Innerhalb eines 65 km großen Kreises um Las Vegas erwecken die majestätischen Gebirge und der Toiyabe National Forest eher den Eindruck, man befände sich in den Rockys von Colorado als in der Wüste von Nevada.*

211 unten *Die Erfolgsstory von Las Vegas geht weiter, trotz der Legalisierung des Glücksspiels in vielen anderen Staaten der USA. Las Vegas bleibt nicht zuletzt deswegen interessant, weil hier neben den ansässigen Publikumslieblingen wie Siegfried & Roy auch zahlreiche berühmte Entertainer aus aller Welt auftreten. Mit neuen Hotels und Vergnügungsparks gelang es der Stadt außerdem, ihre Attraktivität auch auf erholungssuchende Familien auszudehnen.*

212 Mitte rechts *Death Valley ist der tiefste Punkt der westlichen Hemisphäre: bei Badwater Basin liegt es fast 86 m unterhalb des Meeresspiegels. Im Sommer erreichen die Temperaturen bis zu 40 °C, an manchen Tagen sogar über 50 °C. Im Winter dagegen hat es hier angenehme 16 °C. Das Tal hat eine der größten Salzpfannen der Welt, in der man viele Arten von Salz findet. Das Grundwasser ist zwar direkt unter der Erdoberfläche, aber es ist zum Trinken viel zu salzig.*

212 unten *Zabriskie Point im Death Valley gehört zu einem komplexen geologischen Puzzle innerhalb des Parks. Die Gesteinsschichten in dieser Region erzählen fast die gesamte Entstehungsgeschichte der Erde. Wie in vielen anderen Wüstenregionen auch, findet man hier Flussbetten, die nur im Frühling große Mengen Wasser aus den Bergen mit sich führen und für den Rest des Jahres völlig ausgetrocknet sind.*

213 *Auf diesem Foto von „Devil's Golf Course", dem Death Valley National Monument, etwa 225 km von Las Vegas entfernt, schimmern Alkalisalze im Sonnenlicht wie Wasser. Tatsächlich handelt es sich hier jedoch um einen der trockensten Orte der Erde. Death Valley liegt sozusagen im „Regenschatten" der Berge im Westen. Das bedeutet, dass die hohen Berge die Regenwolken absorbieren, noch ehe diese das Tal erreichen können.*

212 oben links *Death Valley, das Tal des Todes, wirkt auf den ersten Blick öde und langweilig. In Wirklichkeit ist es jedoch ein faszinierender Ort mit einzigartigen Naturgebieten und zahlreichen historischen Plätzen. Seinen Namen erhielt es, als 1849 eine Gruppe von 30 Pionieren glaubte, durch dieses Tal eine Abkürzung nach Kalifornien zu finden. Aufgrund der Hitze und mangelhafter Wasservorräte überlebten nur 18 von ihnen. Das Tal ist zwischen 6,5 und 25 km breit und 225 km lang.*

212 oben rechts *Vor ungefähr 2000 Jahren gab es in Death Valley einen ca. 9 m tiefen See. Die hohen Gebirge im Westen und Osten des Tales schnitten ihm jedoch die Wasserzufuhr ab, sodass er schließlich austrocknete. Der Höhenunterschied zwischen den Gipfeln dieser Gebirge und dem Talboden beträgt mehr als 3000 m.*

212 Mitte links *Die Indianer nannten Death Valley wegen der extremen Hitze „Tomesha" oder „Brennender Boden". Doch das Tal hat mehr zu bieten als trockenen Boden und Alkalisalzfelder. Im Frühjahr und Herbst ist das Klima angenehm und Besucher können sich an Wildblumen, Sanddünen, schneebedeckten Gipfeln, Palmen, Oasen und der Tierwelt erfreuen.*

214 oben und Mitte *Death Valley wurde 1933 zu einem nationalen Monument erklärt. Seit dem Erlass einer Verordnung zum Schutz der Wüste im Jahr 1995 ist es sogar zum Nationalpark geworden. Der Park umfasst heute eine Fläche von 13 500 km², von denen ungefähr 12 000 km² als Wildnis belassen wurden. Einer der merkwürdigsten Orte im Park ist Scotty's Castle, das sich ein gewisser Albert M. Johnson aus dem Mittleren Westen in den 20er Jahren als Feriendomizil erbauen ließ. Johnson schloss dort Freundschaft mit dem alten Goldgräber Walter E. Scott, genannt „Death Valley Scotty". Scott verbrachte so viel Zeit auf Johnsons Ranch, dass sie anfingen, den Besuchern zu erzählen, Scott sei der Besitzer und Johnson der Gast. So kam es zu dem Namen „Scotty's Castle".*

214 unten *Death Valley ist die Heimat von Tieren, die sich an die große Hitze und den ständigen Wassermangel angepasst haben. Eidechsen gibt es hier in allen Varianten, aber auch Hornkröten und Schlangen, vor allem die Klapperschlange, die sich von kleinen Tieren und Insekten ernährt. Als Kaltblüter muss sie ihre Temperatur regeln, indem sie abwechselnd Licht und Schatten, Wärme und Kälte sucht. Ihr Stoffwechsel ist viel geringer als der von warmblütigen Säugetieren, sodass sich die Verdauung verlangsamt und sie daher längere Zeit ohne Nahrung auskommen kann. Zu den Säugetieren im Death Valley zählen Hasen, Ratten und Dickhornschafe.*

214-215 *Ein Sonnenuntergang bei Artist's Palette im Death Valley enthüllt die herbe Schönheit der Wüste. Tiere und Pflanzen müssen sich anpassen, um in dieser unwirtlichen Umwelt zu überleben. Wüstenpflanzen haben, wenn überhaupt, nur sehr kleine Blätter, da durch die winzigen Poren an den Blättern zu viel Wasser verdunsten könnte. Kakteen haben Stacheln statt Blätter, die sie zudem auch vor Tieren schützen. Das Innere eines Kaktus dient als Wasserreservoir und die dort vorhandenen Fasern können nach einem Regenguss bis zu 90 % Wasser enthalten.*

215 *Der Blick auf Artist's Palette im Abendlicht lässt kaum vermuten, dass man sich hier in einem Gebiet befindet, dessen heiße, erbarmungslose Sommersonne fast die gesamte Tierwelt tagsüber unter die Erde treibt. Die höchste Temperatur, die je in den USA gemessen wurde, lag 1913 in Death Valley bei 56 °C. Bevor die Gegend zum Nationalpark erklärt wurde, baute man hier Gold, Silber, Kupfer und Borax ab.*

216 oben *Das wilde Terrain um den Bryce Canyon, Utah, lockt abenteuerlustige Rucksacktouristen an, die sich an der klaren Luft, den schönen Fichtenwäldern und an dem herrlichen Panorama erfreuen wollen. Früher lebten hier alte Pueblovölker, die ihre Spuren in alten Felszeichnungen hinterließen.*

216 unten *Waterpocket Fold liegt in Utah, nördlich des Glen Canyon, im Capitol Reef National Park. Capitol Reef schützt eine 96 km lange Sandsteinbergkette, die immer wieder von tiefen Canyons durchbrochen wird. Auch in diesem Park stößt man immer wieder auf Felszeichnungen und Felsbehausungen der alten Pueblovölker.*

216-217 *Vor ungefähr 200 Millionen Jahren war die Gegend von Petrified Forest in Arizona ein riesiges, von vielen Flüssen durchzogenes Überschwemmungsgebiet. Als der Wasserpegel stieg und die Bäume starben, wurden sie von Schlamm und vulkanischer Asche bedeckt. Während ihres Verfalls wurden ihre Fasern von Kieselerdeablagerungen ersetzt, die mit der Zeit erhärteten und auf diese Weise den versteinerten Wald schufen, den die Besucher heute sehen.*

217 oben *Im Wüstengebiet von Südutah in der Nähe von Bryce Canyon findet man ausgetrocknete Flussbetten und schneebedeckte Berggipfel. Bei einer Reise durch die Wüste werden Besucher immer wieder von der Vielfalt und Schönheit der Landschaft und den interessanten Dingen, die man dort vorfindet, überrascht. Deshalb locken die amerikanischen Wüstengebiete im Westen immer wieder Wissenschaftler aus allen Teilen der Welt an.*

218 oben links, unten und 218-219
Monument Valley ist ein malerisches Gebiet von ungefähr 5000 km² Größe, das zum Teil in Arizona, zum Teil in Utah liegt. Große Felsformationen aus rotem Sandstein wachsen hier bis zu 300 m hoch aus der flachen Ebene. Viele denken, das Tal ist ein Nationalpark, aber dies ist ein Irrtum. Es befindet sich im Besitz des Cultural Resource Department of the Navajo Nation und liegt innerhalb der Grenzen des Navajo-Reservats. Die Navajos sind ein sehr traditionsbewusstes Volk. Omen und Zeichen, die sie vor allem in der Natur entdecken, sagen ihnen, was jeder Einzelne tun kann und welche Handlungen den Kosmos aus dem Gleichgewicht bringen würden.

219 oben rechts
Das Navajo-Reservat umfasst eine Fläche von 60 700 km² und ist in den Vereinigten Staaten das zweitgrößte seiner Art. Das Volk der Navajo-Indianer besteht heute noch aus ungefähr 220 000 Menschen, die dank Öl- und Mineralienfunden auf ihren Ländereien ziemlich wohlhabend geworden sind.

219 unten links und unten rechts
Die bizarren Felsformationen bilden einen malerischen Vordergrund für die dahinter liegende Wüste und den blauen Himmel. Besucher können das Tal auf einer 27 km langen Tour mit dem Auto befahren. Alles, was außerhalb dieser Straße liegt, kann nur mit einem indianischen Führer besichtigt werden, der die Zugänge zu heiligen Orten und privaten Ländereien kontrolliert.

220 oben *Monument Valley verkörpert häufig die Quintessenz des amerikanischen Westens. Es wirkt wild, einsam und eigentümlich wie nicht von dieser Welt. Zahlreiche Hollywoodfilme haben das Ihre dazu beigetragen, dieses Bild in unsere Herzen zu pflanzen. Im ausgehenden 20. Jahrhundert sind die charakteristischen Felsen von Monument Valley zu einer Art Ikone für den alten, den wirklich „wilden“ Westen geworden.*

220 Mitte und unten *Der große Filmregisseur John Ford kehrte während der goldenen Hollywood-Ära Jahr für Jahr nach Monument Valley zurück. Die Filme, die er dort drehte, besonders die mit John Wayne, schufen die Legende um den amerikanischen Westen. Viele Navajos agierten dann in Fords Filmen als wilde Indianer, die wechselweise Kavallerie-Truppen, Postkutschen oder Züge überfielen.*

220-221 und 221 oben *Die Szenerie von Monument Valley ruft Bilder von einem Westen ins Gedächtnis, den es so nie gab. In Wirklichkeit war Monument Valley schon immer im Besitz der traditionsbewussten Navajo-Indianer. Hier gab es niemals ein Goldgräberlager oder ein Fort, hier fand nie eine Schlacht zwischen Weißen und Indianern statt. Es gab dort keinen Überlandtrail, es zogen keine Pioniere hindurch und auch keine Eisenbahn. Aber dennoch verkörpert das Monument Valley für Millionen von Menschen den „Wilden Westen“ .*

222 1923 wurde Bryce Canyon zu einem nationalen Monument erklärt und fünf Jahre später zum Nationalpark. Er ist etwa 150 km² groß und besteht hauptsächlich aus einzigartigen bunten Felsformationen, den „Hoodoos", die man auf diesem Foto auch erkennen kann. Der Fels besteht aus Claron-Kalkstein und Sandstein, die vom östlichen Rand des Paunsauguntplateaus im Süden Utahs herausgemeißelt zu sein scheinen.

223 oben Ein spektakulärer Blick von den Hoodoos im Bryce Canyon zu den Nadelwäldern des Plateaus präsentiert eine bunte Farbpalette der Natur. Bryce Canyon wurde nach einem mormonischen Siedler namens Ebenezer Bryce benannt, der sich 1875 als Holzfäller in dieser Gegend niedergelassen hatte. Der Canyon hinter seinem Haus wurde „Bryce's Canyon" genannt. Ein Name, der sich im Laufe der Zeit auf das gesamte Gebiet ausdehnte.

223 Mitte Die schneebedeckten Hoodoos heben sich hell vom Rand des Bryce-Canyon-Plateaus ab, auf dem hauptsächlich Föhren und Fichten wachsen. Die Hoodoos sind vor ungefähr 10 Millionen Jahren entstanden, als sich verschiedene Steinblöcke übereinander schoben und so das Paunsauguntplateau bildeten. Flüsse formten die Oberfläche der Blöcke und im Laufe der Zeit entstanden hohe, dünne Felsnadeln, die „Fins". Durch das Einwirken von Eis und Wind erodierten diese Fins zu den heutigen Hoodoos. Für die ansässigen Paiute-Indianer waren die Hoodoos „legendäre Leute", die von Coyote, dem Gauner, in Stein verwandelt wurden. Für die Menschen der Wüste ist Coyote mehr als ein Tier und auch mehr als ein übernatürliches Wesen. Er ist die missgünstige, mitunter bösartige Hauptfigur in einer Reihe von Geschichten, die vom Leben handeln. Ohne Coyote wäre das Leben schöner, aber sicher nur halb so interessant.

223 unten Bryce Canyon ist nicht wirklich ein Canyon, sondern besteht aus 14 halbkreisförmig angeordneten, erodierten Felswänden.

224-225 An einem klaren Sommertag ist Bryce Canyon genau der richtige Ort, um auf einer Wanderung über die Schönheit der Natur zu meditieren. Es gibt hier viele Wanderwege und meistens ist im Park nicht allzu viel los, weil viele Leute nur kurz vorbeischauen und dann zu bekannteren Naturwundern wie dem Grand Canyon weiterfahren.

Sonne, Wind und Erde:

Das Wüstengebiet im Südwesten

226 links *Ausgediente Linienflugzeuge werden in der Wüste gelagert, wo sie als Ersatzteillager verwendet oder, wenn nötig, wieder flugtüchtig gemacht werden können.*

226-227 *Bei der jährlichen Albuquerque International Balloon Fiesta, die immer in der ersten Oktoberwoche in Albuquerque, New Mexico, abgehalten wird, kann man Heißluftballons in allen Farben und Formen sehen. Bei der ersten Fiesta kamen nur 13 Ballons, heute jedoch sind es bereits 850 sowie 1200 Piloten. Zu den besonderen Attraktionen zählen ein Gasballon-Wettfahren, Massenaufstiege und Nachtflüge, die „Magic Glows“ genannt werden.*

226 unten *Während der jährlich stattfindenden International Balloon-Fiesta ist der Himmel über Albuquerque voller Heißluftballons. Um 1690 hatten spanische Pioniere hier die erste Siedlung gegründet, die 1706 nach einem spanischen Vizekönig benannt wurde. Bis nach dem Bürgerkrieg und dem Anschluss der Eisenbahn blieb Albuquerque ein kleines verschlafenes Nest. Die berühmte Route 66, einer von Amerikas ersten Highways, wurde 1926 eröffnet. Er führt von Chicago nach Los Angeles und unter anderem auch über Albuquerques Hauptstraße.*

227 oben rechts *Die City von Phoenix, Arizona, eine weitere blühende Stadt in der Wüste. 1865 wurde sie von Unternehmern gegründet, die zu diesem Zweck einen alten indianischen Kanal verbreiterten. Phoenix ist nach dem mythologischen Vogel benannt, der sich selbst ins Feuer stürzte, um dann aus der Asche wiedergeboren zu werden. 1889 wurde die wachsende Gemeinde zur Hauptstadt des Territoriums ernannt und behielt diesen Status auch bei, als Arizona 1912 ein Staat wurde. Mit seiner Einwohnerschaft von über 1 Million in der Innenstadt und weiteren 1,5 Millionen in den Vorstädten, ist Phoenix die neuntgrößte Stadt der USA.*

227 Mitte rechts *Tucson, Arizona, ist eine schnell wachsende Wüstenstadt südlich von Phoenix mit über 440 000 Einwohnern. Seit vielen Jahren lassen sich hier wegen des trockenen, warmen und gesunden Klimas bevorzugt Pensionäre nieder. Tucson ist aber auch für sein Arizona-Sonora Desert Museum bekannt, das Besuchern mit Hilfe eines botanischen Gartens und zahlreichen lebenden Tieren einen Eindruck vom Leben in der Wüste verschafft.*

227 unten links *Der Theodore-Roosevelt-Damm wurde 1911 fertig gestellt. Er staut den Salt River in einem Reservoir, das Phoenix und die umliegende Region mit Wasser versorgt. Auf diese Weise kann mit Hilfe von künstlicher Bewässerung sogar mitten in der Wüste Ackerbau betrieben werden. Rund um Phoenix werden Baumwolle, Alfalfa, Hartweizen, Gemüse, Zitrus- und andere Früchte angebaut.*

228 oben *Das Bartlett Reservoir nördlich von Scotsdale und Phoenix, Arizona, ist durch das Aufstauen des Verde Rivers entstanden. Ähnliche Reservoirs an den Flüssen Salt und Fria liefern den wachsenden Städten das dringend benötigte Wasser.*

228-229 *Saguaro National Park befindet sich in der Nähe von Tucson, Arizona. Er wurde 1933 gegründet, um die gigantischen Saguarokakteen zu schützen. Auf diesem Foto kann man Unmengen dieser majestätischen Kakteen erkennen. Zusätzlich bietet dieser Teil der Sonora-Wüste ungestörten Lebensraum für tausende von Wüstentieren.*

229 oben *Im Saguaro National Park findet man vom flachen Tiefland bis zum hohen Berg alle Arten von Wüstenregionen. Die Saguaros wachsen sehr langsam, erreichen jedoch eine Höhe von bis zu 15 m und können bis zu 10 t schwer werden. Ihre Lebensdauer beträgt mindestens 200 Jahre.*

229 Mitte *Shiprock, New Mexico, liegt etwa 32 km von den „Four Corners", den vier Ecken entfernt, wo die Staaten Utah, New Mexico, Colorado und Arizona aufeinander treffen.*

229 unten *Hinter den Hügeln des Saguaro National Park liegt Tucson. Der Park selbst ist zweigeteilt, der kleinere Teil liegt auf der Westseite von Tucson und der größere im Osten. Die relativ ebene Sonora-Wüste begünstigt das Wachstum vieler Pflanzen.*

230-231 *Der Organ Pipe Cactus National Park schützt (wie der Saguaro) einen Teil der Sonora-Wüste. Organ Pipe ist eine sehr seltene Kakteenart der USA. Der Park umfasst ein Gebiet von 1339 km² und spielt eine wichtige Rolle bei der Erhaltung des amerikanischen Wüstenökosystems.*

Hohe Gipfel und stürmische Brandung:

232-233 *Einer der reichhaltigsten Unterwasserlebensräume von Kalifornien liegt vor dem Point Lobos State Reserve an der kalifornischen Küste. Auf diesem Foto reflektieren Headland Cove und Sea Lion Point das goldene Licht der untergehenden Sonne. In den Ozeangewässern schwimmen Seehunde, Seeotter und manchmal sogar Wale an den Seetangwäldern vorbei, die bis zu 20 m hoch werden können.*

Die Pazifikküste

232 unten *Die Golfplätze auf der Halbinsel Monterey, nördlich von Carmel in Kalifornien, zählen zu den schönsten der Welt. Hoch über dem Pazifik verläuft eine etwa 20 km lange Straße entlang der Küste von Pebble Beach.*

233 *Die Sierra Mountains in Kaliforniens Sequoia Kings Canyon National Park sind nur eine Attraktion dieses zweitältesten Naturparks der USA. Er wurde bereits 1890 gegründet, um die Sequoias im Giant Forest zu schützen, zu denen auch der General Sherman Tree gehört, das älteste Lebewesen der Welt. Heute umfasst der Park auch den südlichen Nebenfluss des Kings River, 1847 km² Wildnis, Mineral King Valley und Mount Whitney, den höchsten Gipfel der unteren 48 Staaten.*

Die untergehende Sonne taucht die Kiefernwälder in leuchtendes Orange, während darunter die Wellen des Pazifiks an den Strand rollen. Ein Cable Car kämpft sich langsam einen der steilen Hügel hinauf, auf denen San Francisco erbaut wurde. In der Kapelle einer restaurierten spanischen Mission mischen sich Touristen unter die ortsansässigen Gläubigen. Alle bewundern die Verzierungen im Inneren der Kirche, die vor 200 Jahren von amerikanischen Künstlern ausgeführt wurden. Durch strömenden Regen und Graupelschauer bahnt sich ein Fischerboot seinen Weg zum Puget Sound, dem sicheren Hafen. Vor der kalifornischen Küste, in der Nähe von Anacapa Island, spielen Seelöwen in der Brandung, während Kormorane im tiefen Küstengewässer nach Fischen tauchen. Beim Blick auf Mount St. Helens zerstörten Gipfel verstehen Touristen die unglaubliche Kraft der vulkanischen Explosion,

234 oben *Im Olympic National Park findet man den 2345 m hohen Mount Olympus und die Olympic Mountains, die vor 35 Millionen Jahren durch den Zusammenstoß von tektonischen Platten entstanden sind.*

234 Mitte rechts *Mehr als 3 Millionen Menschen besuchen jährlich den Olympic National Park, der 1938 gegründet wurde.*

234 Mitte links *So mancher Besucher, der die nebelverhangenen Täler des Olympic National Park sieht, denkt an die Vorgeschichte des Parks. Früher lebten hier Indianerstämme wie die Skokomish, Quinault, Quileute, Hoh, Makah, Klallam und Chehalis.*

234 unten links *Die Kaskadenkette ist ungefähr 12 Millionen Jahre alt und entstand durch das Übereinanderschieben von tektonischen Platten.*

234 unten rechts und 235 *Der Olympic National Park befindet sich auf einer Halbinsel gegenüber vom Puget Sound im Westen von Seattle, Washington. Im Park findet man von Gletschern bedeckte Berge wie diesen hier, Seen, Täler, Wiesen, einen Regenwald und eine nahezu unberührte Küstenlandschaft mit Gezeitenbecken, in denen es vor Leben nur so wimmelt.*

236-237 *Mount Rainier, ein 4392 m hoher, momentan ruhender Vulkan im Staat Washington, steht ebenfalls unter dem Schutz des National Park Service. Mount St. Helens, ungefähr 50 km westlich von Mount Rainier gelegen, brach 1980 aus und bewies damit, dass manche Vulkane eine lange Zeit inaktiv sein können, ohne für immer zu erlöschen Die Westküste der USA ist geologisch gesehen relativ jung und liegt zudem auf einer Verwerfungslinie, sodass sie wesentlich häufiger vulkanischen oder seismischen Störungen ausgesetzt ist als der Rest der Vereinigten Staaten.*

238 oben *Seattles Meeresseite war einst von Goldgräbern bevölkert, die während des großen Goldrausches 1898 nach Alaska gezogen waren. Heute befindet sich dort ein internationales Konferenzzentrum, das Seattle Aquarium und der Anlegeplatz für Ausflugsboote im Puget Sound und zur kanadischen Küste.*

die diesem mächtigen Berg einfach die Spitze abriss. Touristen spazieren im Hof des Chinese Theater in Los Angeles umher und versuchen, ihre Füße in die Fußabdrücke von Marilyn Monroe, Bob Hope, den Marx Brothers und Harrison Ford zu setzen. Über dem berühmten Hotel Del Coronado in San Diego prangt der Vollmond und schafft eine romantische Atmosphäre für die vielen verliebten Paare auf der Promenade.

Die Region der Pazifikküste setzt sich aus vielen solcher Szenen zusammen, die allesamt von der unglaublichen Schönheit der Elemente getragen werden. Diese Welt voll rollender Ozeanwellen, Vulkanberge, Wüsten, Regenwälder und üppiger Felder lässt sich kaum mit einigen Sätzen beschreiben. Ihr Aussehen verdankt die Küstenregion vor allem der Farallonischen Platte, einem Teil der Erdkruste, der sich kontinuierlich nach Osten, unter die nordamerikanische Platte schiebt und auf diese Weise einen tiefen Graben vor und entlang der Küstengebiete Washingtons, Oregons und Kaliforniens bildet.

Das Klima an der Nordküste ist feucht – sehr feucht. Der durchschnittliche Niederschlag liegt bei 3 Metern pro Jahr. Wenn es mal nicht regnet, ist es neblig, weil die warme Landluft auf die kalte Meeresluft trifft. Auch wenn der

238 Mitte *Seattles Lage am Wasser machte den Bau vieler Brücken erforderlich. Aber auch mit Fähren kann man die weiten Strecken übers Wasser von einem Stadtteil zum anderen zurücklegen.*

238 unten *Seattles berühmtestes Wahrzeichen ist die 184 m hohe Space Needle, in deren Spitze sich ein Restaurant befindet. Der Turm, der 1962 für die Weltausstellung erbaut wurde, galt lange Zeit als das höchste Bauwerk westlich des Mississippi. Die solide Konstruktion überstand inzwischen sogar Stürme mit 150 km/h und ein Erdbeben der Stärke 7,3 auf der Richterskala.*

238-239 *Die City von Seattle, Washington, liegt sozusagen mitten im Grünen und ist umgeben vom blauen Wasser des Puget Sound, von Buchten, Seen, Flüssen und Kanälen. In der Ferne wacht Mount Rainier über die Stadt, die man auch „Emerald City" (smaragdgrüne Stadt) nennt. In Seattle haben einige namhafte internationale Firmen, wie Boeing Aerospace, Microsoft, Nordstrom und Starbucks ihren Sitz.*

239 oben *Seattle ist eine schnell wachsende Stadt mit über 2,7 Millionen Einwohnern. Sie wird vom allgegenwärtigen Wasser in viele kleine Viertel unterteilt, sodass man meistens das Gefühl hat, man befände sich in einer gemütlichen Kleinstadt.*

Regen im Sommer etwas weniger wird, hält der feuchte Nebel die Flora frisch und grün. Die gemäßigten Temperaturen und der viele Regen haben einen Regenwald erschaffen, der sich von Big Sur in Kalifornien bis hinauf zur Kodiak Insel in Alaska erstreckt. Manche der dort wachsenden immergrünen Bäume erreichen einen Durchmesser von bis zu 2,5 m und werden 600 bis 800 Jahre alt. Übertroffen werden sie nur noch von den kalifornischen Sequoias, die einen Durchmesser von 6 m und ein Alter von 3000 Jahren erreichen können. Eine der bekanntesten und unglaublichsten Geschichten, die man vom Nordwesten kennt, handelt vom Lachs. Millionen dieser Fische schlüpften an speziellen Laichplätzen in bestimmten Flüssen aus ihren Eiern, schwammen dann flussabwärts in den Ozean, um dort zu leben, bis ihr Fortpflanzungstrieb sie dazu

zwang, auf demselben Weg, den sie in ihrer Jugend zurückgelegt hatten, zu den Laichplätzen zurückzuschwimmen, dort zu laichen und danach zu sterben. Dieser Kreislauf wiederholt sich auch heute noch, aber längst nicht mehr in dem Ausmaß wie früher. Die Lachsbestände wurden stark dezimiert – und wieder einmal hat der Mensch seine Hände dabei im Spiel, indem er beispielsweise den Lauf der Flüsse ändert oder Dämme errichtet. Hinter der Küste von Washington und Oregon erheben sich die schneebedeckten Gipfel eines Vulkangebirges: die Kaskaden. Der Mount Rainier im Staate Washington war einmal über 4800 m hoch, ehe ihn sein letzter Ausbruch vor 75 000 Jahren auf eine Höhe von 4392 m schrumpfen ließ. Herrliche immergrüne Wälder säumen die Hänge dieser Berge. Hier schlägt das Herz der amerikanischen Holzindustrie, denn die Wiederaufforstung ist an diesem Ort relativ einfach. In weniger als 40 Jahren beispielsweise erreichen die Stämme einiger Douglasien einen Umfang von fast einem Meter. Leider werden dennoch immer größere Teile der Urwälder abgeholzt, obwohl große Forstflächen bereits zur Verfügung stehen und die Bäume schnell nachwachsen. Mit den Urwäldern gerät auch der Lebensraum zahlreicher Tierarten, wie Pumas, Bären, Elche, Hirsche, Otter, Adler und Insekten, in Gefahr.

240 *Auf diesem Foto erkennt man einige der bekanntesten Wahrzeichen von San Francisco. Der Bootssteg im Vordergrund gehört zum Aquatic Park of San Francisco Maritime. Er wird vom Rahsegler „Balclutha" (von 1886) und der Schaufelradfähre „Eureka" (von 1890) besetzt. Links vom Pier liegt Fisherman's Wharf. Die große Straße, die zum Trans America Pyramid Building führt, ist die Columbus Avenue. Sie verläuft außerdem in der Nähe von Chinatown durch North Beach. Ganz links außen sind der Telegraph Hill, auf dem der Coit Tower thront, und die Oakland-Bay Bridge zu sehen.*

241 oben rechts *Blick auf Telegraph Hill und den Coit Tower, im Hintergrund die Insel Alcatraz in der Mitte der Bucht. Auf der anderen Seite der Bucht liegen Alameda und links Oakland und Berkeley.*

241 oben links *Der Abschnitt der Lombard Street, der vom Russian Hill hinabführt, gilt als die kurvenreichste Straße der Welt und ist ein beliebtes Fotomotiv. Sie wird von liebevoll restaurierten viktorianischen Häusern gesäumt und ist das ganze Jahr über mit Hecken und Blumen geschmückt.*

241 *Diese Aufnahme von San Francisco zeigt die Pazifikseite der Stadt. Das Gittermuster der Straßen in Outer Richmond, links, und Inner und Outer Sunset, rechts, steht in starkem Kontrast zur hügeligen Innenstadt. Der Park links ist der Presidio, von dem aus sich die Golden Gate Bridge über die Bucht spannt. Lincoln Park, weiter unten links, markiert dagegen den südlichen Zugang zum „Golden Gate".*

241 Mitte rechts *Bunte Reihenhäuser wie diese gibt es überall in San Francisco. Die Stadt war 1776 gegründet worden, erlebte jedoch erst durch den Goldrausch von 1849 einen bedeutenden Aufschwung. Heute leben in der Innenstadt etwa 724 000 Menschen. Das gesamte Stadtgebiet zählt jedoch mehr als 6 Millionen Einwohner.*

241 unten links *Die Insel Alcatraz erhielt im Bürgerkrieg eine Festung, die ab 1907 als Militärgefängnis diente. Zwischen 1933 und 1963 wurde daraus eine staatliche Haftanstalt, die heute als historischer Ort besichtigt werden kann.*

242-243 *In der Mitte dieses Fotos liegt die City von San Francisco und das Herz des Finanzviertels, im Hintergrund die Oakland-Bay Bridge. In der untersten linken Ecke erkennt man noch einen Teil der berühmten Chinatown.*

TVB

GW

Weiter im Süden liegen die Sierra Nevada Mountains mit ihren drei großen Nationalparks: Yosemite, Sequoia und King's Canyon, zu deren Hauptsehenswürdigkeiten die 739 m hohen Yosemite Falls, King's Canyon (der mit 2511 m sogar noch tiefer ist als der Grand Canyon) und die gigantischen Sequoias, Riesenmammutbäume, zählen. Die Sequoias wachsen auf einem schmalen, 418 km langen Gebiet entlang der Sierras. Sie gedeihen ausschließlich in einer Höhe zwischen 1300 und 2300 m. Heute stehen in den 75 Sequoia-Hainen nur noch ungefähr 13 000 Exemplare dieser alten Giganten. Der berühmteste (und größte!) von ihnen ist 83 m hoch und 11 m breit und trägt den Namen des Bürgerkriegsgenerals William Tecumseh Sherman.
Der Yosemite National Park ist eine verzauberte Welt voller steiler Felsklippen und fließender, stürzender Wassermassen. Ein großer Teil des Parks ist Wildnis, die Abraham Lincoln bereits 1864 abgrenzen ließ. Durch das unnachgiebige Drängen des Umweltschützers John Muir wurde Yosemite 1890 zum Nationalpark erklärt. In Yosemite findet man alpine Wildnis, drei Sequoia-Haine und das unvergleichliche Yosemite Valley. Geologisch gesehen beginnt die Geschichte von Yosemite vor 500 Millionen Jahren mit dicken Sedimentschichten unter einem urzeitlichen Meer. Das Sedimentgestein wurde gefaltet, gedreht und schließlich

244 oben *Der Südturm der Golden Gate Bridge blickt auf Marin County, Kalifornien. Die 1280 m lange Hängekonstruktion zwischen den Türmen galt früher als die längste ihrer Art. Die Gesamtlänge der Brücke beträgt 2737 m. Nebelhörner an jeder Seite der Brücke warnen den Schiffsverkehr vor gefährlichen Wetterlagen.*

244 unten *Die Oakland-Bay Bridge bringt den Autoverkehr über die Bucht von San Francisco nach Oakland. Sie wurde im November 1936 eingeweiht und besteht aus vier Türmen mit zwei Hängekonstruktionen, die durch ein Betonfundament verbunden werden, das in der Mitte der Bucht verankert ist. Die Spannweite der mittleren Hängebrücken beträgt 704 m, die der Seitenabschnitte jeweils 353 m. Ein 426 m langer Ausleger trägt den Verkehr für den Rest des Weges zur Ostseite der Bucht nach Oakland.*

244-245 *Die Golden Gate Bridge überspannt den Eingang zur Bucht im Bereich der Golden Gate National Recreation Aerea (ganz oben links). 1846 benannte der Entdecker John C. Fremont das Golden Gate nach einer Meerenge, die er im türkischen Istanbul gesehen hatte. Die Brücke wurde 1937 eröffnet. Der Architekt Irving F. Morrow hatte die rötliche Farbe gewählt, um damit die natürliche Schönheit der Umgebung zu betonen. Der Farbton trägt mittlerweile den Namen „Golden Gate Bridge International Orange".*

245 Mitte links *San Francisco sieht von der Ferne betrachtet klein und flach aus. In Wahrheit ist es eine riesige Stadt, die auf unglaublich steilen Hügeln erbaut wurde. Mit den berühmten Cable Cars – seit 1873 als öffentliche Verkehrsmittel in Betrieb – löste man die Probleme, die mit diesen Steigungen einhergingen, indem man die Cable Cars an mit Wasserdampf betriebenen, unterirdischen Kabeln den Berg hinaufzog. Da sich die Kabel fortwährend bewegten, waren die Wagen mit einem speziellen Griff ausgestattet, der gezogen und festgehalten werden musste, sobald das Cable Car anhalten oder die Richtung ändern wollte. Übrigens ein System, das auch heute noch bei einigen Cable Cars verwendet wird.*

245 unten links *Segelboote sind in der Bucht von San Francisco das ganze Jahr über ein vertrauter Anblick. Die erholungssuchenden Bewohner der Stadt können zwischen einer Vielzahl von Freizeitangeboten wählen. Außer der Bucht und dem offenen Meer bieten sich viele Parks und Naturgebiete an, darunter Point Reyes National Seashore und Muir Woods National Monument.*

245 oben rechts *Das stilvolle Art-deco-Design der Golden Gate Bridge ist ein Entwurf des Architekten Irving F. Morrow.*

245 unten rechts *Die Oakland-Bay Bridge hat zwei Etagen, die den Verkehr über die Bucht hin- und zurückbringen.*

über den Meeresspiegel hoch gehoben. Zur selben Zeit blubberte geschmolzenes Gestein aus der Erdkruste und kühlte unter den Sedimentschichten langsam zu Granit ab. In Millionen von Jahren wurden die Sedimentschichten durch Erosion abgetragen und der Granit – die heutige Sierra Nevada – freigelegt. Das Yosemite Valley ist eine 11 km lange und 1,6 km breite Wiese, flankiert von glatten Granitwänden, zu denen auch der 2286 m hohe El Capitan und der 2438 m hohe Half Dome zählen – beide wurden von dem Fotografen Ansel Adams unsterblich verewigt.

Wenn man von den Bergen zur Küste fährt, erhält man einen Eindruck von der Weite Kaliforniens und seiner kulturellen sowie natürlichen Vielfalt. Jede der kalifornischen Küstenstädte hat ihren eigenen Stil und Charme. San Francisco, Monterey, San Luis Obispo, Santa Barbara, Los Angeles, San Diego – sie alle variieren in Größe und Charakter. Wie die Ostküste der USA ist auch die Westküste für viele Menschen zu einem beliebten Lebensraum geworden. Im Gegensatz zur Ostküste zeigt eine Fahrt auf der Route 1 entlang der Pazifikküste, dass hier glücklicherweise die städtebauliche Entwicklung noch nicht so weit fortgeschritten ist.
Einer der faszinierendsten Orte auf dieser Strecke ist Monterey. Es wurde 1770 als Mission gegründet und diente von 1775 bis 1846 im spanisch-mexikanischen Kalifornien als Hauptstadt. Die Stadt wird wegen ihrer originalen Adobe-Architektur, ihrer Zypressen und den Sanddünen viel gerühmt. Cannery Row, ehemals eine Gegend, in der Sardinen verarbeitet wurden, ist heute eine Einkaufsmeile und die Adresse des weltberühmten Monterey Bay Aquariums. Die Bay selbst ist eines der tiefsten Küstengewässer der Welt, das ein Studium des Lebensraums Tiefsee relativ leicht ermöglicht. Die Stadt wird bevölkert von Künstlern, Schriftstellern, Schauspielern und anderen kreativen Menschen, die hier einen einzigartigen Lebensstil geprägt haben.
Früher war Kalifornien die Heimat zahlreicher Indianerstämme, die von dem lebten, was das Land im Überfluss zu bieten hatte. Als die Spanier kamen und 1769 die erste Mission errichteten, waren sie über die Genügsamkeit der Indianer erstaunt und unfähig, sich der

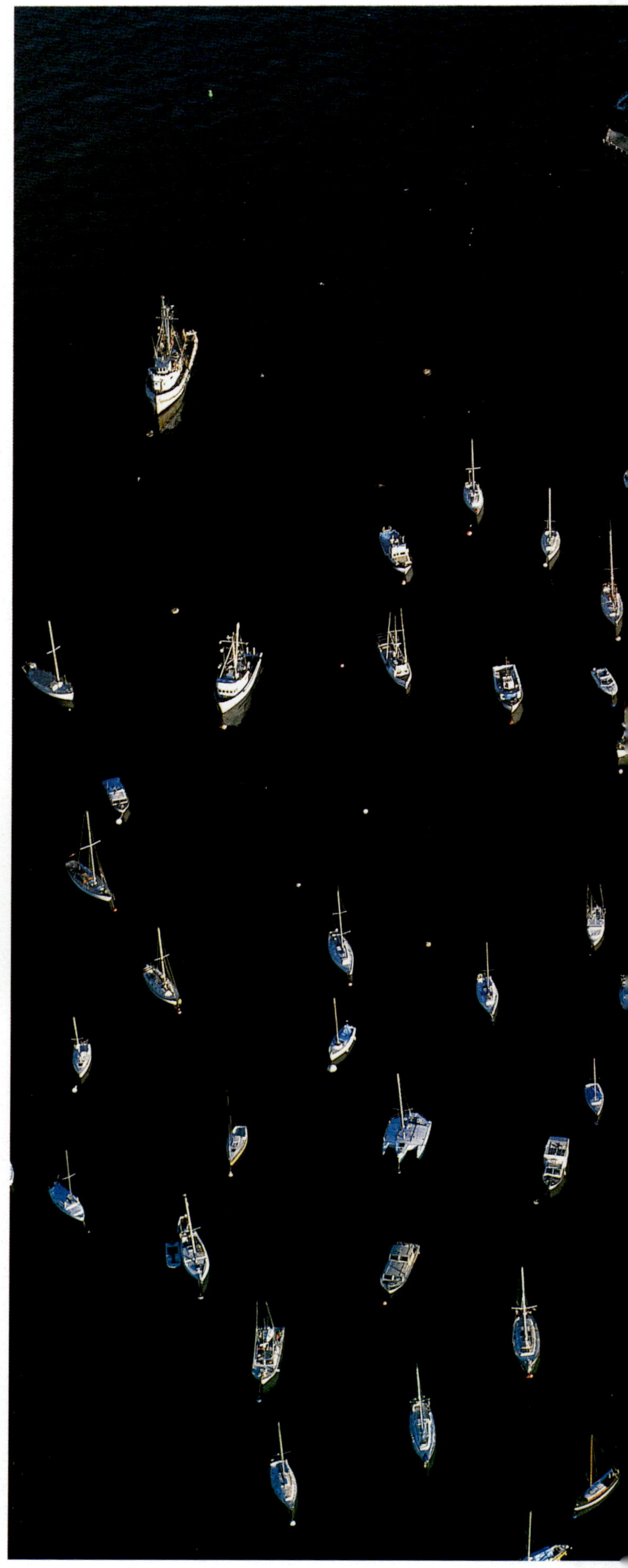

246 oben links *Blick auf Fisherman's Wharf in Monterey, Kalifornien. Die Spanier siedelten 1770 als Erstes in Monterey. Der ehemalige Fischerei- und Walfanghafen hat heute viele historische Gebäude vorzuweisen.*

246 unten links *Einige der besten amerikanischen Weine stammen von den Weinbergen nördlich von San Francisco, aus Sonoma und Napa County. Beliebt sind in dieser Region organisierte Weinfahrten mit Weinproben bei verschiedenen Winzern, Hotelunterkunft und Restaurantbesuch.*

246 rechts *Der Hauptsitz der Oracle Corporation, der zweitgrößten Softwarefirma der Welt, befindet sich in Redwood Shores, Santa Clara County, Kalifornien. Genauer gesagt, liegt er in einem Gebiet, das überall als „Silicon Valley" bekannt ist.*

246-247 *Der Yachthafen von Monterey und Fisherman's Wharf. Zu den Attraktionen auf Fisherman's Wharf zählen die zahlreichen Fischhändler und die Boote, die mit den Touristen hinausfahren, um Walfische zu beobachten. Ganz in der Nähe befindet sich das Monterey Aquarium mit einem riesigen künstlichen Ozean, einem drei Stockwerke hohen Seetangwald und zahlreichen Meerestieren.*

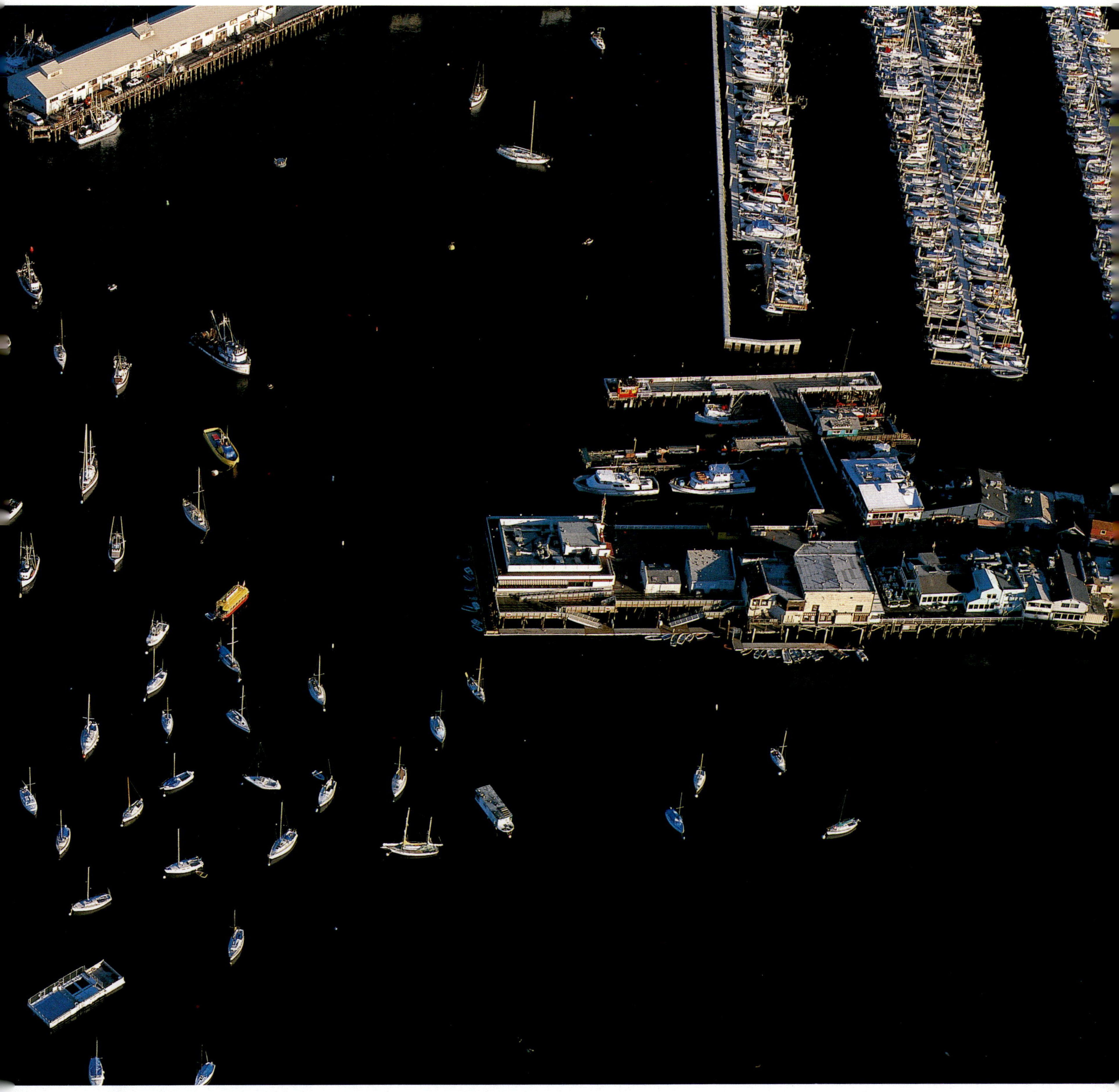

247 unten links *Die blühende Computerindustrie in Santa Claras „Silicon Valley" hat allmählich die frühere Einnahmequelle, nämlich Obst- und Getreideanbau, völlig verdrängt. Der Geist der technologischen Erfindungen erwachte zu Beginn des 20. Jahrhunderts in der Stanford University, als dem Erfinder der Vakuum- und Audioröhre, Lee DeForest, zum ersten Mal finanzielle Unterstützung gewährt wurde.*

247 unten rechts *Die Anfänge des Silicon Valleys liegen in den 50er Jahren, als große Firmen wie GE, Sylvania, Westinghouse, IBM und Ford Philco Niederlassungen in Palo Alto, Mountain View und San Jose eröffneten. 1958 wurde unter der Leitung von Robert Noyce bei Fairchild Semiconductor der erste integrierte Schaltkreis produziert. Zehn Jahre später gründete Noyce eine eigene Firma, Intel, und stellte fortan die ersten integrierten Halbleiterchips her. Seit dieser Zeit macht die Computertechnologie in ihrer Entwicklung jedes Jahr einen Sprung nach vorne und fördert somit auch das industrielle Wachstum im Silicon Valley.*

Ressourcen des Landes zu bedienen, wie es die Indianer taten. Die Spanier waren entschlossen, die Indianer zum Christentum zu bekehren und sie als „Ersatzbürger“ für ein Land einzusetzen, in dem sie selbst nicht siedeln wollten. Die Krankheiten, die von den Europäern eingeschleppt wurden, töteten viele Indianer und das Christentum spaltete ihr Volk. 1846, nach vielen Jahren des Handels mit den relativ isolierten spanisch-mexikanischen Missionen, gelang es den Vereinigten Staaten, die spärlich besiedelte Region zu erobern. Das Erbe der Frühgeschichte dieser Gegend ist heute eine Kette von 21 Missionen, die von San Diego bis nach Sonoma reicht. Die meisten dieser Missionen sind sehr gut erhalten und wurden in Museen umgewandelt, die die Geschichte dieses Staates erzählen. Eine Reise auf dem Mission Trail führt durch einige der schönsten Gebiete Kaliforniens und bringt dem Besucher gleichzeitig Kultur und Natur dieser Region nahe.

Seit 1846 haben sich die Zeiten in Kalifornien geändert. Der Goldrausch von 1849 lockte tausende von Amerikanern in die Region, die 1850 zu einem eigenen Staat wurde. Telegraphie, Schifffahrts- und Eisenbahnlinien verbanden ihn mit dem Rest der Nation, noch

248 oben *Ein Privathaus in Cypress Point nahe dem Cypress-Point-Golfplatz auf der Halbinsel Monterey, nördlich von Carmel. Der berühmte Golfplatz ist einer von 19 auf der Halbinsel Monterey.*

248 Mitte *Der Seventeen Mile Drive entlang der Pazifikküste zwischen Monterey und Carmel ist eine der schönsten Straßen überhaupt. Der Weg führt vorbei an verschiedenen bekannten Golfplätzen und wird im Westen von teilweise sehr prachtvollen Privathäusern begrenzt.*

248 unten *Südlich von Carmel liegt ein wunderschöner Abschnitt der Route 1, des Pacific Coast Highway, der durch das Big Sur Country von Kalifornien verläuft. Entlang des Highways befinden sich nur wenige Städte. Es gibt fast nur herrliche Panoramen, gewundene Straßen, die den Konturen der Küste folgen, und Canyons, die Flüsse und Bäche aus dem Landesinneren zum Ozean führen. Dieser malerische Leuchtturm und seine Umgebung sind typisch für die Landschaft entlang dieser Strecke.*

248-249 *Point Lobos State Reserve südlich von Carmel an der kalifornischen Küste nennt man auch den „großartigsten Treffpunkt von Land und Meer auf Erden". Diese Gegend ist aber nicht nur unglaublich schön, sondern auch bekannt für ihre Vielfalt an Land- und Meeressäugetieren. Unter anderem kann man hier Seelöwen, Seehunde, See-Elefanten, Wale und Delphine beobachten. Außerdem gilt das Gebiet als offizielles Schutzreservat für den kalifornischen Seeotter.*

249 oben *Bei Cypress Point auf der Halbinsel Monterey, nördlich von Carmel, stehen viele große Häuser und Villen. Hier führt auch der Seventeen Mile Drive vorbei.*

ehe die Great Plains und die Rockys besiedelt worden waren. Kurz vor Ausbruch des Ersten Weltkriegs kamen Filmemacher aus New York auf der Suche nach guten Licht- und Wetterverhältnissen in die kleine Stadt Los Angeles. Schon bald erlebte die Kleinstadt einen unglaublichen Aufschwung. Die ehemaligen Orangenhaine von Century City, Hollywood und Anaheim wurden in Filmstudios und Unterhaltungszentren umgewandelt. In den 30er und 40er Jahren zog es viele Menschen zu den Arbeitsplätzen in den kalifornischen Kriegsfabriken und bis heute ist die Einwandererwelle aus anderen Staaten und Ländern noch nicht verebbt.
Die Westküste der USA unterscheidet sich nicht nur geologisch, sondern auch geschichtlich und kulturell von der Ostküste. Es sind jedoch diese Unterschiede, die Amerika für Bewohner und Besucher gleichermaßen interessant machen.

250 *Ein paar private Häuser gibt es schon an der Küste von Big Sur Country, aber zum größten Teil ist dieses Gebiet erfreulicherweise noch nicht so erschlossen wie große Abschnitte der Atlantikküste. Die Straße entlang der Küste ist spektakulär, denn nach jeder Biegung bietet sich ein neuer, wunderbarer Ausblick. Eine der wenigen Städte an dieser Route ist Big Sur, die auch der gesamten Region ihren Namen verliehen hat.*

251 oben und unten *Unterhalb des Pacific Coast Highway in der Big-Sur-Region brechen sich die Ozeanwellen an der felsigen Küste. Ein Anblick, von dem man als Reisender gar nicht genug bekommen kann.*

251 Mitte *Der Pacific Coast Highway in der Big-Sur-Region verfügt nahe der Morro Bay über zahlreiche Parkplätze, sodass man immer wieder anhalten und die Szenerie bewundern kann.*

252-253 *Im Yosemite National Park in den ostkalifornischen Sierra Nevada Mountains findet man unter anderem auch das Yosemite Valley, das durch Gletscher entstanden ist.*

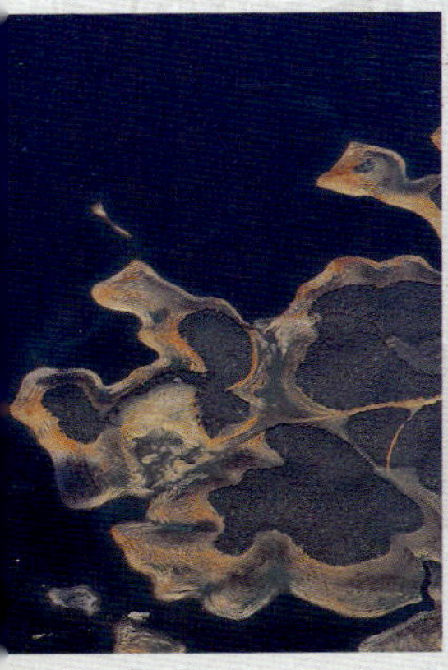

254 links *Cherry Lake (gespeist vom Cherry River) ist ein Stausee im Stanislaus National Forest, direkt westlich vom Yosemite National Park. Er ist nur eines von vielen Reservoirs, das die Wasserversorgung für San Francisco sichert.*

254-255 *Dieser Panoramablick auf den Sequoia Kings Canyon National Park zeigt unter anderem die heißen Quellen und einen Gletschersee in der Mitte. Die schroffen Sierras sind auch in den Sommermonaten für jeden Bergwanderer eine Herausforderung. Aus diesem Grunde gehören die Winter in dieser Hinterland-Wildnis auch ganz allein den Tieren des Waldes.*

254 unten *Wenn man die Täler des Sequoia Kings Canyon National Park so vor sich sieht, erhält man einen Eindruck von den unglaublichen Naturkräften, die sie formten, und fühlt sich als Mensch plötzlich unbedeutend und klein.*

255 oben rechts *Mono Lake, ein kalifornischer State Park östlich von Yosemite, ist umgeben von Bergen der Sierras. Das Wasser des Sees ist salzig und alkalisch, dennoch lebt hier eine rege Pflanzen- und Tierwelt mit besonders vielen Vogelarten.*

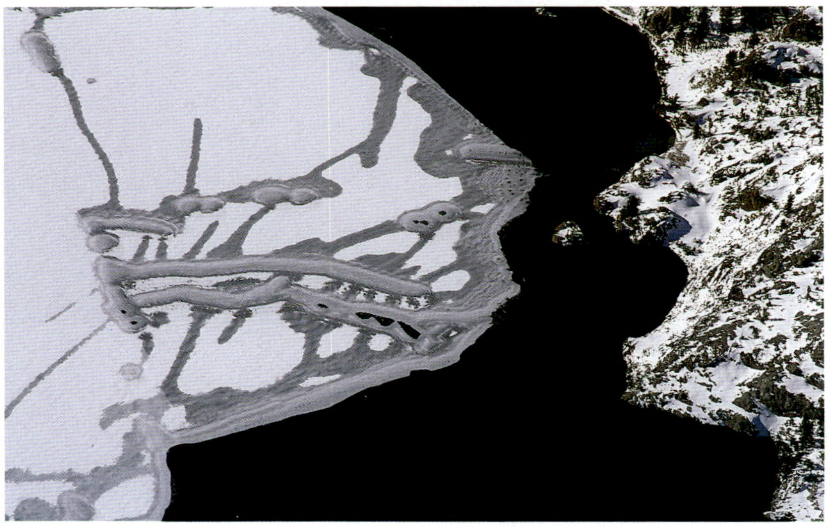

255 Mitte rechts *Der Sequoia Kings Canyon National Park zählt jedes Jahr ungefähr 1,5 Millionen Besucher, die dort die Aussicht genießen, die Berge besteigen oder einfach nur dem Alltag entfliehen wollen. An der Ostgrenze des Parks befindet sich Mount Whitney, mit 4417 m der höchste Gipfel in Kalifornien.*

255 unten links *Heiße Quellen in den Tälern der Sierras im Sequoia Kings Canyon National Park bringen den Schnee zum Schmelzen. Im Winter finden nur ganz hartgesottene Besucher den Weg in den Park. Dafür werden sie jedoch mit berauschend schönen Aussichten auf unberührte Natur belohnt.*

256 *Der 1628 km² große Sequoia Kings Canyon National Park erfreut seine Besucher mit zahlreichen Attraktionen. Zu diesen gehört beispielsweise der General-Sherman-Baum, das älteste Lebewesen der Welt. Er ist fast 84 m hoch und hat einen Durchmesser von 11 m. Erwähnenswert sind auch Kern River Canyon und Crystal Cave, eine Marmorhöhle. Die höchste Canyonwand der USA erhebt sich steile 2545 m hoch am südlichen Nebenfluss des Kings River.*

257 *Sonne und Wasserdampf erwecken die Illusion eines Feuers in den Bergen des Sequoia Kings Canyon National Park. Tatsächlich setzt die Parkverwaltung in angemessenen Zeitabständen gewisse Teile des Parks in Brand, damit sich dort die Natur erneuern kann und um unkontrollierten Waldbränden vorzubeugen.*

258-259 *Der Mond leuchtet über dem 3997 m hohen Mount Lyell, der sich auf der Ostseite des Yosemite National Park befindet, nahe der Grenze zum Inyo National Forest. Der Berg liegt in einem der zahlreichen, beinahe unzugänglichen Gebiete des Parks, fern ab von den Straßen und Wegen.*

260-261 *Der Halfdome im Yosemite National Park, ein gigantischer Granitfelsen, ist eines der am meisten fotografierten Wahrzeichen der Welt. Der Park selbst ist der Lebensraum für 1300 Pflanzenarten, 31 Baumarten, 220 Vogelarten und 60 Säugetierarten, darunter Hirsche und Bären.*

260 unten *Nur wenige Besucher sehen die scheinbar endlosen Berggipfel im Yosemite National Park. Die meisten Touristen verbringen ihre Zeit im Yosemite Valley, einem winzigen Teilgebiet des gesamten Parks.*

261 oben links *El Capitan im Yosemite National Park ist mit seinen glatten Wänden die ultimative Herausforderung für alle Bergsteiger. Auch er ist, wie der Halfdome, ein riesiger Granitfelsen, der sich 1098 m hoch über den Boden des Yosemite-Tales erhebt. Das Tal selbst, das durch den Merced River entstand, ist 11 km lang und 1,6 km breit.*

261 Mitte links *Die Nevada Falls stürzen sich über den Rand des Yosemite-Tales. Sie sind Teil mehrerer spektakulärer Wasserfälle in diesem Tal. Am höchsten sind die Yosemite Falls mit 739 m. Die Nevada Falls befinden sich am Merced River, der sich im Emerald Pool unterhalb der Wasserfälle sammelt, um dann über die Vernal Falls endgültig ins Tal hinab zu stürzen.*

261 unten links *Abgelegene Wanderwege und Campingplätze im Yosemite National Park erlauben den Zugang zu Aussichten wie dieser hier. Allerdings erreichen diese Ziele nur die entschlossensten Wanderer, die nicht vor Anstrengung zurückscheuen. Der Park verfügt über 1206 km an Wanderwegen.*

261 rechts *Der Merced River stürzt über die Vernal Falls, die man unten rechts erkennen kann, und fließt dann hinab zum Yosemite Valley. Die Schönheit dieses Parks und der Eindruck, den er bei seinen zahllosen Besuchern hinterlässt, ist wirklich erstaunlich. Egal, ob man etwas über die Natur lernen will oder ausgedehnte Wanderungen im Hinterland unternimmt, Yosemite bietet sowohl erholungssuchenden Städtern als auch erfahrenen Experten ausreichend Möglichkeiten, die Schönheiten der Natur zu erleben.*

262 oben *Santa Cruz Island ist ungefähr 38 km lang und umfasst eine Fläche von 248 km². Einige Gebiete auf der Insel bieten Seevögeln, Pflanzen und Säugetieren wichtige Lebensräume. Hier leben über 600 Pflanzen- und 140 Landvogelarten. Außerdem gelten die Klippen an der Küste und die Felsen im Inneren der Insel als optimale Nistplätze.*

262 Mitte *Oft kommen Biologen hierher, um das Ökosystem der Insel zu studieren, da sich viele Tier- und Pflanzenarten den dort herrschenden Lebensbedingungen auf spezielle Weise angepasst haben und sich damit von ähnlichen Spezies auf dem Festland unterscheiden.*

262 unten Santa *Cruz Island ist ein bezaubernder Ort, mit zwei schroffen Felsgebirgen, tiefen Canyons, einem breiten inneren Tal, zahlreichen Quellen und Flüssen, Klippen, riesigen Meereshöhlen und Stränden.*

262-263 *Die Channel Islands sind eine Inselkette vor der Westküste Kaliforniens. Fünf der acht Inseln gehören zum Channel Islands National Park. Anacapa Island liegt 17 km vor der Küste von Oxnard. Sie besteht wiederum aus drei Inseln, wie man hier auf diesem Foto erkennt, die zusammen etwa 8 km lang sind. Auf der vordersten Insel sieht man Gebäude des National Park Service und einen Leuchtturm. In der Ferne liegt Santa Cruz Island, die mit 248 km² die größte Insel dieser Gruppe ist.*

263 oben *Die Ureinwohner von Santa Cruz waren die Chumash-Indianer, die dort über 6000 Jahre lang lebten. Ungefähr 2000 von ihnen bewohnten die Insel, als der Entdecker Juan Rodriguez Cabrillo im Jahr 1542 als erster Europäer dort landete. Von 1839 bis in die 80er Jahre unseres Jahrhunderts betrieb man dort Viehzucht. Heute sind 90 % der Insel im Besitz der Nature Conservancy, die restlichen 10 % gehören zum Channel Island National Park.*

__264__ Diese Aufnahme zeigt einen Teil des Strandes von Santa Monica und den Santa Monica Pier. Die Stadt Santa Monica liegt nördlich bzw. westlich von Los Angeles an der Pazifikküste.

__265 oben links__ Malibu, Kalifornien und die Malibu Colony, ein abgeschirmtes Gebiet, in dem hauptsächlich die Prominenz der Unterhaltungsbranchen ihre Häuser hat. Malibu liegt westlich von Santa Monica.

__265 oben rechts__ Santa Barbara liegt nur etwa 150 km von Los Angeles entfernt. Dennoch ist in dieser sonnigen Stadt kaum etwas von der Geschäftigkeit und dem Tempo von L. A. zu spüren. Diese Aufnahme zeigt die Strandseite von Santa Barbara. Rechts windet sich die Route 1 in einer sanften Kurve aus dem Bild.

__265 Mitte rechts__ Blick auf Santa Monica und den Pier. Die kleine Stadt mit ihren 90 000 Einwohnern liegt in unmittelbarer Nachbarschaft zu Beverly Hills und rühmt sich ihrer belebten Innenstadt mit ihrem Einkaufsviertel.

__265 Mitte links__ Der überfüllte Strand von Santa Monica an einem heißen Sommerwochenende. Da die Stadt nur 8 km von Beverly Hills, Culver City, der Universität von Los Angeles und 16 km vom Internationalen Flughafen Los Angeles entfernt ist, gilt sie allgemein als Mittelpunkt des westlichen Gebietes um Los Angeles.

__265 unten__ Marina Del Rey ist die nächste Gemeinde, wenn man die Küste von Santa Monica hinabfährt, wobei Venice Beach sich genau dazwischen befindet. Der Ort verfügt über einen der wenigen geschützten Häfen entlang der Pazifikküste.

266 oben *Die Hollywood Bowl ist ein natürliches Amphitheater in den Hügeln von Hollywood. Es fasst annähernd 18 000 Zuschauer und wurde 1922 für Freiluftkonzerte des Los Angeles Philharmonic Orchestra eröffnet. Das Orchester spielt hier heute noch, aber daneben finden in der Bowl auch Jazz-, Pop- und Rockkonzerte statt.*

266-267 *Diese Aufnahme von Los Angeles zeigt die neueren Wolkenkratzer zwischen dem Pershing Square links und dem Rathaus in der unteren rechten Ecke. Hinter dem Rathaus erkennt man das L. A. Music Center (Mitte rechts). Unten links liegt das Viertel „Little Tokio". Am Horizont in der Ferne grüßen die Santa Monica Mountains.*

266 unten *Hotels und andere Hochhäuser säumen eine der Hauptstraßen im Westen von Hollywood, Kalifornien.*

267 oben rechts *Eines der vielen Häuser im Gebiet der Beverly Hills bzw. Hollywood Hills von Los Angeles. Zu diesem schön gestalteten Anwesen gehören auch Palmen und ein Tennisplatz.*

267 Mitte rechts *Seit den 70er Jahren werden Filme weitaus häufiger direkt vor Ort und nicht mehr in den Studios gedreht. In den alten Ateliers der Universal Studios, wo man früher bei Aufnahmen Wetterbedingungen, Beleuchtung, Szenerie und Kostüme kontrollieren konnte, werden heute nur noch Fernsehproduktionen und die Innenaufnahmen für manche Filmen gedreht. Einige der Studios wurden sogar zu Touristenattraktionen ähnlich wie Disneyland und Disney-World umgebaut.*

267 unten rechts *Im Herzen eines der nobelsten Wohnorte der Welt steht das Beverly Hills Hotel, das 1912 erbaut und 1995 renoviert wurde. Die Ortschaft Beverly Hills wurde 1906 geplant und 1914 gegründet. Der Name der Stadt steht heute als Synonym für große Anwesen und einen extravaganten Lebensstil.*

267 unten links *Viele berühmte Persönlichkeiten aus dem Showgeschäft wohnen in Beverly Hills, oberhalb von Los Angeles. Man erkennt deutlich die gewundenen Canyons und steilen Straßen dieser Gegend.*

268 oben rechts *Ein schöner Blick auf den Pazifik in der Nähe von Malibu mit den Santa Monica Mountains im Hintergrund. In den Bergen unterhält der National Park Service ein Erholungsgebiet und kann so einen Teil des natürlichen Ökosystems in der dicht besiedelten Gegend um Los Angeles bewahren.*

268 Mitte links *Die Häuser und Apartments an der Küste von Long Point, Rancho Palos Verdes, befinden sich südlich von Los Angeles. Palos Verdes liegt genau zwischen Redondo Beach und San Pedro auf einer natürlichen Halbinsel, die die Bucht von San Pedro im Osten schützt.*

268 unten links *Direkt hinter den noblen Häusern an der Meerseite von Los Angeles erstreckt sich weites Sumpfland.*

268-269 *Point Dume westlich von Los Angeles liegt nahe an einem öffentlichen Strand mit Felsklippen und zahlreichen Höhlen. Der Sandstrand Westward Beach ist für seine guten Möglichkeiten zum Surfen, Schwimmen und Tauchen bekannt.*

269 oben *An der Meeresseite von Malibu fanden in den letzten Jahren mehrere Erdrutsche statt, die durch heftige Regengüsse verursacht wurden. Auf diesem Foto sieht man noch die Spuren eines solchen Erdrutsches (Mitte links).*

269 unten *Der Leuchtturm von Point Vincente liegt in der Nähe von Rancho Palos Verdes und nicht weit vom Cabrillo Marine Museum entfernt. Der Leuchtturm wurde 1926 in Betrieb genommen und erst 1973 automatisiert. Die Fresnellinse, die das Licht über 30 km weit aufs Meer hinausschickt, wurde in Paris gefertigt und stammt aus dem Jahr 1886. Übrigens sind auch in Zeiten von Radar und modernen Kommunikationsmöglichkeiten Einrichtungen wie dieser Leuchtturm an der Küste unerlässlich.*

270 *Die anmutig gebogene San Diego-Coronado Bay Bridge verbindet die City von San Diego mit Coronado, eine Halbinsel, die schützend vor der San Diego Bay liegt. Coronado ist der Sitz der U.S. Navy's Naval Air Station. Auf der Halbinsel findet man auch öffentliche Strände, darunter den Coronado und den Silver Strand State Beach.*

271 oben links *Viele moderne Gebäude prägen das Bild von San Diego. Das angenehme Wetter dieser Region – San Diego ist einer von fünf Orten auf der Welt, an denen ein echtes mediterranes Klima herrscht – lockt nicht nur Urlauber, sondern auch viele neue Bewohner an. San Diego wurde in den 80er Jahren mit 200 000 Einwohnern zur zweitgrößten Stadt Kaliforniens. Das Foto zeigt das Convention Center.*

271 oben rechts *In den 80er Jahren erlebte San Diego einen Bauboom, der sich jedoch in den 90ern durch allgemein eingeleitete Sparmaßnahmen wieder etwas verlangsamte. Auf diesem Foto stehen moderne Bauwerke neben dem U.S. Grant Hotel aus der Jahrhundertwende (unten links). San Diego wirbt mit vielen Besonderheiten, z. B. mit Sea World, der Altstadt, dem Gaslampenviertel und der Nähe zu Mexiko.*

271 unten rechts *Eine Aufnahme der U.S. Naval Station in San Diego, an deren Docks Schiffe zu Reparaturarbeiten angelegt haben. Seit dem mexikanischen Krieg in den 40er Jahren des 19. Jahrhunderts hat die US-Marine einen Stützpunkt in San Diego. Für die Stadt und das umliegende Gebiet ist die Anwesenheit des Militärs schon immer eine willkommene Einnahmequelle gewesen.*

271 Mitte links *Ein Blick auf San Diego in der Nähe der Bucht. Ganz links in der Mitte ist die Santa Fe Railroad Station zu erkennen. Rechts in der Mitte sieht man die Horton Plaza Shopping Mall. Die Grünfläche oben in der Mitte ist der Balboa Park.*

271 unten links *Horton Plaza, ein Einkaufszentrum im Herzen der Stadt, ist ein charmantes Durcheinander verschiedener Architekturstile. Im Gegensatz zu anderen Zentren, ist beim Horton Plaza der größte Teil des Innenhofs nicht überdacht.*

272 oben *Die Küste von San Diego ist ein beliebter Ort für Segelregatten, wie hier die Kenwood-Cup-Regatta im Jahr 1996. Zu den Freizeitangeboten gehören jedoch auch Surfen, Schwimmen und Hochseeangeln.*

272 Mitte *Die steilen Klippen in der Nähe von La Jolla an der Pazifikküste befinden sich genau nördlich von San Diego. In dem Gebiet um San Diego gibt es unter anderem auch zahlreiche Bildungseinrichtungen, wie z.B. die San Diego State University (1897). Die University of California, San Diego befindet sich in La Jolla, wo sie an das Scripps-Institut für Ozeanographie (1903) angegliedert ist. Das Jonas-Salk-Institut für Biologische Forschung steht ebenfalls in La Jolla.*

272 unten *Die Pazifikküste vor La Jolla lockt viele Besucher an, die dort Seevögel und die Wellen des Ozeans beobachten. La Jolla ist Spanisch und heißt auf Deutsch „das Juwel". Die Stadt bietet den Urlaubern schöne Strände, viele kulturelle Möglichkeiten und zahlreiche Restaurants.*

272-273 *Der riesige Bogen der San Diego-Coronado Bay Bridge endet in der Nähe des berühmten Hotels Del Coronado. Es wurde 1888 direkt am Meer erbaut und hat über die Jahre viele prominente Gäste beherbergt. Als eines der ersten Hotels der Welt wurde es mit Elektrizität ausgestattet, ein Vorgang, den Thomas A. Edison noch persönlich überwachte.*

273 unten links *Der Leuchtturm von Point Loma ist im Besitz der US-Küstenwache und steht unterhalb des Cabrillo National Monument an der Pazifikseite der Bucht von San Diego. Ein älterer Leuchtturm oben auf den Klippen wurde 1891 geschlossen und kann heute als historisches Gebäude besichtigt werden. Die Gezeitenbecken in der Nähe von Point Loma gelten als große Attraktion, weil man dort während der Ebbe alle möglichen Arten von Meerestieren beobachten kann.*

273 unten rechts *Die Stadt La Jolla, die genau nördlich von San Diego liegt, besitzt eine fast südeuropäische Atmosphäre mit nur geringem südkalifornischem Einschlag. Die wunderschöne Stadt lädt zum Einkaufen und zum Stöbern in ihren zahlreichen Antiquitätenläden ein.*

Ein Land von wilder Schönheit:

274-275 *Das Harding-Eisfeld in den Kenai Mountains in Alaska ist 777 km² groß und besteht aus 34 größeren Gletschern. Nur ein paar einzelne Berggipfel unterbrechen die fast völlig ebene, schneebedeckte Fläche, die sich in ungefähr 1,5 km Höhe über der umliegenden Küste erhebt.*

Alaska

274 unten *Die stark vergletscherte Alaska Range mit dem Mount McKinley ist eine ständige Herausforderung für Bergsteiger. Die Alaskakette setzt sich auf den Aleuten als Aleutenkette oder Aleutian Range fort und erstreckt sich über nahezu 1000 Kilometer. Sie trennt die inneren Tundren von den pazifischen Küstengebieten. Der Mount McKinley ist mit 6193 m der höchste Berg Nordamerikas.*

275 *Eine wunderbare Sommerlandschaft nahe dem Denali National Park. Das Gebiet bietet u. a. Karibus, Wölfen, Bergschafen, Elchen und Bären Lebensraum. Typisch für die Vegetation sind Tannen und Sitkafichten sowie die niedrige, immergrüne Pflanzenwelt der Tundra.*

276-277 *Ein nebliger Herbsttag in den Kenai Mountains, südlich von Anchorage, Alaska. Die Gegend wird immer wieder von Fjorden, den langen, schmalen Armen des Ozeans durchbrochen. Kenai Fjords National Park umfasst ein 2630 km² großes Gebiet an der Pazifikküste, zu dem auch das Alaska Maritime National Wildlife Refuge gehört.*

276 unten *Eine Aufnahme des Yukon River, der am südlichen Rand der Brooks Range vorbeifließt. Der mächtige, 3184 km lange Strom bewässert ein 854 000 km² großes Gebiet, in dem einige tausend Inuit-Indianer wohnen, die hauptsächlich von der Jagd leben.*

277 oben *Ein Blick auf die Küste des Glacier Bay National Park and Preserve. Der Park ist ein Gebiet von unglaublicher Schönheit mit Gletschern, schwimmenden Eisbergen, mehr als 1600 km Küstenlinie und dem 4669 m hohen Mount Fairweather. Dort, wo sich die Gletscher zurückgezogen haben, leben Bären, Flussotter, Nerze, Bergziegen und Murmeltiere.*

Ein Elch watet durch das seichte Wasser am Ufer des Wonder Lake, über dem in der Ferne die majestätischen weißen Berge von Denali thronen. Die Farben des Nordlichts erhellen den Abendhimmel und verleihen den Bäumen außerhalb von Nome eine schwarze Silhouette. Riesige Kodiakbären, 3 m groß und 700 kg schwer, fangen in einem Wasserfall am Yukon River Fische. Ein bunter Totempfahl steht in einem Dorf der Tlingit-Indianer, wobei jedes seiner Symbole eine Familie repräsentiert. Die Besatzung eines Fischerbootes holt an einem trüben Frühlingstag ein Netz voller Lachse ein. Die grüne, zwiebelförmige Kuppel einer russisch-orthodoxen Kirche überragt die Häuser von Sitka und erzählt von der kulturellen Vergangenheit dieses Landes. Ein Land voller Geheimnisse und Abenteuer, eine letzte Herausforderung: Alaska ist das Land der Träume für jeden, der Einsamkeit sucht, die Natur liebt oder aber die reichhaltigen Ressourcen ausschöpfen will.

Die Aléuten nannten es „Alysehka“, das Große Land. Seine Fläche beträgt ein Sechstel der Gesamtfläche der Vereinigten Staaten und besteht größtenteils aus einer riesigen, beinahe gänzlich unerforschten Wildnis, in der hunderte von Tier- und Pflanzenarten zu finden sind. Die vierzehn höchsten Berge der USA findet man in Alaska, ebenso wie drei Millionen Seen und 132 000 km² Gletscher. Der Yukon River ist einer der längsten Flüsse des Kontinents. Er fließt von Osten nach Westen und ergießt sich in das Beringmeer. Obwohl Alaska der größte Staat ist, leben dort nur ungefähr 600 000 Menschen. Insgesamt sind weniger als 10 % des Staates von Menschen bewohnt. 60 % der gesamten Ländereien, die unter der Verwaltung des National Park Service stehen, befinden sich in Alaska (ca. 218 000 km²), und dies dank des 1980 von Jimmy Carter unterzeichneten Alaska National Interest Land Conservation Act.

Die gesamte Südküste Alaskas gehört zum pazifischen Bergmassiv. Das Gebiet ist geologisch sehr instabil, vulkanische Aktivitäten und Erdbeben sind dort keine Seltenheit. Der Staat besitzt zwei Inselketten, die Aléutenkette im Südwesten und das Alexanderarchipel im Südosten. An der Nordgrenze der Alexander-Inseln und ihrer Verbindung mit dem Hauptteil

277 Mitte *Ströme durchziehen das Land in der Nähe von Fairbanks, einer Stadt, die 1903 als Handelsposten für die abgelegenen Goldminen gegründet wurde. Heute zählt Fairbanks etwas mehr als 31 000 Einwohner.*

277 unten *Der Chulitna River fließt durch den Denali National Park zum Yukon und dem Beringmeer im Westen. Die Flüsse in dieser Region sind jung und führen pulverisiertes Gestein mit sich, das man auch Steinmehl nennt. In Mäandern winden sie sich durch ebene Täler und graben sich mit der Zeit immer tiefer ein.*

des Kontinents liegt die St. Elias Range, mit einigen der höchsten Berge des Kontinents und der Malaspina Glacier, der größte Gletscher im Staat. Etwas weiter im Nordwesten findet man die Wrangell Mountains mit dem 4450 m hohen Mt. Wrangell, dem größten aktiven Vulkan Alaskas. Noch weiter nordwestlich liegt der Mt. McKinley, der höchste Gipfel des Kontinents und Teil der bogenförmig verlaufenden Alaska Range. Im Norden des Staates befindet sich die Brooks Range mit ihrer Bergtundra und alpinen Vegetation. Die Brooks Range erstreckt sich nach Norden zum North Slope, der mit seiner baumlosen arktischen Tundra allmählich bis zum Beaufortsee abfällt.

In der Arktisregion wird es während der Wintermonate nie richtig hell, dafür geht die Sonne im Sommer nicht unter. Regen fällt zwar nicht allzu oft, aber es gibt trotzdem überall Sümpfe, weil das Wasser wegen des dauergefrorenen Bodens nicht abfließt. Die Pflanzen müssen lang anhaltenden niedrigen Temperaturen trotzen und während des kurzen Sommers in aller Eile blühen und sich vermehren. Alle hier gedeihenden Pflanzen sind frostbeständig und niedrig wachsend, sodass der Schnee sie im Winter vor dem Wind schützen kann. Auch eine kleine Anzahl Säugetiere und Vögel hat sich dem Leben in dieser arktischen Region angepasst, und zwar mit Hilfe ihrer Fettschichten und einem sehr dicken Fell. Besonders die großen Säugetierarten wie Elche, Braunbären, Karibus und Eisbären scheinen sich hier wohl zu fühlen. In den Gewässern rund um Alaska tummeln sich Wale, Seehunde, Walrosse und Seeotter. Auch hier wurden Naturreservate geschaffen, die

279 unten *White Pass nördlich von Juneau, Skagway und Haines war während des Goldrausches in Alaska von 1898 der 1000 m hoch gelegene Eingang zum Land des Goldes. Dies ist der Blick von der alaskanischen Seite aus, der eigentliche Pass liegt aber in der kanadischen Provinz British-Columbia.*

278 links *Auf diesem Bild schlängelt sich die Trans-Alaska-Pipeline durch die Landschaft. 1968 wurden in der Nähe der Prudhoe Bay reichhaltige Erdölvorkommen entdeckt. Die beinahe 1300 km lange Pipeline konnte 1977 in Betrieb genommen werden. Sie bringt das Öl quer durch das Land nach Valdez an die Südküste des Staates.*

278-279 *Der Denali National Park and Preserve ist 24 281 km² groß, was ungefähr der Fläche des Staates Massachusetts entspricht. Er beherbergt ein komplettes subarktisches Ökosystem. 1917 wurde er unter dem Namen Mount McKinley National Park eingerichtet. 1980 erhielt er seinen jetzigen Namen, der die Bezeichnung der Ureinwohner für diesen Berg beinhaltet. 1976 wurde der Park zu einem Internationalen Biosphären-Reservat erklärt.*

279 oben *Die Arrigetch-Gipfel befinden sich an den Toren zum Arctic National Park. Die Südseite des Parks beginnt mit sanften Hügeln, die sich schließlich zu den zerklüfteten Gipfeln der Brooks Range steigern, wie man hier auf dem Foto sieht. Jenseits der Berge im Norden liegt arktische Tundra, die sich bis zum arktischen Ozean erstreckt. Sechs Flüsse fließen durch den Park, in dem es keine offiziellen Wege gibt.*

279 Mitte *Blick auf die Tundra im Arctic National Wildlife Refuge, in der nordöstlichen Ecke von Alaska. Das Naturschutzgebiet ist die Heimat von 36 Fischarten, 36 Landsäugetierarten, 9 Meeressäugetierarten und mehr als 160 Vogelarten. Unter anderem trifft man hier auf frei umherziehende Herden von Moschusochsen, Karibus und Dallschafen, aber auch auf Wölfe, Eis- und Grizzlybären.*

280 oben und Mitte *Zur Alaska Range in Mittelalaska gehören neben dem Mount McKinley auch Mount Hunter, Mount Hayes und Mount Foraker, die allesamt höher als 3962 m sind. Das Gebirge wird beim Isabel Pass von der Trans-Alaska-Pipeline durchquert, die Erdöl aus dem Norden nach Valdez im Süden bringt.*

280 unten *Der Broken Tooth Mountain (übersetzt „abgebrochener Zahn") im Denali National Park trägt seinen Namen ganz offensichtlich zu Recht.*

Pflanzen und Tiere in ihrer natürlichen Umgebung schützen sollen.

Eines der faszinierendsten Tiere Alaskas ist der Elch, dessen größte Unterart hier lebt. Ein Elch verspeist – wenn möglich – 20 bis 30 kg Futter pro Tag. Bevorzugte Nahrung sind Weidentriebe, die sie mit Hilfe ihrer vier Magenkammern verdauen. Oft sieht man sie in Teichen nach Wasserpflanzen suchen. Ein ausgewachsener Elchbulle bringt manchmal gute 700 kg auf die Waage, ist ungefähr 2 m hoch und trägt ein 35 kg schweres Geweih mit sich herum, das 2 m breit ist.

Viele Tierarten Alaskas sind vom Aussterben bedroht. 85 % der Staatseinnahmen werden durch Erdöl finanziert, aber gleichzeitig bedeutet dies auch eine Bedrohung für Flora und Fauna dieser Region. Die Unfälle an der Trans-Alaska-Pipeline und das ausgelaufene Öl der Exxon Valdez bei der Katastrophe 1989 zeichnen ein abschreckendes Zukunftsbild.

280-281 *Der Südgipfel des Mount McKinley ist mit 6193 m der höchste Berg in Nordamerika. Die oberen zwei Drittel des Gipfels sind permanent mit Schnee bedeckt, der wiederum verschiedene Gletscher speist. Der Berg erhebt sich 5181 m über die Baumgrenze und wurde 1794 von dem englischen Seemann George Vancouver entdeckt. Bei den eingeborenen Indianern heißt der Berg Denali, „der Hohe". 1896 wurde er nach Präsident William McKinley benannt. 17 der 20 höchsten Berge der Vereinigten Staaten befinden sich in Alaska.*

281 unten *Der Denali National Park ist 49 437 km² groß und damit einer der größten Parks in Alaska. Es gibt dort nur wenige Straßen, auf denen Besucher in Bussen umhergefahren werden, um die Luftverschmutzung so niedrig wie möglich zu halten. Die meisten Touristen kommen zwischen Mai und September. Übernachtungsmöglichkeiten bieten das Denali Park Hotel (das einzige Hotel im Park) und sieben Campingplätze.*

282-283 *Eine Nahaufnahme des Mount McKinley. Seit 1903 haben viele schon erfolglos versucht, seine Gipfel zu besteigen. 1910 gelang die Erstbesteigung des Nordgipfels und am 13. Juni 1913 bezwang der angloamerikanische Geistliche und Entdecker Hudson Stuck zusammen mit drei Kameraden (darunter auch Harry Karstens) den höheren Südgipfel.*

284-285 *Der Grewingk Glacier fließt aus den Kenai Mountains im Süden Alaskas heraus. Gletscher bewegen sich durch den Einfluss der Schwerkraft und rutschen so über das Felsgestein, auf dem sie liegen. Die höchsten Geschwindigkeiten werden direkt unter der Oberfläche und entlang der Mittellinie eines Gletschers gemessen.*

284 unten *Der Erdkundeunterricht im Glacier Bay National Park versetzt so manchen in Erstaunen: 10 % der Erdkugel sind derzeit vereist. Die polaren Eiskappen und Gletscher enthalten mehr Wasser, als das Wasser der Seen und Flüsse, im Boden und in der Luft zusammengerechnet. Würde das gesamte Eis schmelzen, befände sich die Hälfte aller Städte auf der Welt unter Wasser.*

Die Regierung tut ihr Bestes, um mit den vielen Problemen fertig zu werden, die die Erhaltung von Flora und Fauna mit sich bringt, während die meisten Bewohner Alaskas heftig für den Fortschritt und die wirtschaftliche Entwicklung ihrer Region kämpfen.
Der Anteil der Ureinwohner in Alaska beträgt nur 15 %. Es gibt mehrere Gruppen: Die Inuit (Eskimos) sind das größte Volk, gefolgt von den Aleuten auf den Aleuten-Inseln sowie drei Indianerstämmen, die im Süden und Südosten des Staates ansässig sind, die Tlingit, die Haida und die Athabaskan. Entgegen der vorherrschenden Meinung leben die meisten Inuit nicht mehr so wie früher. Heute besitzen sie Ölfelder, Hotels und Ländereien. Dennoch halten sie, was Glauben, Feste und Jagdmethoden angeht, an alten Traditionen fest. Wahrscheinlich kam das Volk der Inuit einst über die Beringstraße nach Alaska. Die Inuit erfanden das Kajak, den Hundeschlitten und das Iglu (Letzteres wird jedoch den kanadischen, nicht den alaskanischen Inuits zugeschrieben). Die Aleuten sind eine abgespaltene Inuitgruppe, die sich auf der Aleuten-Inselkette ansiedelten. Ihre Jagdkünste wurden im 18. und 19. Jahrhundert von den Russen weidlich ausgenutzt, wobei sie gleichzeitig die Bevölkerung durch eingeschleppte Krankheiten und schlechte Behandlung dramatisch dezimierten. Heute leben ungefähr noch 2000 Aleuten in ihren Holzhäusern und bestreiten ihren Lebensunterhalt durch Fischen, Jagen und Schafzucht. Obwohl es durchaus moderne Städte in Alaska gibt, wie z. B. Juneau, Fairbanks und Anchorage, bleiben die meisten anderen wegen der unwirtlichen Gegenden, der fehlenden Infrastruktur und der geringen Bevölkerungszahl relativ isolierte kleine Ortschaften. Eine der schönsten Strecken in Alaska führt den Seward Highway hinab. In seiner Nähe liegt der kleine Ort Hope am Cook Inlet, genau gegenüber von Anchorage. Hope war die erste Goldgräberstadt in diesem Staat und ist heute Heimat von 200 Menschen. Viele Städte Alaskas können aufgrund ihrer Lage nur per Schiff oder Flugzeug erreicht werden. Von Oktober bis Mai werden die Straßen im Denali National Park nicht geräumt, sodass sie nur noch mit Skiern oder per Hundeschlitten befahren werden können. Der Glacier Bay National Park dagegen verfügt nicht einmal über eine Straße, die zu ihm hinführt. Dorthin kommt man wirklich nur durch die Luft oder über das Wasser. Es lohnt sich aber, weil dort einer der wenigen Orte auf der Welt liegt, an denen man Gletschern beim „Kalben“ zusehen

285 oben links *Auf dieser Luftaufnahme erkennt man gut, wie die Gletscher des Glacier Bay National Parks in parallelen Bögen zur Bucht hinabfließen.*

285 unten links *Viele Touristen kommen in den Sommermonaten mit einem Kreuzfahrtschiff in den Glacier Bay National Park. Der National Park Service hat die Anzahl solcher Schiffe jedoch auf 139 beschränkt, um die vom Aussterben bedrohte Buckelwal-Population vor der Küste nicht zu gefährden.*

285 oben rechts *Die Gletscherzungen im Glacier Bay National Park in Alaska bewegen sich alle auf die Bucht zu. Im Park gibt es 16 Hanggletscher, von denen 12 immer wieder „kalben“, das heißt, große Eisstücke brechen ab und stürzen als Eisberge ins Meer.*

285 unten *Eine Gletscherzunge im Glacier Bay National Park bewegt sich langsam in Richtung Bucht. Da sich die Gletscher hier ungewöhnlich schnell bewegen, kommen viele Wissenschaftler in die Bucht, um die Veränderungen in den riesigen Eisfeldern zu studieren und zu dokumentieren.*

286 oben *Der Norden Alaskas ist für seine reichhaltigen Erdölvorkommen bekannt, die durch die Alaska-Pipeline in den Süden hinunter nach Valdez geleitet werden. Nördlich des 66. Breitengrades wachsen keine Bäume mehr. Viele kleinere Pflanzenarten verwandeln die Tundra jedoch im Sommer in ein grünes Meer. In dieser Jahreszeit versinkt die Sonne wegen der Erdneigung nicht mehr am Horizont. In dieser Region gibt es acht Dörfer, in denen hauptsächlich Eingeborene des Stammes der Inupiaq wohnen.*

kann. Dabei brechen riesige Eisblöcke von den Gletschern ab, stürzen krachend in den Pazifik und verursachen bis zu 10 m hohe Wellen.

Eines der bekanntesten Ereignisse in Alaska ist das Iditarod-Trail-Hundeschlittenrennen, das über eine Strecke von ungefähr 1850 km von Anchorage nach Nome ausgetragen wird. In vielerlei Hinsicht sind die Teilnehmer dabei ein Sinnbild für den Staat Alaska und dessen Bewohner: Hart im Nehmen bestreiten sie mit traditionellen Mitteln den Wettlauf in die Zukunft.

286 unten links *Der Norden Alaskas in seiner weißen Winterpracht ist die Heimat von Walrossen, Karibus, Seehunden und Eisbären. Der Winter dauert hier von Herbst bis Juni, allerdings mit nur geringem Schneefall. Von Ende November bis Mitte Januar geht die Sonne überhaupt nicht mehr auf. Die einzige Straße, der Dalton Highway, wurde erst kürzlich eröffnet, ist jedoch nicht einmal gepflastert oder geteert. Das gebräuchlichste Verkehrsmittel in dieser Gegend ist das Flugzeug.*

286 unten rechts *Die Gemeinden Valdez und Cordova liegen am Prince William Sound an der Südküste von Alaska. Der Sund ist von schroffen Bergen und Fjorden umgeben und besitzt eines der artenreichsten maritimen Ökosysteme der gesamten Pazifikküste. Hier trifft man unter anderem auf Lachse, Seeotter, Haie, Heilbutte, Seehunde und Wale.*

286-287 *Ein Wasserflugzeug schwebt über einem Gletscherfeld an der Küste des Tongass National Forest im südöstlichen Alaska. Tongass ist mit einer Fläche von 68 796 km² der größte staatliche Wald der USA. Diese Region setzt sich hauptsächlich aus Gletschern, Bergen, Gewässern und tausenden von kleinen Inseln zusammen.*

287 unten links *Eine Meeresbucht bei Haines, in der Nähe des Tongass National Forest und der Straße der Goldsucher aus dem Jahr 1898. Der hier abgebildete Fjord heißt Lynn Canal und ist der längste Meeresarm von Amerika. Hinter den Bergen in der Ferne liegt der Glacier Bay National Park.*

287 unten rechts *Die Stadt Skagway, Alaska, liegt nördlich von Haines und wuchs während des Goldrausches im Jahr 1898 im wahrsten Sinne des Wortes über Nacht aus dem Boden. In der Umgebung von Skagway liegen der Klondike Gold Rush National Historical Park, die Stadt Dyea, der Chilkoot Trail und der White Pass Trail. In den Sommermonaten fährt zweimal täglich ein Zug zum Gipfel des White Pass hinauf.*

Das Paradies auf Erden:

288-289 *Waikiki Beach, einer der berühmtesten Orte der Welt, liegt auf der Insel Oahu und wird von Hotels gesäumt. In der Ferne erhebt sich der Diamond Head über dem Pazifik. Der Strand und seine Umgebung bieten neben diversen Wassersportmöglichkeiten auch andere Freizeitvergnügen wie Hula-Tänze, Tennis, Wanderungen auf den Diamond Head, Konzerte und Museen.*

Hawaii

288 unten und 289 oben *Die Natur auf der Insel Kauai ist von unglaublicher Schönheit. Man glaubt, sich in einem tropischen Paradies zu befinden mit einem sehr milden Klima, breiten Sandstränden und atemberaubenden Wasserfällen in den Bergen. Kauai ist die älteste und nördlichste der Hawaii-Inseln. Zu den Highlights auf Kauai zählen Hanalei Bay, Waimea Canyon, die Küste von Na Pali und die Kokee-Wälder.*

289 unten *Maui ist ein weithin bekanntes Urlaubsgebiet. Die meisten Hotels und Ferienhäuser befinden sich in Kapalua, Kaanapali, Kihei, Wailea und Makena an der West- und Südküste der Insel. Auf Maui gibt es außerdem mehrere Golfplätze sowie 67 km Sandstrände, darunter den schwarzen Sandstrand im Waianapanapa State Park.*

Ein junges Paar spaziert bei Sonnenuntergang Hand in Hand an einem wundervollen Strand entlang. Vögel schweben über spektakulären grünen Bergen, vor denen sich große Zuckerrohrfelder ausbreiten. Auslegerboote und Surfbretter kämpfen um einen Platz an Oahus überfülltem Waikiki Beach, an dessen Rand stattliche Hotels stehen. Ein feuriger Lavastrom fließt aus einem aktiven Vulkan und ergießt sich zischend in den Ozean, wo er zu Gestein erstarrt.
Jede der Hawaii-Inseln hat ihrem Besucher etwas Besonderes und Einzigartiges zu bieten. Die acht Haupt- und 124 Nebeninseln, Riffe und Sandbänke bedecken eine Gesamtfläche von 16 729 km² und erstrecken sich in einem 3859 km langen Bogen in den Pazifik. Die Temperaturen liegen das ganze Jahr über durchschnittlich bei 24 °C. Auf der Ostseite der Inseln regnet es sehr oft, die Westseite ist jedoch durch Berge geschützt. Mount Waialeale auf der Insel Kauai ist mit einem Niederschlag von über 12 m pro Jahr der nasseste Ort der USA. Hawaii hat die am stärksten gemischte Bevölkerung der Nation, wobei von den geschätzten 1,2 Millionen Einwohnern die meisten japanische, hawaiische, philippinische, chinesische, koreanische und samoanische Vorfahren besitzen. Auf den Inseln Hawaii und Niihau wird noch immer die urtümliche Sprache gesprochen, die mit 12 Buchstaben auskommt und bei der jedes Wort mit einem Vokal endet. Die Hawaiianer engagieren sich durch die Einrichtung von Museen und Forschungszentren und durch die Bewahrung historischer Orte stark für die Erhaltung ihres kulturellen Erbes.
Die Hawaii-Inseln entstanden vor Millionen

290 oben links *Touristen erholen sich am Strand von Maui. Die Insel hat jedoch mehr zu bieten als nur Sand und Meer: Es gibt hier wunderschöne Wanderwege, z. B. im Hawaii Nature Center im Iao-Tal oder zum untätigen Vulkan im Haleakala National Park. Aber auch viele historische Orte auf Maui laden zum Studium der hawaiischen Geschichte ein.*

290 unten links *Makapu'u Head bildet die südöstliche Ecke der Insel Oahu am Kaiwi Channel, der Oahu von Molokai trennt. Der Berg links auf dem Foto ist Koko Head, ungefähr 10 km weiter an der Küste entlang findet man Diamond Head und Honolulu. Die kleine Insel oben in der Mitte ist Manana Island.*

290 oben rechts *Üppige Vegetation umgibt Kaneohe Bay im Osten von Oahu. Da die Bucht auf der dem Wind zugewandten Seite liegt, verfangen sich die Regenwolken in den Bergen und geben ihre Feuchtigkeit an diese Gegend ab, sodass hier ein grünes Paradies entstehen konnte.*

290 unten rechts *Auf der Straße an der Küste von Oahu kann man eine etwa 160 km lange Rundfahrt um die Insel machen. Man beginnt in Honolulu, fährt in Richtung Osten am Makapu'u Head vorbei, dann durch Kailua und Kaneohe und an der Bucht von Kaneohe an der Nordseite entlang. Auf einem größeren Highway gelangt man dann über Pearl City wieder zum Ausgangspunkt, nach Honolulu, zurück.*

291 *Ein Regenbogen über der wilden Küste von Na Pali auf Kauai. Die Küste von Na Pali wird gern als Kulisse für Fernseh- und Kinoproduktionen ausgewählt, z. B. für die Serie „Magnum" und für „Die Dornenvögel" oder auch für die beiden Teile von „Jurassic-Park". Die Klippen von Na Pali erheben sich 1200 m hoch über dem Pazifik und sind mit üppigem Grün bewachsen.*

von Jahren durch Lavaströme, die Schicht für Schicht eine Landschaft aus fruchtbarem vulkanischen Gestein bildeten, auf dem schon bald neues Leben wachsen konnte. Hunderten von Tier- und Pflanzenarten gelang es, den riesigen Pazifik zu überqueren, sei es mit dem Wind, dem Wasser oder mit den Vögeln. 70 Millionen Jahre der Evolution ließen einen Garten Eden entstehen, der von Menschenhand gänzlich unberührt war. Doch mit Ankunft der ersten Siedler, der Polynesier, begann sich dies zu ändern. Noch schlimmer wurde es durch die europäischen und amerikanischen Zuwanderer: Sie veränderten die Landschaft und brachten Pflanzen und Tiere auf die Inseln, die das sorgsam ausgeklügelte Ökosystem auf Hawaii empfindlich störten. Heute versuchen der National Park Service, der Staat Hawaii und einzelne Umweltschutzgruppen die heimischen Arten zu retten, die Gefahr laufen, von den importierten Pflanzen und Tieren verdrängt zu werden.
Die ersten polynesischen Siedler auf Hawaii vor 1600 Jahren stammten wahrscheinlich von den fast 4000 km entfernten Marquesas-Inseln. Sie legten die enorme Strecke über das offene Meer in riesigen Katamaranen zurück und brachten Schweine, Hunde, Hühner, Süßkartoffeln, Bananen, Zuckerrohr und Kokosnüsse mit. Etwa 800 Jahre später kam eine weitere Gruppe Polynesier an, diesmal von den Gesellschafts-Inseln, der es gelang, die Herrschaft über Hawaii zu erringen. Nach mehreren Jahrhunderten des Kontakts zwischen den Hawaii-Inseln und Polynesien begann nun eine Zeit der Isolation, in der eine eigenständige hawaiische Kultur entstand. Es entwickelte sich ein strenges Kastensystem, verbunden mit einzigartigen religiösen und sozialen Praktiken. All dies änderte sich jedoch abrupt, als 1778 der englische Entdecker James Cook hawaiischen Boden betrat.
Ungefähr 15 Jahre später folgten die ersten europäischen und amerikanischen Siedler. Die Amerikaner schickten zuerst Missionare und Geschäftsleute, die sich um die Einrichtung von Zuckerrohr- und Ananasplantagen kümmern sollten. Die Neuankömmlinge verstanden die Traditionen der Inseln nicht, sie verdammten die alte Religion, die Sitten und Bräuche der Ureinwohner. Und sie schleppten Krankheiten ein, an denen viele Hawaiianer starben. Daraufhin wurden japanische und

292 links *Ein Teil des National Memorial Cemetery of the Pacific über Honolulu wahrt das Andenken an amerikanische Kriegsopfer, vor allem an jene, die während des japanischen Angriffs auf Pearl Harbor am 7. Dezember 1941 ums Leben kamen.*

292-293 *Zahlreiche Hotels säumen die Küste der Nawili Wili Bay auf der Ostseite der Insel Kauai nahe Kalpaki und Ninini Beach. Auch der Flughafen Lihu'e ist nicht weit entfernt. Die gesamte, 53 mal 40 km große Insel entstand durch einen Schildvulkan, der vor ungefähr 6 Millionen Jahren erlosch.*

292 unten *Kriegsschiffe der US-Marine ankern in Pearl Harbor, der noch immer ein wichtiger Militärhafen ist. Bereits 1887 entstand hier der erste Marinestützpunkt. Das Korallenriff am Eingang zum Hafen wurde 1911 entfernt, sodass auch große Kriegsschiffe Zugang zu dem 18 m tiefen Hauptkanal des Hafens fanden.*

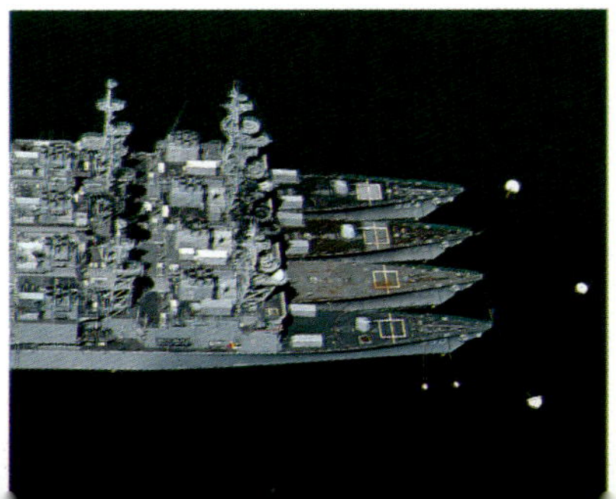

293 unten *Das U.S.S. Arizona Memorial wurde direkt über dem gleichnamigen Kriegsschiff erbaut, das während des Angriffs der Japaner 1941 versenkt wurde. Man kann auf diesem Foto die Umrisse des Schiffes im Wasser deutlich erkennen. Täglich fahren Ausflugsboote nach einem festgelegten Fahrplan zu dem Mahnmal hinaus, sodass pro Jahr ungefähr 1,5 Millionen Menschen das Memorial besichtigen können.*

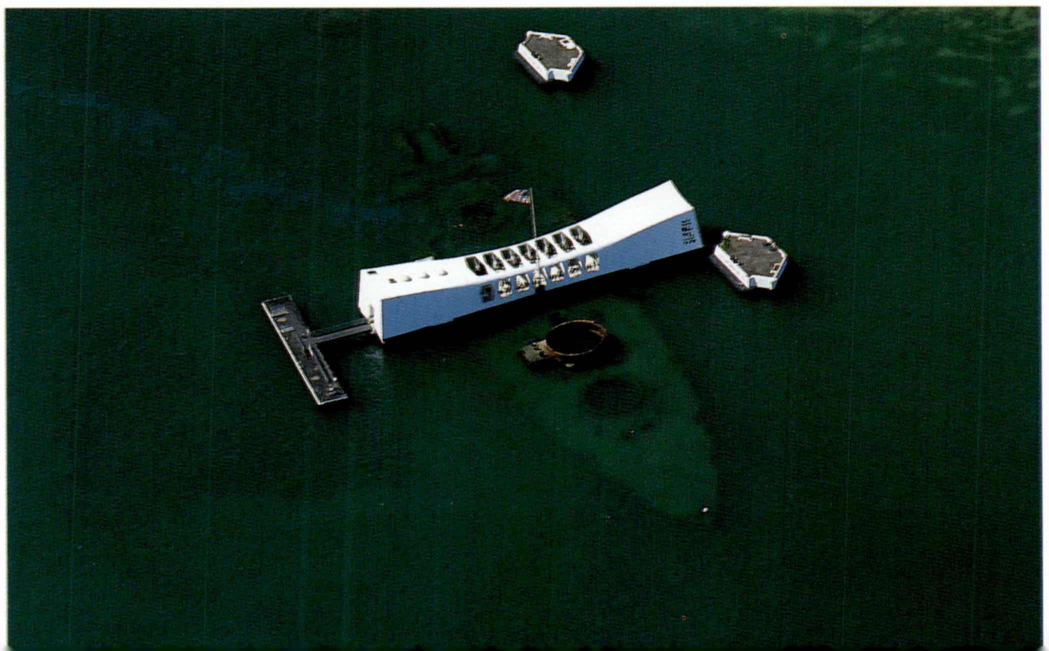

294-295 *Die herrliche Nordküste von Kauai, Na Pali Coast, lockt seit vielen Jahren Besucher und Filmproduzenten an ihre Strände. Direkt hinter den Klippen, im Inneren der Insel, befindet sich der Waimea Canyon, der 16 km lang, 3,2 km breit und ungefähr 1100 m tief ist. Die leuchtenden Farben und die zahlreichen Wasserfälle haben den Canyon bei Wanderern und Campingfreunden gleichermaßen beliebt gemacht.*

294 unten *Auf den Feldern von Kauai wird hauptsächlich Zuckerrohr angebaut.*

chinesische Arbeiter auf die Inseln gebracht, die die verstorbenen Hawaiianer ersetzen sollten. Zwar versuchte die einheimische Bevölkerung in den 80er und 90er Jahren des 19. Jahrhunderts mehrmals, wieder die Kontrolle über ihre Inseln zu erlangen, aber ohne Erfolg. Die letzte hawaiische Monarchin, Königin Liliuokalani verlor 1893 ihren Thron. An ihre Stelle trat nun eine Regierung unter dem Vorsitz des Geschäftsmannes Sanford B. Dole. 1898 annektierten die Vereinigten Staaten die Inseln, machten sie zu einem Territorium und gründeten dort einen wichtigen Marinestützpunkt. Die meisten Amerikaner kannten weder Hawaii noch dessen strategische Bedeutung, bis am 7. Dezember 1941 ein Überraschungsangriff der Japaner auf die dortigen Marine- und Armeebasen die Vereinigten Staaten in den Zweiten Weltkrieg hineinkatapultierte. Hawaii bemühte sich jahrelang um Eigenstaatlichkeit, aber der hohe japanische Bevölkerungsanteil sowie angebliche kommunistische Einflüsse in der Gewerkschaftsbewegung verhinderten dies immer wieder. So kam es, dass Hawaii erst 1959 der fünfzigste und letzte Staat von Amerika wurde.
Die größte und östlichste der acht Inseln, Hawaii, ist für ihre Vulkane, z. B. den Kilauea, den Mauna Loa und den Mauna Kea, bekannt. Mauna Loa ist der massivste Berg der Welt. Er nimmt einen Raum von 41 650 km³ ein, sein Fuß ruht auf dem Grund des Pazifiks, sodass man nur seine Spitze sehen kann, die sich

295 unten links *Alle Straßen auf Kauai führen zu den wunderschönen Stränden, wo die rollenden Wellen des Pazifiks den Zugang zu einer einzigartigen Unterwasserwelt bilden, in der sich Wale, Delphine und viele tropische Fische tummeln.*

295 unten rechts *Eine Halbinsel in der Gegend von Kilauea an der Nordostseite der Insel Kauai ragt hier ins Meer hinaus. Kauai besitzt von allen Hawaii-Inseln den größten Anteil an europäischen Dauerbewohnern. Seine größten Einnahmequellen bilden die Landwirtschaft, der Tourismus und das Militär.*

4205 m über die Wellen erhebt. Misst man ihn von seinem Fuß auf dem Meeresboden bis hinauf zum Gipfel, kommt man auf eine Höhe von mindestens 9144 m. Kilauea und Mauna Loa, die aktiven Vulkane der Insel, sind weniger explosiv und gefährlich als ihre Vettern auf dem Kontinent. Für gewöhnlich produzieren sie nur Feuerfontänen und Lavaströme. Der jüngste Eruptionszyklus des Kilauea begann 1983 und ist somit der längste in der neueren hawaiischen Geschichte.
Westlich von Hawaii liegt Maui mit seinen Ananas- und Zuckerrohrplantagen. Es ist aber auch bekannt für seine Viehzucht. Der weltgrößte inaktive Vulkan, der 3055 m hohe Haleakala, beherrscht die Szenerie auf der Ostseite der Insel. Haleakalas Krater ist 32 km breit und über 900 m tief. Nur ein schmaler Isthmus verbindet die Ostseite mit der stärker erodierten Westseite und Puu Kukui, deren höchsten Punkt. Maui ist sehr fruchtbar, vor allem die Ostseite der Insel, auf der besonders viele seltene Pflanzenarten gedeihen. Der Tourismus ist hier ein wichtiger Wirtschaftsfaktor, aber es erweist sich als sehr schwierig, die negativen Auswirkungen aufzufangen, die diese Branche auf das Ökosystem der Insel hat.
Molokai, die nächste Insel in der Kette, besitzt im Westen ein Plateau und zerklüftete Berge im Osten. An der Nordküste liegt die Halbinsel Kalaupapa, wo 1873 der belgische Priester Pater Damien eine Leprakolonie gründete. Heute steht dieser historische Ort unter der Verwaltung des National Park Service. In erster Linie lebt die Bevölkerung Molokais von Kaffeeanbau und Viehzucht – und natürlich vom Tourismus.
Oahu ist die drittgrößte der Hawaii-Inseln (ungefähr 64 km lang und 41 km breit) und

296 *Ein Blick auf die Küste von Molokai, der fünftgrößten und am wenigsten erschlossenen Hawaii-Insel. Molokai kennt man in erster Linie als die Insel, auf der sich früher Menschen niederließen, die an der Lepra litten, aber sie wird auch wegen ihrer Naturschönheiten gerühmt. Die Ostseite besteht aus dichter Wildnis mit Bergen und tiefen grünen Tälern. Die Westseite dagegen ist eine flache Ebene, die zu landwirtschaftlichen Zwecken genutzt wird.*

297 oben *Der Leuchtturm von Kilauea befindet sich an der Nordküste von Kauai auf einer kleinen Landzunge, die in den Pazifik hinausragt.*

297 Mitte *Manana Island ist eine kleine, unbewohnte Insel vor der Ostküste von Oahu. Sie ist ein gutes Beispiel für die vielen kleinen Inseln des hawaiischen Archipels, von dem nur die sechs größten bekannt sind.*

297 unten *Die Insel Kauai wird immer kleiner, da Wind und Wasser ständig für Erosionen sorgen. Ungefähr 90 % des Landes von Kauai befinden sich in den Händen von wenigen Einzelpersonen, die allesamt mit dem Zuckerrohrgeschäft zu tun haben.*

am dichtesten bevölkert. Sie besteht hauptsächlich aus zwei stark erodierten Vulkanen, die heute die Koolau- und die Wainanae Range bilden, und einem Plateau dazwischen, auf dem Ananas und Zuckerrohr angebaut werden. Honolulu, die Hauptstadt des Staates, liegt im Südosten der Insel. Im Gegensatz zur weit verbreiteten Annahme, die Hawaiianer seien allesamt „Kinder der Natur" leben heute beinahe 90 % von ihnen in Stadtgebieten. Oahu ist die kosmopolitischste Insel des Staates und die mit dem stärksten Besucherstrom. Der Strand von Waikiki beispielsweise, mit seinen schönen Hotels und der herrlichen Brandung, ist in der ganzen Welt als Flitterwochen- oder Ferienziel beliebt. Pearl Harbor, von den Japanern 1941 attackiert, ist auch heute noch ein amerikanischer Marinestützpunkt. Ein eindrucksvolles weißes Denkmal, das über dem im Hafen versenkten Kriegsschiff Arizona

298 oben links *Ein spektakulärer Blick auf den Kilohana-Krater auf Kauai, dessen üppige Vegetation von Wasserfällen durchzogen ist. Die Bäume im Vordergrund am unteren Bildrand lassen ahnen, wie riesig diese Felswand ist.*

298 oben rechts *Der Kauai-Regenwald auf dem Kawaikini Peak ist mit einem Niederschlag von 1143 cm pro Jahr der feuchteste Ort der Welt. Das Wasser fließt von den Bergen herab zu den Alakai-Sümpfen und fließt von dort aus in den Wailua River, dem einzigen schiffbaren Fluss des gesamten Archipels.*

298 unten links *Auf diesem Foto erhebt sich die Küste von Kauai über dem Pazifik. Als erster Europäer ging hier im Jahr 1778 der britische Kapitän James Cook an Land. Ihm folgten Missionare und Unternehmer. Wie die anderen Inseln auch, durchlief Kauai im 19. Jahrhundert eine turbulente Zeit. Heute verfügen die Inseln dank der Touristen über eine blühende Wirtschaft.*

298 unten rechts *Dieser einladende Sandstrand auf Kauai lässt ahnen, welche Anziehungskraft die Insel für Touristen besitzt. Anhand der Autospuren im Sand kann man in etwa die Größe dieses Strandes abschätzen.*

299 *Die schroffe Na-Pali-Küste auf Kauai bietet einen fast unwirklichen Anblick, der einen unwillkürlich an künstlich aufgebaute Filmkulissen denken lässt. Wahrscheinlich wirkt sie deshalb auch auf die Filmproduzenten so anziehend.*

300-301 *Die große Insel Hawaii liegt auf diesem Foto unter einer dicken Wolkendecke versteckt. Hawaii ist das genaue Gegenteil von Kauai. Die Insel liegt am weitesten im Süden und ist eher im Wachstum als im Schrumpfen begriffen. Dies liegt daran, dass Hawaii genau auf einer der größten heißen Stellen im Pazifik liegt. Aus dem Vulkan Kilauea fließt ständig Lava in den Ozean. Dadurch werden zwar Bäume, Felder und alles andere, was im Weg steht, zerstört, aber es bildet sich auch neues Land, wenn sich die Lava ins kalte Meer ergießt.*

errichtet wurde, erinnert an die Menschen, die ihr Leben bei jenem schrecklichen Angriff verloren.
Die Insel Kauai besteht aus nur einem erodierten Vulkanschild mit steilen Klippen und einer Reihe von Schluchten. Waimea Canyon, die tiefste und spektakulärste von ihnen, ist 16 km lang und 800 m tief. Kauais Na Pali Coast, im Nordwesten der Insel, ist so zerklüftet, dass dort keine Straße gebaut werden konnte. Mit 1598 m ist der Kawaikini Peak der höchste Gipfel auf Kauai.
Lanai besteht ebenfalls aus einem einzigen Vulkanschild mit einem fruchtbaren Plateau, auf dem sich die größte Ananasplantage der Welt befindet. Die Insel ist Privatbesitz und jeder verfügbare Platz wird zum Ananasanbau genutzt. Alte polynesische Petroglyphen und verlassene Missionsdörfer sind jedoch einen Besuch auf dieser Insel wert.
Weiter im Westen liegt Niihau, auf der nur 230 Menschen (fast ausschließlich einheimische Hawaiianer) leben. Auch sie ist Privatbesitz und man lebt dort von Viehzucht und dem

300 unten *Die Vulkane von Hawaii spielen eine große Rolle für die unterschiedlichen Klimazonen der Insel. Im Osten ist es stets feucht, sodass man dort eine üppige tropische Vegetation mit Wasserfällen und zahlreichen Orchideenzuchtbetrieben vorfindet. Auf der Westseite der Berge ist das Wetter trocken und sonnig. Dort gibt es herrliche Sandstrände und an den Vulkanhängen wird Kaffee angebaut.*

301 unten links *Land's End auf Kauai bietet einen herrlichen Blick über den Pazifik, den die mutigen Vorfahren der Hawaiianer in ihren hölzernen Booten und ohne Kompass überquerten, um dieses Inselparadies zu erreichen.*

301 oben rechts *Auf diesem Foto von Oahu sieht man deutlich das schwarze Lavagestein. Von dieser Gesteinsart gibt es auf allen Hawaii-Inseln reichlich, da sie alle aus vulkanischen Aktivitäten entstanden sind.*

301 Mitte rechts *Surfen ist eine Sportart, die von den Eingeborenen auf Hawaii erfunden wurde. Und obwohl sie mittlerweile überall auf der Welt betrieben wird, gelten die Wellen von Hawaii immer noch als die besten. Die Nordküste von Oahu ist besonders bei jungen Surfern beliebt.*

301 unten rechts *Surfen ist, neben Schnorcheln und Tauchen, zu einer beliebten Sportart für die „Wasserratten" auf den Inseln geworden. „Landratten" ziehen es dagegen vor, auf den Inseln zu wandern.*

Anbau von Binsen, aus denen Matten gewebt werden.
Kaahoolawe, zu guter Letzt, ist momentan noch völlig unbewohnt. Die US-Marine benutzte diese Insel früher bei Übungsmanövern als Ziel, sodass sie erst nach dem Jahr 2003 wieder zur Besiedelung freigegeben werden soll, wenn sämtliche nichtexplodierten Geschosse entfernt worden sind.
Hawaii, einer der kleinsten Staaten der USA, ist wegen seiner gemischten Bevölkerung, seiner Natur und seiner Kulturgeschichte dennoch einer der komplexesten. In der Geschichte der Hawaii-Inseln spiegelt sich die Geschichte der gesamten Vereinigten Staaten: Die unglaubliche Schönheit der Natur, die vor der Bedrohung durch den Menschen geschützt werden muss; der Stolz der Bewohner auf ihre Kultur, die inmitten expandierender, multikultureller Großstädte eisern aufrecht erhalten wird; die Sehnsucht nach traditionellen Lebensweisen, die der kommerziellen Ausbeutung entgegengehalten werden; und die nur mit knapper Not abgewendete Ausrottung der Urbevölkerung.

302 oben *Eine Aufnahme von 1984, als Lava aus dem Vulkan Mauna Loa strömte. Der Mauna Loa ist mit 4168 m Höhe der größte aktive Vulkan der Welt. Er bricht ungefähr alle vier Jahre aus. Mittlerweile bedeckt die Lava des Vulkans etwa 50 % von Hawaii. Sowohl Mauna Loa als auch Kilauea sind breite Schildvulkane – der einzige Vulkantypus, der auf Hawaii existiert. Ihr Volumen besteht allein aus Lava-Eruptionen. Schichtvulkane hingegen entstehen durch abwechselnde Eruptionen von Lava und Asche.*

302 unten *Eine Aufnahme der Lava im Puú-Oó-Krater im Hawaii Volcanoes National Park. An manchen Tagen entweicht nur Dampf aus dem Krater, während an anderen rote Lava austritt, die man besonders in der Nacht weit leuchten sieht.*

302-303 *Der Ausbruch des Kilauea-Vulkans auf Hawaii 1989 war besonders beeindruckend. Er zerstörte das Besucherzentrum und zahlreiche Häuser von Angestellten des National Park Service. Seit dem 3. Januar 1983 fließt ununterbrochen Lava aus dem Kilauea, die längste Eruption in der Geschichte der Insel. Und der Vulkan zeigt keinerlei Zeichen von Ermüdung. 1995 hatte die Lava schon ungefähr 2 km² Neuland gebildet und jeden Tag kommen weitere 400 000 m³ dazu.*

303 Mitte links *Der 3055 m hohe erloschene Haleakala-Vulkan auf der Insel Maui ist eine beliebte Touristenattraktion.*

303 unten links *Eine Luftaufnahme des Pu'u-O'o-Kraters an der Flanke des Kilauea, ungefähr 11 km vom Kilauea Caldera entfernt. Die Lava aus dem Kilauea fließt auf einer Strecke von 11 km durch eine natürliche vulkanische Röhre, tritt dann am Pu'u O'o aus und strömt über die Küste hinab in den Ozean.*

303 unten rechts *Die kleineren erloschenen Vulkane auf Hawaii sind Teil der grünen Landschaft geworden. Der höchste Berg von Hawaii, der 4175 m hohe Mauna Kea, ist ein untätiger Vulkan, der das Gesamtbild der Insel prägt. Ein beliebtes Freizeitvergnügen ist das Ski fahren auf seinem Gipfel. Auf dieser Insel kann man an einem Tag im Schnee Skifahren und anschließend im warmen Wasser des Pazifiks baden.*

304 *Die bogenförmigen Öffnungen in der Überdachung des Busch-Stadions von St. Louis, Missouri, greifen die gekrümmte Form des ganz in der Nähe stehenden, 192 m hohen Gateway-Bogens auf.*

BILDNACHWEIS

Antonio Attini / Archivio White Star: Seiten 2-3, 6-7, 8 oben und unten, 12-13, 13 oben und unten, 14 oben, 15 oben und unten, 16, 17, 20, 21, 22, 23, 24 unten, 24-25, 25 oben und Mitte, 26, 27, 28 oben, 28-29, 29 unten, 30, 31 unten, 32, 33, 34-35, 36, 37 unten, 39 unten, 40, 41, 43 Mitte links und Mitte rechts, 44, 45, 46-47, 68 unten, 70, 71, 72, 73, 74, 75, 76, 77, 80 unten, 81 oben und Mitte, 95, 96-97, 98 unten, 98-99, 99 oben links und unten links, 100 Mitte, 100-101, 101 unten, 119, 124, 125, 127 unten rechts, 128, 129, 130, 131, 132, 133, 135, 136, 137, 142 oben, 143 Mitte und unten, 144, 145, 146, 147, 148, 149, 150 links, 150-151, 151, 154, 154-155, 156, 157, 158, 159, 160, 161, 162-163, 164, 165, 166, 167, 169, 170, 171, 174, 175, 176, 177, 178, 179, 180, 181, 182, 183, 184, 184-185, 185, 186-187, 188, 189 unten rechts, 194-195, 196, 197, 198, 199, 200, 201, 202, 203, 204, 205, 206, 206-207, 207 unten, 210, 211, 212, 213, 214, 215 oben, 227 unten links, 228, 228-229, 229 oben und unten, 230-231, 232, 233, 234, 235, 236-237, 238, 239, 241 oben rechts und unten rechts, 244, 244-245, 245 oben rechts und unten rechts, 246, 246-247, 247 unten rechts, 248, 249, 250, 251, 252-253, 254, 255, 256, 257, 260 unten, 261 unten, 262, 263, 264, 265 oben rechts, 266, 267, 268, 269, 270, 271, 272, 273, 288, 289, 290 oben, 290 unten rechts und unten links, 292, 293, 294, 295, 296, 297, 298 unten rechts und unten links, 300 unten, 300-301, 301 oben und unten links, 303 unten rechts, 304; *Marcello Bertinetti / Archivio White Star*: Seiten 15 Mitte, 25 unten, 39 Mitte, 42 unten, 43 unten, 44 unten, 84, 85, 93 rechts und unten, 98 links, 104-105, 110 Mitte, 111 unten, 115 unten, 117, 118 unten, 120 oben links, 121 oben und unten, 122, 123, 126, 127, 134 unten, 134-135, 138 oben, 139 oben und unten, 142-143, 143 oben, 147 unten, 195, 212 unten, 214-215, 241 oben links und Mitte links, 245 Mitte links und unten links, 247 unten links, 261 oben links und Mitte links, 261 rechts, 265 Mitte links, 274 unten, 275, 277, 278 oben, 279 unten, 281 unten rechts und unten links, 284 unten, 285, 286, 287; *Massimo Borchi / Archivio White Star:* Seiten 13 Mitte, 14 unten, 14-15, 18, 19 unten, 68-69, 69, 77 unten rechts, 78 oben, 80 links, 80-81, 81 unten, 82-83, 86, 87, 88, 88-89, 89 oben und Mitte, 90-91, 105, 106, 107, 108 oben, 109 links, 109 Mitte rechts, 109 unten rechts, 110 oben, 111 oben, 194 unten, 207 oben, 208-209, 227 unten, 242-243; *Luigi Accusani:* Seiten 189 unten rechts, 190, 191, 280, 280-281; *Borlenghi Carlo / Sea&See Italia:* Seiten 138 links, 272 oben; *Bourseiller PH / Durieux J. / Ag. Speranza:* Seite 301 Mitte; *Flip Chalfant / The Image Bank:* Seite 299; *Corbis:* Seiten 52, 56-57; *Jordan Coonrad:* Seiten 4-5, 36-37, 168-169, 260-261, 274-275, 278-279, 282-283, 284-285; *Collezione privata:* Seiten 60 unten, 61; *Steve Dunwell / The Image Bank:* Seiten 78-79, 79; *Erim:* Seiten 64-65; *Stephen Frink / Waterhouse:* Seite 139 Mitte; *Cesare Gerolimetto:* Seiten 100 oben und unten rechts, 240, 241 unten links; *François Gohier / Ardea London:* Seiten 227 oben, 229 Mitte; *L. D. Gordon / The Image Bank:* Seite 265 oben rechts; *Hammon, Jensen, Wallen und Associates, NGS:* Seite 58; *Peter Hirth / Das Fotoarchiv.:* Seite 114 oben; *John Hyde / B&C Alexander:* Seiten 286-287; *HP Huber / SIME:* Seite 1; *Krafft / Hoa Qui / Ag. Speranza:* Seiten 302 oben, 302-303; *Llewellyn / Ag. Speranza:* Seite 104 unten; *Enrico Lonati:* Seite 303 unten links; *Map Appeal:* Seiten 50-51; *Larry Mayer / Ag. Speranza:* Seite 29 unten links; *Michael Melford / The Image Bank:* Seiten 28 Mitte, 118-119, 192-193; *M-Sat:* Seite 289 oben; *NASA:* Seiten 48, 49, 50, 51, 53, 54 oben und unten, 55 oben und unten, 57, 59 Mitte links und Mitte rechts,

60-61, 62, 63, 66, 67; *NASA / GSFC:* Seiten 54-55; *Photri:* Seiten 59 unten, 89 unten, 110 unten, 110-111, 168 unten; *Andrea Pistolesi*: Seiten 18-19, 31 oben, 99 oben rechts und unten rechts, 108-109, 246 unten links; *G. M. Raget / Sea&See Italia:* Seite 301 unten rechts; *Barrie Rokeach / The Image Bank:* Seiten 12 oben,

39 oben; *Guido Alberto Rossi / The Image Bank:* Seiten 12 unten, 92 unten, 92-93, 94, 102-103, 109 oben destra, 112, 113, 114 unten, 114-115, 116, 120 unten rechts, 140-141, 151 Mitte oben, 152, 153, 155 unten; *Galen Rowell / Mountain Light:* Seiten 38-39, 42-43, 43 oben, 172-173, 184 oben, 188-189, 258-259, 276 unten, 276-277, 279 oben, 280 unten, 286 unten rechts, 290 Mitte rechts, 291, 298 oben links und oben rechts, 302 unten, 303 Mitte links; *Martin Sasse / Das Fotoarchiv.:*

Seiten 226 unten, 226-227; *Jochen Tack / Das Fotoarchiv.:* Seiten 138-139; *Staffan Widstrand / Bruce Coleman Limited:* Seite 279 Mitte; *Photo Wildenberg / Figaro / Ag. Gamma:* Seite 226 links; *World Sat*: Seite 9.